精神保健福祉士の実践知に学ぶソーシャルワーク 4

実習指導とスーパービジョンにおける思考過程

［監修］公益社団法人
日本精神保健福祉士協会

［編著］田村綾子

［著］上田幸輝　川口真知子
岡本秀行　水野拓二
尾形多佳士

中央法規

はじめに

目の前のクライエントや現代社会の抱える課題に向き合い「もっと力をつけたい」と感じている精神保健福祉士は多いことでしょう。クライエントの希望や人生の歴史、また、能力や環境などを踏まえ、常に唯一無二の支援を展開するソーシャルワークにおいては、所属する各職場の特性や利用者のニーズ、状況に見合った支援を展開する応用力や創造性が求められます。そのためには、年月をかけた経験の蓄積に加え、実践と省察を繰り返しながらソーシャルワーカーとしての価値・理念と知識や技術を調和させ、自己の力量として定着させていかなくてはなりません。そこで、本シリーズは、多くの実践経験や丁寧な教育を受ける機会をもちづらく机上の学習に頼らざるを得ない初任者が、ベテランの実践知から学ぶための企画として、これまでに「ソーシャルワークプロセス」「面接技術と記録」「社会資源の活用と創出」を取り上げてきました。

第4巻では、ソーシャルワーカーとしての専門性の向上に直結するいとなみである実習指導とスーパービジョンをとりあげます。人間の仕事の多くがAI（人工知能）に代替される時代となり、制度やサービス、施設・機関などの情報収集がたやすくなっても、職業アイデンティティを同一にする者同士での専門性向上のための取り組みは、正にAI（人工知能）には代替できない機能として、その必要性は拡大するといえます。本シリーズ第1巻から第3巻では、通常は表現されないレベルのベテラン精神保健福祉士の思考過程を言語化することにより、初任者には未体験の経験知を提供してきました。

本書では、精神保健福祉士を目指す実習生と実習指導者およびソーシャルワーカーとしての実践力を磨くための精神保健福祉士同士の対話における思考過程を可視化します。実際には、両者の思考はお互いに知り得ることがなく、あり得ない状況を再現する試みといえます。私たちがこのようなチャレンジに及んだのは、自分の思いや意見はどう受け止められるのだろうか、どこまで伝えてよいのだろうか、という迷いや不安をお互いに抱えながら言葉を紡ぎ出す「スーパービジョン」の場で何が起こっているのかを表してみようと考えたためです。実習生の本音を聞いてみたい、とか、スーパーバイザーは何を考えてこんな質問をするんだろう？と思ったことのある方も多いと思います。

部下や後輩、そして実習生の育成に尽力している読者のみなさまには、ソーシャルワーカー同士での実践の省察において、何を意識しどこに着目した問いかけや語り合いが有効かを考える機会の１つとしてご活用いただければ幸いです。私たちソーシャルワーカーが目指す「クライエントの自己実現や共生社会の実現」を促進する力を獲得し、ソーシャルワーカーの実践力を向上する一助となることを願っています。

執筆者一同

シリーズ刊行の趣旨と本書の構成

◇◇◇

本書の企画意図

本書は、精神保健福祉現場において「どのように仕事をしたらいいかわからない」「自分の実践に自信がもてない」という声が少なくないことに課題を感じ、わかりやすいテキスト、現場ですぐに使える実務書が待たれているのではないかという声を受けて企画したものです。専門職団体が刊行するテキストの意義について協議を重ね、精神保健福祉士として精神障害のある人からの相談に応じ、生活支援を行い、他方で社会に向けて何かを発信し創出している実践者が、全国で無数の経験や専門職としての研鑽を日々重ねている強みを活かし、それらの実践からの知見を集積してわかりやすく提供したいという結論にたどり着きました。

私たちは、これらの実践知を特に新人や初任者が専門職として成長するために使える道具に仕立てたいと考え、そのためには自分たちの実践だけでなく、それらを繰り出す頭の中（思考）を同時に見せることが必要ではないかと着想し、精神保健福祉士の実践知の可視化を試みることになりました。シリーズとして「クライエント（個人・集団）と、その取り巻く状況からの情報収集やアセスメントおよび働きかけ（１巻）」「適切な面接技法の選択と用い方、および記録法（２巻）」「多様な社会資源の活用と創出（３巻）」の３巻に加えて「ソーシャルワーク・スーパービジョンと精神保健福祉士実習指導」を取り上げることにしました。

実践知の記述にあたっては執筆者同士が自らの実践と思考を言語化して披瀝（ひれき）し合い、専門職としての相互批判と省察を重ねてブラッシュアップし仕上げました。この過程で執筆陣は互いに学び合うことの苦しみと喜びを体験しています。同様の体験を読者とも分かち合えることを期待して刊行するものです。

事例に登場する６人の精神保健福祉士について

本シリーズでは、精神保健福祉士の支援対象が広がっていることを踏まえ、多様な職場・利用者像・状況や場面における事例を網羅しました。そのため、執筆には想像力と応用力を働かせ、執筆者自身が勤務したことのない職場での事例も

◇◇◇

相互点検を重視して検討し、実践知の記述に努めました。

このように架空事例における実践の言語化と相互批判を繰り返す過程で、私たちは2つのことに気づきました。まず、職場が異なっても精神保健福祉士の専門性は共通しているという自明の事実、次に、各々のかかわりには精神保健福祉士として共通する専門性に加え、一人ひとりの個別の傾向、味わいが見られるということです。私たちの支援の固有性は、クライエントや場面・状況の個別性のみならず、精神保健福祉士としての経験内容や年数、職場特性をはじめ、人格や嗜好など個性の影響にもよります。この世に二つとない「かかわり」を展開していることの証しでもあり、ソーシャルワーカーが用いる道具の１つは自分自身であることの所以といえるでしょう。

近い将来、多くの仕事がAI（人工知能）に代替される可能性が指摘されていますが、私たちは精神保健福祉士が「AI時代」を生き抜くカギは「かかわり」とそれを支える「思考力」であると考えています。本書では、この力を高め合うための相互研鑽をリードすべく、ベテランとしての使命感をもってフルに思考を働かせる精神保健福祉士像を描いています。

なお、本書では前３巻で登場した５人の精神保健福祉士に新たな仲間が加わり、６人の架空の精神保健福祉士が異なる職場で実習指導やスーパービジョンを展開します。より多くの施設・機関でのソーシャルワークを取り上げるため、同じ精神保健福祉士が異なる職場に登場する設定です。この６人のキャラクターを本書における事例の登場順にご紹介します。

●玉川PSW（30代男性）

大学を卒業後、サラリーマンを経て専門学校で学び、精神保健福祉士の資格を取得。PSW経験16年。腰が低く目の前のクライエントに対してどこまでも誠実。丁寧な仕事ぶりで、手抜きをしないので残業することも多い。

☆ポリシー：「WISH（願い）の実現のため、粘り強く全力投球！」

第１章実習１の相談支援事業所に勤務するPSWとして登場します。

◇◇◇

●白浜 PSW（50 代女性）

福祉系大学を卒業後、この業界へ。精神保健福祉士の制度化とともに資格取得。PSW 経験 31 年（途中で大学院に進学）。人物や状況をよくよく観察する。クライエントとともにとことん現実に向き合い、あきらめない。

☆ポリシー：「芽を伸ばし、花を咲かせるかかわりを」

第 1 章実習 2 の精神科病院の大規模デイケア、第 2 章の精神科クリニック、第 3 章事例 4 の地域活動支援センターに勤務する PSW として登場します。

●茶富 PSW（40 代）

福祉系大学を卒業後、この業界へ。精神保健福祉士の制度化とともに資格取得。PSW 歴 26 年。直感と信念を大切にし、ゆらぎながら、周囲を巻き込みながら、本人主体で慎重かつ大胆な言動が持ち味。

☆ポリシー：「反省しても後悔しないかかわりを」

第 1 章実習 3 の精神科病院、第 3 章事例 2 の市役所障害福祉課、同章・事例 3 の市役所保護課に勤務する PSW として登場します。

●鷹野 PSW（50 代女性）

福祉系大学を卒業後、この業界へ。精神保健福祉士の制度化とともに資格取得。PSW 経験 32 年。非常に細かいことまで気がつき思慮深い。手堅い仕事に周囲からの信頼も厚い。

☆ポリシー：「クライエントの小さな変化に大事な徴候をとらえる」

第 1 章実習 4 の就労支援事業所・実習 6 の精神科病院に勤務する PSW として登場します。

●海堂 PSW（30 代男性）

福祉系大学で精神保健福祉士養成課程を修め資格取得。PSW 経験 20 年（途中で大学院に進学）。おおらかで思いやり深い。常に先へとスケジュールを見通しながら行動する。調和とバランスを大切にし、多職種連携への関心が高い。

◇◇

☆ポリシー：「多様性の尊重（respect for diversity）」

第1章実習5の相談支援事業所に勤務するPSWとして登場します。

●阪井PSW（40代男性）

福祉系大学を卒業後、この業界へ。精神保健福祉士の制度化とともに資格取得。PSW経験27年。自身の言動が与える影響について、人一倍、熟考してから発言する。後輩への指導にも気を遣っている。

☆ポリシー：「クライエント・ファースト！」

第1章実習7および第3章事例1の障害福祉サービス事業所に勤務するPSWとして登場します。

●第4巻：実習指導とスーパービジョン

第4巻では、ソーシャルワーカーとしての力量の向上に欠かせない「スーパービジョン」と、精神保健福祉士の国家資格取得の課程で必須の「実習」を、主としてスーパーバイザーや実習指導者の立場から取り上げます。前3巻では主な読者対象を初任者としていましたが、本書はより幅広い層を想定しています。

日本精神保健福祉士協会では、認定スーパーバイザー養成研修や精神保健福祉士実習指導者講習会を毎年開催しており、ソーシャルワーク専門職同士の学び合いや育ち合いを側面的に支援しています。スーパービジョンや実習指導以外にも日々同志として働く職場の同僚や部下、後輩の指導教育や成長の促進に役割意識をもっている中堅・ベテランの思いは度々語られます。しかし、研修受講だけでは自信がもてず指導的立場への不安があるとの声を聴くことも少なくありません。スーパービジョンや実習指導で扱うのは、各ソーシャルワーカーや学生の実践や体験であり、そこでの思考や感情といった個別性の高いものであることも一因しているでしょう。また、初任者のなかにはスーパービジョンを受けるのは気が引ける、方法がわからない、といった声も耳にします。

スーパービジョンとは、職業的アイデンティティを同じくする専門職同士がか

◇◇

かわり合うことにより、専門職としての力量を高めるための契約に基づくプロセスを指します。息の長い歩みであり、その構造を確保するエネルギーも必要です。本書では、読者がスーパービジョンを自分にも実践できる・活用できるものとして身近に感じられるようになることを目指し、多様で幅広いスーパービジョン場面を用意しています。そのため、認定スーパーバイザー養成研修で定義している構造化されたスーパービジョンを定型としつつ、職場内の後輩や実習生とのスーパービジョン場面も登場します。そこに共通しているのは、相手であるスーパーバイジー、後輩や部下、実習生が精神保健福祉士としての自己を振り返り、気づきを得たり課題を発見し、さらなる研鑽へと歩み続けることを大切にする視点です。そのため、スーパーバイザーによるソーシャルワーカーらしい思考の記述にもっとも紙幅を使っています。また、私たちは「独りよがり」の指導教育に対して自制的でありたいと考え、さらに、スーパービジョンが、なぜ、どのように有効なのかを読者が実感できるものとするために、スーパーバイジーや実習生の思考も記述してみました。これは本書が創作事例の執筆であればこそ成し得るものです。「非現実的」と思わずに楽しんで読み進め、何かしらの得心につなげていただければ幸甚です。

目　次

◇◇

第2章

契約から終結にいたる 8か月間のスーパービジョンプロセス

第3章 職場内外で展開するさまざまな形態のスーパービジョン

ソーシャルワーカーの悩みや不安に伴走し、ともに成長を喜ぶスーパービジョン

はじめに

精神保健福祉士の日常的な実践は、「これでよかったのか」と振り返ったり「失敗してしまった」と反省したり、「この先どうしていけばよいのだろう」と思案したりすることの連続である。このように頭を使う作業は、よりよい実践をするために、ひいてはソーシャルワーカーとしての専門性を高めるうえで欠かせない。本シリーズ第1巻から第3巻では、ソーシャルワーク実践のさまざまな場面や状況において、私たち精神保健福祉士が具体的にどのように頭を使っているかを可視化（言語化）してきた。この作業をソーシャルワーカー同士ですることができるのがスーパービジョン（以下、SV）である。

ソーシャルワーカーとして成長するためには、SVにより実践を省察し、自己の実践力を磨くいとなみが有効である。このようなSVの意義を最初に体験できるのは、精神保健福祉士の養成課程における実習生としての立場であろう。実習中における効果的なSVの体験は、その後の現任者としての研鑽過程でSVを活用することの動機づけを強化するといえる。

厳密にいえば、実習指導と現任のソーシャルワーカーのSVでは、スーパーバイジー（以下、SVE）がソーシャルワークの実務者か否かという質的な違いがある。よって、スーパーバイザー（以下、SVR）とSVEとの関係性も評価を前提とした指導教育関係か、契約に基づく対等な関係かという相違がある。しかし、SVRには実習生やSVEの成長を支え、学びを促進する役割が求められ、そこでは精神保健福祉士としての専門性を活用する。こうした点で、SVにおけるSVRの思考傾向や着眼点には共通部分が多い。よって、ここでは実習場面におけるSVを含めたSVの構造と対象について概説する。

なお、SV理論の解説は他書籍に譲ることとし、SVの全プロセスを通して記載した第2章を、SVのイメージづくりに活用して欲しい。

第1節 スーパービジョンの構造をどうつくるか

1．スーパーバイジーとスーパーバイザーの関係

SVE と SVR は、SVE のソーシャルワーカーとしての到達目標を共有し、一定期間に所定の方法で SV を行う契約を交わす。両者には守秘義務があり、SV 場面で語られたことについて相手の了解なく口外することはない。また、SVE のソーシャルワーク実践の対象となる当事者に関する情報は、個人が特定されないように匿名化し、かつ職場外に持ち出す際は当事者の了解および必要に応じて職場の了解を得なければならない。このように、ソーシャルワーカーの SV は、ソーシャルワーカーとしての倫理に基づいて行われる。SVR は、SV を開始する前にこのことを SVE と確認し、SV 契約書に明記する。

なお、実習指導は養成校と実習機関の間での契約となり、実習生と指導者が実習 SV に関する契約書を交わすことはまれである。しかし、各実習生は実習先の利用者の個人情報取り扱いに関する誓約書を提出することから、ソーシャルワーカーの倫理に基づき互いの安全を確保してSVを行う点は共通しているといえる。

以下、実習指導と現任 SV における SVE と SVR の関係性を整理する。

①精神保健福祉士養成課程における現場実習指導

養成課程における実習生は、国家資格取得前の学びの途上にあり、精神保健福祉士として必要な学習を終えているわけではない。現場実習では、養成課程を修了して現任者となるまでに習得すべき、また現任者となったのちに研鑽すべきさらなる課題をより明確にすることが求められる。

実習指導者という名のスーパーバイザー（以下、実習 SVR）は、このための学びを支える役割を担う。実習は、実習 SVR の所属機関において行われ、実習生にはそこでの業務はない。このため、実習 SVR は、自身の所属機関において実習生が２～４週間という限定された期間にソーシャルワーカーとしての実践を体験・試行できるよう、場や機会を用意する。つまり、自己のフィールドにおいて実習生が学ぶことを支える立場となる。

実習生は、与えられた場面でのソーシャルワーカー体験を活用して、自らの行為とその背後にある知識や思考や感情を再確認し再考することにより、気づきや

課題の発見に至る。このプロセスに実習SVRが介在することで、自分1人では成し得ない深度でソーシャルワーカーとしての発見を得ることができる。

②精神保健福祉士のスーパービジョン

現任の精神保健福祉士は、すでにその専門教育を受け、国家試験の合格によって一定の知識を有することが担保されている。そのうえで、専門性に基づいて実践する責任をよりよく果たすためのさらなる研鑽が求められる。

SVRは、同じ専門性に基づき、SVEの研鑽の歩みを励まし促進する役割を担う。SVEは現任者として所属先での業務を担っており、この実践を題材にしてSVを受ける。ただし、SVは、職場における職員研修や業務指導（On-the-job trainingともいう）とは異なる。そのため、両者が同一の職場であってもSVRはSV内容を用いてSVEの業務評価をすべきではない。この違いは、SVを業務時間外に設定し業務指導と区別すると意識しやすい。この観点に立てば、人事考課をする立場の者がSVRになることは避けるほうが望ましいといえる。

SVは、SVEとSVRが同職場でなくても行われる。むしろ、職場外のSVのほうが査定を意識することなくSVEの成長の速度に合わせて行いやすいともいえる。この際、職場内SVの場合以上に事前オリエンテーションを活用し、両者が互いの経歴や職位、所属機関の特徴や業務内容などに関して理解することが必要となる。それでも職場内のSVと比べると、SVRにとってSVEに関する情報量は少ないため、SV中にSVEのおかれている状況や地域事情などの確認に時間を割くことも多くなる。しかし、これらも含めてSVEの省察を深める機会として活用できるといえる。SVの全過程を通して両者が徐々に知り合う側面もあり、SV開始時までにすべてを知っておかなければいけないということではない。

2．スーパービジョン関係の形成とその意義

SVは、「自分をまな板の上に載せるようなもの」とよくいわれる。これは主にSVEの姿勢について表現されたものであり、考えや思いなどの率直な語りが求められることを意味する。しかし、自分をさらけ出すことは誰に対してもできることではない。特に、実習生やSVEが評価を気にしたり、自信がもてないときはさらに難しい。なお、上述したように、人事考課を行う者とその部下との間には明確な上下関係があることから、SV関係の構築は困難であると考えられる。

SVRは、SV関係の構築を意図し、相手となる実習生やSVEが安心して話すことのできる環境を用意しつつ、態度や言葉でも安心感を提供する。オリエンテー

ションやSVの初期段階では、こうした意識が特に求められる。SVRがアイメッセージで自己開示することも、相手の警戒心を和らげて心理的な距離感を詰めるうえで有効である。SVRのサポートを受けて自身のソーシャルワーク実践とその思考や感情について語るなかで、SVEは自己覚知を深めていく。

①実習生と実習スーパーバイザーの関係

実習生と実習SVRは、互いに相手を選ぶことができない関係である。好むと好まざるとにかかわらずSV関係を構築することが必要となるから、実習SVRは実習生に関心を寄せてあたたかい態度で迎え、緊張を和らげるよう言葉を選ぶ必要がある。実習生が短期間の実習中に体験し思考すること、試行し考察すること、省察し発見すること、といった学習の循環をよりよく実行できるためには、実習SVRを信頼し安心して自己開示できることが望ましい。

実習SVでは実習生の目標を両者で共有するため、実習SVRは、実習生に関して事前に届けられる情報をも活用し、養成課程での学びのレベルを目測し、実習生が掲げる目的や課題を理解する。学習状況を確認したり、実習生の言動を観察し性格傾向や思考パターンを推測して実習生に合わせる発想が欠かせない。

なお、実習SVRは、一方で実習生に対して「評価」を与える立場でもある。この評価の扱い方によって、実習生と実習SVRの関係性は左右される。実習指導においてSVを意識するならば、実習SVRは、実習生を「試す」よりも、不足する知識や技術に対する自覚をもてるよう促しながら、その学習方法を教えることや、実習生のストレングスに着目しそれに気づけるよう導くことなど、学びの意欲を引き出すようなかかわりが求められる。実習SVにおいては、実習生の率直な語りを促し、その内容によって成績が左右されるものではないことを説明する。

②現任者のスーパーバイジーとスーパーバイザーの関係

SVは両者の契約に基づいており、SVEがSVRを選び、SVRは引き受けを検討し、両者で合意するまでの経過がある。SVEが職場外にSVRを求めるときに活用できる資源としては、専門職団体やSV実施機関のほか、同じ地域・圏域内でソーシャルワーカー同士が集まる研修などの場があげられる。いずれにしても、SV契約を結ぶかどうかを両者が検討するための出会いの機会が必要であり、ここでは両者がそれぞれにソーシャルワーカーとしての自己を語る。

例えば、「ソーシャルワーカー（精神保健福祉士）を目指した理由」「ソーシャルワーカーとして特に大事にしていること」「現在の実践上の悩みや専門職としての成長の課題」といったことを語り合うなかで、互いに相手のソーシャルワーカー観や実践の姿を想像し、共鳴できるところを見出すことがSV関係の構築を後押しする。

このようなソーシャルワーカーとしての自己に関する語りは、SVを重ねる過程でも繰り返し行われ、その内容はSVEとSVRの関係性の深化にともなってより濃厚になっていく。このことはSVEの考察の深まりを表しているともいえるし、SVRが自身のありようを振り返って考察する機会としてSVが活用されていることをも表す。つまり、SV過程では両者がソーシャルワーカーのアイデンティティを軸に関係性を深めながら、互いに相手の実践や省察に刺激されて自己洞察が深められるのである。

3．スーパービジョンにおける評価の意味

評価というとよし悪しの判定や能力の優劣の査定ととらえやすいが、SVにおける評価は、予め設定した目標の達成度合いを測る意味で重視される。つまり、SVの全過程を通じて目標はどのくらい達成できたか、またSV終結までの歩みがどのようなものであったかをSVEとSVRがともに検討することを評価という。

また、SVEもSVRも、SVに対する自身の取り組みと併せて、相手がどのような姿勢で臨んでいたかを思い返して互いに伝え合う。ここでは、相互にSV実践に尽力したことの労いや感謝の意が込められる。また、不足していた点や改善すべき点を伝え合い、ソーシャルワーカーとしての今後のよりよいSV実践を志向することも専門職の責務をまっとうする姿勢として大切にしたい。

①実習スーパービジョンにおける評価

実習SVRは、実習生と共有した実習目標や課題に従って、どのような歩みをともにすることができたかを加味して評価内容を検討することがSVにおける評価の在り様としてはふさわしい。実習SVの前提となるソーシャルワークの体験や試行の機会をどれだけ提供できたか、といった実習マネジメントやプログラミングの課題も実習SVRは自己評価する必要がある。

実習の目標や課題は、「〜を理解する」「〜について学ぶ」などのように、学習の到達目標として表現されることが多い。これは、実習が養成課程の途中段階に設定されており、実習終了後に実習生は養成校に戻って事後指導を受け、さらなる学習の機会をもつためである。よって実習SVRは、養成課程での実習後の教

育への引き継ぎを意識し、実習生の学びの課題を整理することを手伝う。

なお、実習終了時には養成校から指定された書式に従って評価を記すことが求められる。SV を意識する立場に立つならば、実習生が実習を終える時点で学習課題をどこまでクリアしたか、またクリアできず今後に持ち越す課題は何かをともに確認する姿勢で臨むことがふさわしい。

②現任者のスーパービジョンにおける評価

SV の目標設定は、「～ができるようになる」といった表現で、SVE のソーシャルワーカーとしての実践における具体的な行動目標が掲げられることが多い。そのため、到達の度合いを測るには、SVE のソーシャルワーク実践の在り様に関する語りが求められる。実際には、SV の回を重ねる過程で、SVE の行動や思考に生じた変化が表現されることも多く、目標への到達具合を都度評価することもできるといえる。SV 契約の終了時には、それらの総括的な評価を行う。

SVE は、意図的に発言や行動を変えるなど自身のソーシャルワーク実践における変化を自覚している面と、無意識のうちに生じている変化に対して無自覚な面がある。SVR は SVE の発言からこれらを鋭く察知して SVE に伝え、自覚を促す役割ももつ。この蓄積のうえで、目標到達度に関する評価ができる。

第2節 スーパービジョンでは何をどう扱うか

SVの目的は、ソーシャルワーカーの学びを促進し専門職としての成長を支えることであるから、SVで取り扱うのはSVE（実習生を含む）のソーシャルワーカーとしての実践における課題である。SVEの必要に応じてSVは行われるため、SVEの経歴や職務内容、性格や置かれている状況などさまざまな要素に左右され、幅広い課題のすべてがSVの課題となり得る。

1．ソーシャルワーカーのアイデンティティ構築やモチベーション維持

なぜ精神保健福祉士を目指したのか、精神保健福祉士として何を大切にしたいのか、といったソーシャルワーク専門職を志向する動機や職業的価値に触れる課題は、SVのテーマとなることが多い。また、精神保健福祉士の特性として多職種連携の機会は多いが、そのなかで自身の職業的アイデンティティに揺らぎを覚えたり、ほかの職種との専門性の違いによる葛藤を抱えることも珍しくない。SVによって、葛藤感情を受け止め直して言語化した後、こうした葛藤の根底にソーシャルワーカーとしての価値や理念を見出したり、自身のスタンスを再確認したり、そのうえで具体的な行動の方針を検討することができると、SVEのモチベーションの維持や向上が支えられる。

職業的なアイデンティティを獲得する以前の段階にある実習生や初心者は、習得した知識をどのように現実のソーシャルワーク実践において活用するのかを検討すること自体もSVの課題になる。SVにより、専門職として避けられない悩みや不安、葛藤などが、自身のソーシャルワーカーとしての成長を支える原動力となり得ることを実感できると、モチベーションは向上する。

2．支援関係の形成や再構築

SVEが支援している（またはしていた）当事者との支援関係の構築は、対人援助の専門職であるソーシャルワーカーに必ずつきまとう課題である。かかわりのスタンスに悩んだり不全感や迷いを抱えたり、クライエントとの信頼関係の亀裂や破綻などを体験すると、支援自体の停滞や自信喪失にともない、ほかのクライエントとの関係形成にも影響を及ぼす。SVによって、障害者観や支援観など

を自己洞察する過程は、クライエントに対する自己の感情を見つめ直し、ソーシャルワーカーとしての在り方を問い直す機会となる。また、ソーシャルワーカーとしての能力以前に、コミュニケーションには個人の性格傾向が影響する面も否定できない。SVR の胸を借りて相手との関係性を検討するなかで、自身の感情の吟味や弱点も含めて自己の傾向を受け入れるところから、ソーシャルワーカーとしての自分磨きは始まるといえる。そのうえで、面接スキルや疾患・障害を含めた人間理解のための知識等を点検し、支援関係の再構築に向けた研鑽課題に気づくことで今後の展開の活路が見出される。

3．多職種連携・協働やチームの形成

精神保健福祉士のみならずソーシャルワーカーは、個人や集団、組織や環境や地域社会に対して能動的に働きかけるため、医療や介護、司法や教育などの多様な関係機関や専門職および非専門職と連携する際に、そのコーディネートやマネジメントの役割を担うことが多い。一方、前記1でも触れたように、異なる価値を有するほかの職種との考え方や支援方法の相違により、時として連携やチーム形成過程において対立や衝突を経験することもある。

SV では、ソーシャルワーカーとしてのスタンスや主張すべきことを再確認し、自身の実践のありようを見直すことができる。また、SV において、自身を含む連携チームの全体像を俯瞰し直すことで、多角的な視野を獲得したり多職種の各立場や役割を再認識できると、新たな展開に向かう意欲が引き出される。

4．支援プロセスにおけるソーシャルワーク実践

①アセスメント内容や方法の点検

SV では、主にソーシャルワーク実践に基づく事例レポートや実習記録を活用する。また、事例検討とは異なり現在進行中の事例に限らず、すでに終結したが疑問や不全感の残っている事例が取り上げられることもある。いずれの場合も、SV では「なぜ、そう考えたのか」「そのような働きかけをした根拠は何か」など、SVE のアセスメントの内容を掘り下げる。この時、モデルとなるソーシャルワーク理論やアプローチに関する知識等を再確認することもできる。この過程で、さらなる情報収集の必要性に気づいたり、状況に対する多角的な着眼点を発見することにより、アセスメントの方法や内容について示唆が得られる。それは、今後のソーシャルワーク実践に活かすことができる。

②支援の展開における知識や技術の活用

「思うような支援ができていない」「自分には無理」など、自分の力量に不安を感じてSVを活用することもあれば、「この展開でよかったのか再確認したい」「もっとよい支援をするには何が必要か」など、今後の研鑽課題を探索する目的での活用もできる。事例検討やケア会議とは異なり、連携機関や制度・サービスの利用の可否や良し悪しを一つひとつ吟味するわけではないが、①のアセスメントに基づく具体的な支援を実際にどのように展開したか、またはそれができずに行き詰っているのはなぜか、などが検討の俎上（そじょう）に載ることも多い。

SVは、専門職のいとなみとして行われるため、SVEがソーシャルワークの専門知識や技術をどのように使えばいいか(または使ったか)、それはなぜか、といったことを中心にSVEの思考を紐解いていく。精神保健福祉士は、各種のリハビリテーションプログラムや訓練事業等の担い手としてさまざまな働きかけをするが、専門知識・技術とともにソーシャルワークの価値や理念に基づく働きかけであったかどうかを検討することは重要なSV課題となる。また、支援のための知識や技術の不足に気づけば、それはSVEにとって研鑽課題の発見となる。

③環境や地域社会への働きかけ、ソーシャルアクション

前記のことからわかるように、SVでは個人や小集団に対するミクロレベルやメゾレベルのソーシャルワーク実践が取り上げられることが多い。しかし、SVを継続することで、いくつもの事例に共通する問題が、その職場環境や地域社会あるいは制度上に横たわるものとして浮彫りになることは珍しくない。同職場や近接地域にいるソーシャルワーカー同士でSVを行っている場合には、互いの日頃の実践をもとにして、資源の不足や偏在、関係機関の連携などその地域に固有の地域課題の存在に気づくこともある。また、時事的な問題や領域別の政策や制度の課題を取り上げ、ソーシャルアクションの必要性を認識する機会にもなる。こうした地域づくりや政策提言・立案、社会資源の開発などの過程においても、ソーシャルワーカーとしての価値や理念に基づいて考察し、働きかけることができているかどうかを確認、点検することができる。

5．まとめ～研鑽し続けること

ここまでみてきたように、ソーシャルワーカーは、支援する相手との間に信頼関係を結ぶだけでなく、多職種や非専門職を含むさまざまな立場の人々と連携・協働し、チームを形成して支援にあたることが必要であり、ソーシャルワークの

価値・知識・技術を含めた自分の「力」をさまざまな形で発揮し続ける仕事である。私たちは専門職の責務として、この「力」を多種多彩に、縦横無尽に使うことができるよう、自身に磨きをかけなければいけない。そのための方法は、SVだけではなく、真摯な日常の実践とその記録化をはじめ、周囲との意見交換や研修・学会への参加、書籍やネットワークを活用した学習など多様にある。

SVは、専門職として向上していくための重要な研鑽機会の一つであるとともに、ソーシャルワーカーとしてのメンテナンスをすることであるといえる。多様な方法による自己研鑽の過程において、SVは自己の成長とその点検のためのマイルストーンとなる。そして、この専門職としての成長の歩みは生涯続けられるものであり、その過程にひととき伴走するのがSVRである。SVEがSVRとの間で体験する受容や深い共感、支持や慰めなどに基づく自己洞察と勇気づけのプロセスは、やがてSVEがクライエントと向き合うときの「かかわり」のモデルとなっていく。このパラレルプロセスを循環させながら、ソーシャルワーカー同士が支え合い、力量を高め合うSVを根付かせることが求められている。

第3節 本書の活用方法

1．各立場での読み方

①スーパーバイジーの立場から

SVとは何をすることなのか、具体的にイメージするために、まず第2章でSVの全容を理解し、第3章では多様なSV形態や課題の扱い方を知ることができる。

いずれも、主にSVRの発言と思考に着目し、自分が現在かかわっている事例に関して同様の問いかけを受けたらどう反応するかを考えてみると、自身の実践の振り返りに役立つとともにSVの意義を体感することができる。

②実習指導者の立場から

実習生の概要を理解したうえで、自身が受け持った場合、どのように実習SVを展開するかを想定し、実習生にどのような言葉をかけるか（逐語）、それは何故か（思考）を検討したり、事例に登場する実習SVRの逐語・思考と比較し、問いかけや応答の仕方について学ぶ。また、問いかけの工夫を考えるヒントとして、実習生の発言とその背後にある思考や感情の記述を活用する。

③スーパーバイザーの立場から

第2章では、SVの各段階の特徴を踏まえることが重要である。SV関係の深まりにつれて変化する会話の調子や両者の自己開示の度合いに着目し、SVEの発言に対する応答や問いかけ方について自分の言葉で考えることも有意義である。

第2章・第3章とも、SVRがSVEとともに課題を検討するために、SVEの発言のどこに着眼しているか、SVEの職場環境やソーシャルワーカーとしての思いをどのように洞察しているかを考えるほか、SVEの発言に対する言葉（逐語）とその根拠（思考）を考えることで、SVRが獲得すべきSVの視点を養う。

2．「逐語」と「思考」の前提の理解

各事例の冒頭で、読者がSV場面を理解するための事前情報として、SVEとSVRの基本情報に加えて以下を記載している。SVの構造のつくり方を理解し、

臨場感をもってSV場面の記述を味わうためのイメージづくりに活用して欲しい。

①実習SV（第1章）

・実習機関の概要と実習指導体制

実習SVRの所属機関であり、実習生が現任精神保健福祉士の実務観察や、ソーシャルワーク実践の体験・試行等を行う場の概要を示し、実習生を受け入れるにあたり、どのように実習マネジメントを行っているかを示す。

・実習生に関する情報

養成校から事前に送付される実習生の個人票に記載のある事柄のうち、実習SVに関連する部分を抜粋している。なお、精神保健福祉士の実習は精神科医療機関を含む2か所以上で行うこととされており、1か所目の実習で持ち越した実習課題を2か所目に引き継ぐことを踏まえ、事例における実習機関以外の実習先と時期についても記載している。

・予定表（実習場所とSV実施日）

実習プログラムは多岐に渡るため記さず、実習予定には実習する部署と教員巡回および帰校日予定のみ記載した。そのうえで、事例で紹介するSVの構造を補足する情報として、実習受け入れまでの経過および実習生の主な実習内容と、実習SVに至る経過を要約して示した。

②現任スーパービジョン（第2章・第3章）

SVRとSVEの基本情報、およびSVの構造として、契約に至る経緯と契約内容を示し、そこではSVのゴールを明記している。

毎回のSVでSVEが持参するレポートについては概要のみを記載し、SVの逐語と思考に至るまでの様子を要約して示した。SVの逐語と思考は、SVEが掲げるテーマに関して中心的に検討する部分を取り出して記載している。

（註）

1. 本書で用いている事例は、すべて架空のもので特定の個人をモデルにしていません。また、スーパービジョン面接の各場面を理解するために最小限の事例紹介を記載しています。
2. スーパービジョン中に登場するクライエントには仮名をつけています。これは架空の人物とはいえ、私たちがソーシャルワークを実践するパートナーとして一人ひとりを大切に扱いたいとの思いから匿名や記号で表示することに違和感を覚えたためです。なお、仮名がクライエントを指すことをわかりやすくするため、すべて一文字の苗字としています。ただし、職場外スーパービジョンの事例では匿名化しています。
3. 本書では、精神保健福祉士を「PSW」と略記している箇所があります。
4. 精神障害のある人や支援の対象となる人のことは、「クライエント」「利用者」「患者さん」「当事者」など文脈に応じて書き分けています。
5. スーパービジョンではスーパーバイジーのレポートを、実習指導では実習生の記録を活用することがあります。そのため本書ではこれらの概要を記述していますが、書式に関するスタンダードを示すものではありません。
6. スーパービジョンや実習指導においては、実施方法や費用、場所や期間など枠組みの合意に基づく契約を基本としますが、本書はこの基準を示すものではなく、ソーシャルワーカー同士や実習生と指導者のかかわりおよびそこにおける思考過程の記述に特化しています。

第1章

実習指導における スーパービジョン

実習スーパービジョンのバリエーションを紹介することを目的として、さまざまな特徴を抽出し、各１セッションの逐語と思考を記載している。全７事例は「実習前オリエンテーション」「実習初期」「実習中盤」「実習後半」「実習総括」の順に並べた。

実習機関は「医療機関・その他施設」で、「大学生・専門学校生」「社会人経験あり・なし」など多様な実習生への指導をとりあげている。実習指導者が、スーパービジョンを意識してかかわることによって実習生は感情を整理し考察を深めることができ、気づきと課題発見によって学習のモチベーションが向上していく様子をみることができる。

[相談支援事業所・初回オリエンテーション]

実習 1

実習スーパービジョンの意義や方法を伝え、ともに歩むためのオリエンテーション

実習機関の概要

相談支援事業所。市より基幹相談支援センターの委託を受け、個別の相談支援に加え、地域のネットワークづくりや人材育成など、地域づくり全般を担う。人員体制は、精神保健福祉士の資格をもつ相談支援専門員が3名在籍。法人では、精神科クリニック、デイケア、就労継続支援B型事業所、就労移行支援事業所、グループホームを運営。総勢16名の精神保健福祉士が各職場に配属され、どこでも実習指導が実施できるよう各1名人以上の精神保健福祉士実習指導者講習会の修了者がいる。

実習指導者

玉川 PSW。(経験16年目)。精神科病院の勤務経験ののち、現在の法人に転職。相談支援事業所の管理者。管理業務を担いながら相談支援業務を行う。また、法人内の人材育成に関する責任者として、研修計画や OJT にかかわっている。法人内の実習指導責任者として、養成校との窓口になり、受け入れ時期、人員の調整等の庶務も行う。

実習指導体制

精神障害者の支援を得意としている法人の特性上、精神保健福祉士の養成校からの実習生の受け入れを積極的に行っており、年間5名から7名程度。なかには卒業後にそのまま就職に至ることもある。

実習オリエンテーションは2回実施しており、1回目は実習指導者と実習生の波長合わせ。2回目に実習指導者から実習プログラムを提示し、双方の合意のもとに実習を行っている。法人内のすべての実習指導者が同じようにオリエンテーションを行うことができるよう、共通資料として「実習オリエンテーションガイド」を作成しており、法人の概要、精神保健福祉士の業務内容・勤務体制、実習プログラムに組み込める内容、精神保健福祉士の支援事例（モデル）を掲載している。

実習生

橋本さん。22歳の女性。心理学系の大学を卒業後、M 専門学校（1年間の養成課程）に進学。精神保健福祉士資格の取得を目指している。個人票の担当教員のコメントには、「よく考え、熱心に学ぶ学生です」と記されている。

実習時期・期間

前期実習として夏休み中の8月上旬に精神科病院での実習をすでに終えている。今回は後期実習として10月上旬から15日間の実習を行う。

実習目標

①相談支援事業所と医療機関の連携について学ぶ。
②相談支援事業所における精神保健福祉士の役割を学ぶ。
③精神保健福祉士の専門性を意識しながら、当事者とのかかわりを学ぶ。

実習課題

①各機関の役割を考え、どうすれば連携が進むのか考える。
②精神保健福祉士の支援場面を観察し、専門性について考察を深める。
③利用者と積極的にコミュニケーションをとり、生活状況を理解する。

予定表（実習オリエンテーション後に作成）

初日	2日目	3日目	4日目	5日目
相談支援	相談支援	就労B型	就労B型 実習巡回	就労B型
6日目	**7日目**	**8日目**	**9日目**	**10日目**
就労移行	就労移行	就労移行	グループホーム	グループホーム
11日目	**12日目**	**13日目**	**14日目**	**15日目**
相談支援	相談支援 実習巡回	相談支援	相談支援	相談支援 実習総括

※1、2週目は帰校日を設定し、土曜日または日曜日にも実習する。
※毎日、実習指導者と当日の実習内容について短時間の振り返りを実施し、そのなかで感じたこと、疑問点を確認する。
※最終日には実習指導者と実習全体の総括を行う時間を確保している。

受け入れまでの経過

玉川 PSW の所属する法人では、橋本さんの所属する M 専門学校が隣接する他県であったこともあり、これまで実習生受け入れの依頼を受けたことがなかった。玉川 PSW が公益社団法人日本精神保健福祉士協会の活動に参加していたところ、M 専門学校の担当教員と知り合う機会があり、玉川 PSW が精神保健福祉士の養成教育や卒後教育に対する興味､関心をもっていたことから意気投合した。

その後、あらためて教員より実習受け入れの依頼があり、今回、初めて受け入れることとなった。事前に教員に相談支援事業所に来所してもらい、法人や各施設の概要、実習指導体制や提供可能な実習プログラムの内容について説明を行った後、実習指導の受け入れに関する契約を書面で交わし、県内に在住する橋本さんが配属されることとなった。

実際にどの部署（職場）で受け入れるのかについては、法人内各職場の実習指導者で構成している「実習指導者連絡会」にて、学生や養成校の希望を考慮しながら、当該年度の実習生の受け入れや所属機関のマッチングを行った。なお、この会議では、ほかにも実習指導の進捗状況や指導内容の振り返り、実習指導における課題に関することや、効果的な実習指導の検討、法人内での実習指導者の養成に関することを話し合った。

橋本さんに関しては、玉川 PSW が担当することとなった。M 専門学校から初めて実習生を受け入れることから、法人内の実習指導に関する責任者が担当することが適切と考えられたためである。また、玉川 PSW は、橋本さんが就職を希望している精神科病院での勤務経験があることも理由の１つである。

実習内容

就労継続支援 B 型事業所、就労移行支援事業所では、スタッフ、メンバーとともに作業活動に入り、メンバーとの交流を深め、コミュニケーションをとることを行う。グループホームでは生活場面における支援について、メンバー、スタッフとともに買い物や行政窓口への申請、精神科受診の同行を行うとともに、一緒に居室の清掃や調理を行うなかでメンバーとのかかわりを学ぶ。相談支援事業所では玉川 PSW の業務に同行し、面接や家庭訪問などの実際の支援場面や、地域で開催される会議や研修会に同席・陪席を行う。

実習ノートは自宅で記載し、翌朝実習指導者に提出。実習指導者はその日の夕方までにコメントを記載し、実習生に返却する。実習時間終了までの30分間程度を用いて、実習ノートやコメント内容を踏まえながら、当日の実習結果について、毎日、実習指導者と実習生で振り返りを行う。

実習スーパービジョンに至る経過

実習オリエンテーションも実習スーパービジョンとして実施

M専門学校から橋本さんの個人票が送付されてきた。実習開始2か月前に橋本さんから電話連絡を受けて日程調整を行い、実習開始の1か月前に1回目のオリエンテーションを、2回目はその2週間後に行うことにした。

1回目のオリエンテーション当日、橋本さんは実習計画書を持って玉川PSWが所属する相談支援事業所に来所した。面接室で1時間を目安にオリエンテーションを行った。

玉川PSWと橋本さんが初めて顔を合わせ、これから実習スーパービジョン(以下、SV)の契約をするための波長合わせを意識した面接を開始するところである。

実習SVの逐語

①**玉川** こんにちは、はじめまして。今回、橋本さんの実習指導を担当させていただきます玉川です。よろしくお願いします。

②**実習生** はい、はじめまして。M専門学校の橋本と申します。本日はお忙しいなか、お時間をいただきありがとうございます。どうぞよろしくお願いします。

③**玉川** それではオリエンテーションを始めますが、今日を含めて2回行います。今日は実習計画書を持参していただいていますので、橋本さんの実習の目標や達成課題を伺います。その後、実習目標に到達するために、私たちが提供できる実習プログラムをご案内したうえで、橋本さんのご希望も伺います。それを土台に私が実習プログラムを作成し、2週間後に行う2回目のオリエンテーション時に橋本さんにご提示します。その内容について再度意見交換を行い、双方の合意が得られたうえで実習プログラムを確定し、実習初日を迎えたいと思います。このような流れで考えていますが、よろしいでしょうか？

④**実習生** はい、お願いします。

⑤**玉川** それではあらためて自己紹介しましょう。私からさせてもらいますね。私は大学を卒業後、サラリーマン経験を経て、精神保健福祉士を志しました。橋本さんと同じように専門学校で学び、資格を取得しました。そして、精神科病院での実習で社会的入院の状況を知り、精神科病院に就職しました。その後、社会的入院を解消するためには、地域生活を支えるための体制づくりが必要と考え、この法人に転職しました。就労継続支援B型事業所や就労移行支援事業所の立ち上げに携わり、今は、この相談支援事業所で勤務しています。

⑥**実習生** 私はもともと人の心に興味があって、心理学部がある大学に進学しました。授業で精神科医の先生の講義があったのですが、そのなかで今も精神科病院に社会的入院している方がたくさんいることを知り驚きました。その時、精神障害者の生活に寄り

SVRの思考

①表情が硬い。緊張しているのかな。まずは丁寧にあいさつをしながら様子を見よう。

②丁寧なあいさつだ。社会性もあり、しっかりした学生のようだ。

③まずは実習オリエンテーションの一連の流れを説明しよう。その際、実習プログラム作成の手順と合意のプロセスを説明しておく必要があるだろう。実習SVは通常のSVと異なり学校との契約であるが、実習生と実習指導者間での実習SV関係についても可能な範囲で合意による契約と同じプロセスをたどることが望ましい。橋本さんの理解の程度を確認し、了解をとりながら進めよう。

⑤実習指導者と実習生はこれからともに学びの歩みを進める関係だ。橋本さんに実習スーパーバイザー（以下、SVR）となる私のことを知ってもらわなければ相互理解は深まらない。SVRとして誠実に橋本さんに向き合い、信頼関係を築くためには私の歩んできた経過を知ってもらう必要があるだろう。私から自己紹介を行い、橋本さんの語りを促していきたい。

⑥イメージは伝わってくるが、精神科病院に就職希望している理由や、社会的入院の実態や精神保健福祉士の専門性をどうとらえているのかなど突っ込みどころが多い。

SVEの思考

①先生は、しっかり指導してもらえるよって言ってたけど、先輩の情報がないし、どんな指導者だろう。緊張するな。

②初対面が重要。失礼のないように丁寧なあいさつをしよう。

③丁寧に事前準備をしてもらえるのはありがたいけど、実習が始まる前にやらなければならないことが多くて大変そうだ。これはちゃんとやらないとついていけなさそうだ。

④けっこう、手間がかかるんだな。とりあえず了解しておこう。わからないことがあったら学校で先生と相談すればいいし。

⑤やっぱり自己紹介からだ。前回の実習の時と同じように話せばいいのかな。その前にまずは話を聞かなきゃ。へー、サラリーマンも経験しているんだ。私が就職希望している精神科病院での勤務経験もあるのか。

⑥精神保健福祉士を目指した経緯を中心に話せばいいのかな。これはいつも話し慣れているけど玉川さんにはどう思われたかな。

添った支援を行っている精神保健福祉士の存在を知り興味をもちました。大学を卒業し、専門学校に通いながら資格の取得を目指しています。将来は精神科病院に就職希望です。

⑦ **玉川** そうですか、精神科病院に就職して、どのような仕事をやってみたいと考えているのですか？

⑧ **実習生** はい、やはり長期入院者の地域移行支援に携わりたいと思っています。

⑨ **玉川** 病院の精神保健福祉士の重要な役割ですね。橋本さんが精神保健福祉士を目指したきっかけなんですよね。先に行った精神科病院での実習では、いかがでしたか？

⑩ **実習生** はい、実習指導者の方をはじめ、皆さんが親切にご指導くださり、たくさんのことを学びました。

⑪ **玉川** それはよかったですね。それで、具体的にはどのようなことを学んだのですか？　感じたことでもいいですよ。

⑫ **実習生** そうですね、たくさんあって……。入院患者さんは個々に事情が違っていて、当たり前ですが皆さん個性があるということです。入院という状況は同じですが、一人ひとりに合わせた支援というか、かかわりが必要ということを学びました。

⑬ **玉川** それは大切なことを学びましたね。人にはそれぞれ人生のストーリーがありますからね。それを理解し、多様な価値観や生き方を尊重することは精神保健福祉士として大切にしたいですよね。

⑭ **実習生** はい。

⑮ **玉川** では、前期実習で見つかった課題などはありましたか？

⑯ **実習生** えっと……、そうですね……。長期入院者の退院支援のために病院と地域支援者がもっと連携できるようにするためにはどうしたらいいのか、ずっと考えています。

⑰ **玉川** なるほど。もう少しお考えを教えてもらえますか？

⑱ **実習生** 前期実習で何十年も入院生活を続けている方にたくさん会

1つずつ確認していこう。

⑦橋本さんが卒業後にどんな仕事に興味をもっているのか考慮しながら実習指導を行う必要がある。さっきは社会的入院の話をしていた。となれば地域移行支援か？

⑧就職希望は決まっているけど、精神科病院と言って、相談支援事業所での実習にやる気がないと思われても困るな。でも嘘はつけないし……。言うしかない。

⑨予想通りだ。橋本さんは興味をもっている精神科病院での実習で、どのようなことを感じ、学んだのだろうか。社会的入院の現状をどうとらえたのだろうか。事前に前期実習で習得したことや積み残した課題について確認しておくことで、連続性のある後期実習に臨むことができる。この作業はオリエンテーション時に欠かすことができない。

⑨どのような答えを求められているのだろうか。どのように回答しようか……。

⑩漠然としてて答えになってないな。学んだことを定着させるためにも言語化を求めたい。それともまだ言語化できていない思いがあるのだろうか。内容を深めるための質問の仕方に工夫が必要かもしれない。

⑩なんだか漠然としたことを言ってしまった。

⑪やっぱり突っ込まれちゃった。実習中に学んだことを話せばよさそうだ。

⑫入院中の患者さんと話していた時に感じたこと。実習中を思い出すなぁ。皆さん元気かな。

⑬個別性、多様性を尊重することを学んだということか。「こうあるべき」という固定観念にとらわれず、個々のペースに合わせてオーダーメイドで支援することも精神保健福祉士として重要な視点なので伝えよう。

⑭大切なことだって言ってもらえた。学んできたことを認めてもらえるのは嬉しいな。

⑯思いきってずっと考えてることを言ってみよう。

⑰重要なテーマであるが、橋本さんはどのような体験や考えから興味をもったのだろ

⑱この気持ちは精神科病院に就職

いました。でもその人たちは私から見ると病状も落ち着いていて、会話も普通にできるんです。なんでこの人たちが入院し続けているのかずっと不思議でした。

⑲ **玉川** それはとても大切な疑問ですね。状況に慣れると、つい当たり前のこととして何も感じなくなってしまうこともあります。ぜひその「不思議」と思える感覚をずっともち続けてくださいね。ところで、そのことを実習指導者の方と話しましたか？

⑳ **実習生** はい。表面的には退院できそうでも、入院を継続しなければならない事情があると言われました。退院するためには住む家がなければならないし、資金も必要。家族や社会的なサポートの状況も個人差がある。単に病状が悪い人が入院しているわけではなく、退院後の受け皿が整わなくて入院を続けざるを得ない人がいるということを振り返りの時に一緒に確認しました。

㉑ **玉川** 確かに病状的には退院可能な状態にもかかわらず入院を余儀なくされている方がまだ多く存在する現実がありますね。その現実を見て、どのように思いましたか？

㉒ **実習生** そうですね…。やっぱりおかしいと思います。

㉓ **玉川** どんな点がおかしいですか？

㉔ **実習生** 病状が安定しているのに入院しているなんておかしいと思います。地域の受け皿がないから退院できないなんて、患者さんのせいじゃないですよね。誰もが地域で暮らせる社会であるべきだと思うのですが程遠いですよね。実習で出会った長期入院しているあの方々がどうやったら地域に受け入れてもらえるんだろうって思います。

㉕ **玉川** なるほど。地域の受け入れの問題？

㉖ **実習生** 病院の看護師さんと話していたら「地域がもっと受け入れてくれたらねぇ」と言っていました。地域移行支援として数人に

うか。これまでの語りから長期入院者の地域移行について興味があるようだが関係するのだろうか。

希望している原動力となっている。あの方たちの退院支援にかかわりたい。

⑲確かにその通り。「仕方ない」とあきらめず疑問や違和感をもち続けることは重要。これは忘れて欲しくないことなので伝えよう。

⑲病院の実習指導者と話をして理解した部分もあるが、気持ちがスッキリしたわけではなかった。そうか、疑問はもち続けてよいのか。ずっと気持ちが整理できないことが課題だと思っていたけどポジティブに言ってもらえて安心した。

㉑実習指導者との間では、社会的入院の現状について考察は深めているようだ。環境因子だけでなく、長い経過のなかでは病状の不安定さや本人の退院への意欲などさまざまな課題がある。橋本さんは現状を見たうえで、どのように感じたのだろうか。

㉒「おかしい」だけでは不十分だ。その根拠や倫理観・価値観が重要。もう少し語って欲しいから促そう。

㉓私のモヤモヤを見透かしたように突っ込んでくるな。うまく言えないんだけど、そのままの自分の考えを表現してもいいかなぁ。

㉔精神障害者を受け入れられない地域の関係機関も住民もどうかしている。「地域の支援者は何をしているんだ！」と思う。病院実習の時の気持ちを思い出して、思わず怒りが出てしまった。

㉕「精神障害者に対する地域の理解が深まっていない」という怒りの感情が見える。地域の受け入れの問題に注目しているが、要因はそれだけではない。もう少し俯瞰的に考えてもらえるように促そう。

㉖看護師の発言に影響を受けていたのか。地域移行支援事業の申請数が伸びないのは

㉖それだけとは言わないけど、病院のスタッフの人は皆さん頑

は相談支援事業所の人が面会に来ていましたが、ほかの人には誰も面会に来ませんでした。なんで来ないんだろうって思って……。やっぱり受け入れてもらえてないのかなと思いました。

㉗ **玉川** 病院の支援体制はどうでしたか？

㉘ **実習生** 病院のスタッフの方も忙しそうで、入院患者さんたちと退院のことや今後の希望を話している様子もないし、私は実習生として話を伺っていたのですが、実習が終わって私がいなくなったらどうなっちゃうんだろうと思いました。

㉙ **玉川** 目の前の方について、実習後のことも見据えて考えたのはいい視点ですね。そして病院のなかで入院患者さんたちの話を聞いてくれる体制が不十分なように感じたんですね。そうですか……、病院にも地域にも課題が見えてきたんですね。

㉚ **実習生** はい。学校の事後学習で振り返りをして、いろいろ事情があるのはわかりました。それなら、もっと病院と地域支援者が連携して協力しながら支援できたらいいのにと思って。

㉛ **玉川** 橋本さんがおっしゃる連携ってどのようなことですか？

㉜ **実習生** ……、そうですね。役割分担というか、お互いのよいところを活かして、苦手なところを補い合うようなイメージです。

㉝ **玉川** そうですか。ではどうやって連携を深めていけばいいでしょうか？　例えば病院と地域支援機関が連携を深めるためにはどのような取り組みが必要だと思いましたか？

㉞ **実習生** うーん。病院のスタッフは地域支援機関の方のことを知らない印象でした。例えば、病棟の看護師さんから「相談支援事業所ってどんなところ？」と聞かれたこともありました。

㉟ **玉川** そうだったんですね。お互いのことを知らなければ、お互いの特徴を活かしたり、補うことはできないですよね。

㊱ **実習生** はい。もっと連携について考えたいです。

全国的な課題だ。後期実習ではミクロな視点だけでなく、メゾ、マクロ的な視点で考察が深められるといいかもしれない。地域移行を進めるためには病院側からも相談支援事業所にはたらきかけを行う必要があるが、病院の様子はどうだったのだろうか。

張ってはたらいていた。地域の支援者がもっと理解を深めるべきだ。うっかり批判的なことも言っちゃったけど大丈夫かな。

㉘病院の体制……。スタッフは時間がないんだろうけど確かに私以外に病棟で患者さんの話を聞いている人はいなかった。それもおかしい。あの方たちの話を今は誰が聞いているのかな。

㉙病棟内の雰囲気やスタッフの動き方についても観察していたようだ。実習生として一時的なかかわりしかできないこと、その後の当事者のことを考え、現在から未来を見据える視点をもつことなど、人と環境を理解するうえで重要な気づきだ。病院も地域機関にも課題があることを提示し、考えてもらおう。

㉚連携という言葉は便利な言葉だが、簡単に使われやすい。どのようにとらえているのか、現時点での理解と考えを確認しておこう。

㉚先生と話をして双方に言い分があるのはわかったけど、だったらお互いに協力すればいいのにな……、と思ってしまう。

㉜えっ、いざ説明しようとすると、うまく言えないな。抽象的だけどこんな感じかな……。

㉝まだ明確にはなっていないようだ。人や組織、制度などあらゆる必要なものをつなげることは精神保健福祉士の大事な役割。その実現に向けたはたらきかけこそが専門性が発揮されるところであり、橋本さんに具体的に掘り下げて考えてもらいたいことだ。

㉞うーん、難しい。普通に考えて、知らない人とは協力できないもんなぁ。授業でもあんまり具体的に習ってない気がするし。

㉟病棟の看護師の発言から考えると、前期実習の病院では地域の支援機関に対する知識や理解が浅いようだ。これでは病院と地域が連携していないように思える。連携する際に相互理解を深めることに着目した

㊱確かにそうだ。何ができる人か知らないと何を頼んだらいいのかわからないし。連携って簡単

㊲ **玉川** わかりました。そうした体験を踏まえて、こちらでの実習の目標を考えてきたことと思いますが、いかがですか？

㊳ **実習生**（実習計画書を見せながら）はい。「相談支援事業所と医療機関の連携について学ぶ」こと、「相談支援事業所における精神保健福祉士の役割を学ぶ」ことを考えてきました。病院実習の際、実習指導者の方に精神障害者の地域生活を支えるうえで、相談支援事業所が重要な役割を果たしていると聞きました。そのなかでの精神保健福祉士の役割も併せて考えていきたいです。

㊴ **玉川** 相談支援事業所では病院以外にも地域の関係機関、民生委員や住民などのインフォーマルな方々とも連携します。そのなかで精神保健福祉士が何を目的として、どのようなはたらきかけを行っているのか、今回の実習で考えられたらいいですね。

㊵ **実習生** はい。頑張ります。

㊶ **玉川** では実習のプログラムのなかに病院からの地域移行を促進するための取り組みなどを組み込んで、病院と連携する場面に同行できるようにしましょうか。

㊷ **実習生** ぜひお願いします！

㊸ **玉川** 病院実習では内側から長期入院者の状況を見たと思います。今度は、地域支援機関の側からの実習を通じて、長期入院者について感じるものがあると思います。私もどう展開したらいいのかは常々考えています。ぜひ一緒に考えていきましょう。

㊹ **実習生** はい。よろしくお願いします。

㊺ **玉川** ほかには実習目標をどのように考えてきましたか？

㊻ **実習生**「精神保健福祉士の専門性を意識しながら、当事者とのかかわりを学ぶ」ことにしました。

㊼ **玉川** 大きなテーマですね。この内容を実習目標とした理由を教えてもらえますか？

㊽ **実習生** 病院実習では当事者の方とコミュニケーションをとること

ことはよい気づきだ。まずはお互いを知ることが連携の第１歩である。

㊲実習目標のすり合わせと共有は実習SVのゴール設定のための重要な作業。事前に学校で目標について検討してきている場合とそうでない場合もあるが、あの先生ならばきっと丁寧に事前指導を行っているだろう。実習生の考えを聞きながらすり合わせよう。

㊴橋本さんは病院と地域支援機関との連携に着目しているが、相談支援事業所は地域のネットワークづくりも担っており、フォーマル、インフォーマル問わず、多くの関係機関と連携している。精神保健福祉士の専門性を下敷きにして連携を行う際の目的やはたらきかけについて学んでもらいたい。

㊶地域移行支援は前期実習から継続して橋本さんが興味をもっていることであり、実習プログラムに組み込んで考察を深めるとよいだろう。

㊸ここまでの様子から、まだ抽象的であるが橋本さんは前期実習で得た経験を考察し、言語化できているように感じる。学校での事後教育の成果も感じるし、やはり、しっかり指導してもらっているのだろう。実習期間を通じて、さらに考察を深めるためには橋本さんが感じたことを言語化し、一緒に振り返ることを繰り返すことが必要。一緒に考える姿勢を見せよう。

㊼ざっくりした表現だな。実習中に具体的に考えられるよう、掘り下げておこう。

に言っていたけど、奥が深い。私の理解が浅いんだな。

㊳ようやく実習目標の話題に入った。質問が多くて頭使ったな。実習計画書は事前に学校で先生と打ち合わせを重ねてきたから大丈夫。ちゃんとスムーズに言える。

㊵いろいろな人とかかわっていくみたいだけど、相手によって連携の仕方って変わるのかな。それに精神保健福祉士だからできる連携のはたらきかけってどんなことなんだろう。

㊷やった。興味がある内容を実習プログラムに取り入れてもらえた。楽しみだな。頑張ろう。

㊹確かに、連携について、今まで病院側の立場で考えていた。地域支援側から病院を見ると、また違ったものが見えるかもしれないな。

㊽よく「専門性」って言葉は聞く

に集中してしまい、精神保健福祉士の専門性を意識することができませんでした。今度は精神保健福祉士であればどう考えるのかを意識してかかわりを学びたいと思いました。

㊾ **玉川** そのことについて、コミュニケーションをとりながら考えたことはありましたか？

㊿ **実習生** はい。閉鎖病棟で何を話しても会話が弾まない方がいて、言葉が詰まってしまったんです。結局、そのまま時間がきてしまったのですが、私はつまらない時間に付き合わせてしまい申し訳なくて謝ろうと思ったら、「楽しかったです。ありがとう」って言ってくれて。なんでお礼を言われたのかわからなかったけど、気を遣ってくれたんだろうと思いました。

(51) **玉川** そう。そのことは実習指導者の方と話しましたか？

(52) **実習生** はい。実習指導者は「確かに気を遣ってくれたのかもしれませんが、その方は本当に楽しかったのかもしれませんね」と言って、続けて「もう少し自分のことを知ってみてはどうですか？」と指摘されました。結局、実習中は余裕がなくて、それを深められなかったのですが、ずっと気になっていました。

(53) **玉川** 学校に戻った後、学校の先生と振り返ったんですか？

(54) **実習生** はい。先生から「それはいい経験をしたね」と言われました。先生との振り返りで、私は言葉のコミュニケーションに頼ることが多く、会話ができたかどうかでその方との関係性をはかるクセがあることに気づきました。自分の枠組みで物事をみる傾向っていうか……、先生と話しているうちに病院実習では当事者とのかかわりも、自分のクセをわかってなかったから、精神保健福祉士としてどう考えるべきかということまでは考えられなかったことがわかりました。それで、次の実習では精神保健福祉士の専門性を意識して取り組みたいと思います。

(55) **玉川** なるほど。確かに貴重な経験を経て、橋本さんが自分自身で大事なことに気がついたんですね。大切なことは湧き上がる感情を吟味し、それは自分の個人的感情なのか、そうでないのかを考え、最終的には精神保健福祉士として物事をどのようにとら

けど、ほんとは雲をつかむようでよくわからない。学校で習ったことを活かしながら精神保健福祉士を意識して目の前の人とかかわることに挑戦したいけど。

㊾橋本さんに限らず前期実習ではコミュニケーションをとることに精一杯になるのも無理はない。それを後から振り返り、認識するわけだが、実習中に違和感を覚えたり、心残りであったり、起点となる出来事が存在することが多い。何か体験したエピソードがあれば知りたいところだ。

㊿沈黙の時間がつらくて、何とかこの方と話を続けようと焦っていた。付き合わせて申し訳なかったのにお礼を言われてびっくりしたなぁ。

(51)ありがちな話だ。関係性を構築しようとして、会話等の目に見える行動をとろうとするが、うまくいかない。でも相手にしてみると、一緒に過ごすことが十分コミュニケーションになっている。コミュニケーションの多様性に気づくきっかけになるような出来事だ。実習指導者とはどのような整理をしたのだろうか。

(52)結局、あの方が本当に楽しかったのか、社交辞令だったのかわからず終わってしまった。今度の実習で同じような場面があったら今度は聞いてみよう。これまで自分のことを知るって考えたことがなかったから、何をすればいいのかわからなかったんだ。

(53)橋本さんに自己覚知を深める投げかけだ。でも橋本さんのなかでは消化できていないようだな。自己覚知は価値観のブレやアイデンティティの揺らぎ、考え方のクセなど多くの要素がある。事後学習ではどのように指導を受けたのだろうか。

(54)先生との振り返りもきつかったなぁ。まだ不十分だろうが、独りよがりだった自分を見つめ直すことは苦しい作業だった。

(55)お互いの価値観を尊重するためにも、なぜ自分がそう思うのか、感じるのかその根拠を考えることが重要。それは個人的なものか精神保健福祉士としてのものか。この

え、今、何をすべきかを判断することだと思います。

56 **実習生** はい……、でも難しそうです……。

57 **玉川** そうですね、私も悩んだり、モヤモヤすることも多いですし、うまく言葉にできないこともありますよ。

58 **実習生** えっ、そうなんですか。どう対処してるんですか？

59 **玉川** そうですね。私の場合は自分の考えの根拠は何なのか、どうしてそう思ったのかについて、振り返ることですかね。それは自分の感情なのか、じゃあ精神保健福祉士としてはどう考えるのかを繰り返しています。１人では難しいことも多いので、私はSVを受けていますよ。

60 **実習生** へー、そうなんですね。

61 **玉川** ええ、SVRに支えてもらいながら、自分の考えとか行動について振り返ることで自分の傾向に気づかされることは今でもあります。橋本さんが実習中に感じたり考えたりすることのお手伝いをできればと思っています。ぜひ、感じたことを恥ずかしがらずに聞かせてくださいね。うまく話せなければイメージでもいいですし、わからないことはそのように言っていただいてかまいませんよ。

62 **実習生** はい。でも、そんなのでいいんですか……。

63 **玉川** ええ。うまく話せなくても評価に影響はしませんよ。橋本さんの実習課題をクリアするために必要なことですからね。

64 **実習生** はい、わかりました。

65 **玉川** 次に橋本さんの事前学習の状況を教えてもらえますか？

66 **実習生** はい、地域支援の状況を知りたかったのと、当事者の方とお話がしたくて、学校の近くの地域活動支援センターにボランティアに行って、夏祭りのお手伝いをしました。

67 **玉川** 積極的な活動ですね。印象的なことはありましたか？

68 **実習生** メンバーの皆さんが楽しそうで。スタッフの方が「いつもと違ってメンバーさんが楽しそう」と言っていたので、普段はど

先、橋本さんが何年もこの作業を繰り返しながら精神保健福祉士として大切にすべき専門性を獲得していって欲しい。

⑰簡単に答えが出るものではない。一方で悩み、考え続けることも簡単ではない。それは実習生も現任者も同じである。このことを伝えるためにも自己開示しよう。

⑲精神保健福祉士としてはたらき続ける以上、自分の実践を振り返ることは欠かせない。自分のできていることや課題を見つけていくためにSVを活用することの効果を伝えておこう。

㉑橋本さんはまだ学び始めて半年だし、専門職の卵だ。実習を通じて何が足りないのか、これから何を身につけるべきなのかを探すことが重要であり、それを私は実習指導者としてお手伝いする。そのためには橋本さんが自分自身の気持ちを話しやすいように、関係性や環境をつくることが実習指導者としての最初の仕事。橋本さんの意見を受け入れる姿勢を示しておこう。

㉓実習生は評価を気にするがゆえに感情表出を恐れる傾向がある。感じたり考えたりしたことや疑問などを自由に発言してもらうためにも、それらの内容の良し悪しで評価をつけるわけではないことをはっきり伝えておこう。

㉗この専門学校は体験教育も積極的に行っているようで、いい指導をしていると思う。それに応えて橋本さん自身も積極的に

⑯先生も同じようなことを言ってくれた。でもそれができるのかまだ自信がないな。目標に掲げてしまったが、果して達成できるだろうか……。

⑱ベテランでも悩むんだな。でもどうやってそれを乗り越えるんだろうか。学生のうちは先生が一緒に考えてくれるけど、現場に出ちゃった後はいなくなっちゃうし……。

⑳自分の考えや行動を振り返る……。これは実習生も現場の精神保健福祉士も同じなんだなぁ。SVかぁ、どんな感じかわからないけど私も現場に出たら受けるようにしよう。

㉒そんなこと言われても、やっぱりどう思われるか気になる。

㉔評価に影響しないのか。確かに実習目標を達成するためには感じたことを言って、いろいろ指摘してもらえるといいけど。

㉖事前学習も確認されるのか。先生の勧めもあったけど、後期実習に備えてボランティアに行っておいてよかったな。

㉘お祭りは楽しかったし、皆さんの笑顔が忘れられない。でも普

んな様子なのかと思いました。

⑲ **玉川** それはいい気づきですね。普段の様子は見に行ってみましたか？　場所は違いますが、私の法人も就労継続支援Ｂ型事業所や就労移行支援事業所といった通所型の事業所がありますので、実習プログラムに入れることは可能ですよ。

⑳ **実習生** そうなんですね。普段の様子はまだ見たことないんです。ぜひお願いします。

㉑ **玉川** わかりました。それでは、私たちが提供することができる実習プログラムについてご説明します。

（「実習オリエンテーションガイド」を用いて法人や施設の概要、精神保健福祉士の業務内容・勤務体制について説明）

各事業所を幅広く回ることもできますが、すでに橋本さんのご希望はいくつかお聞きしましたので、医療機関との連携を学びたいということや、普段の様子を見るために通所事業所にも行くことを踏まえてプログラムを作成しようと思いますが、いかがですか？　もちろん、実習の途中で見直すこともできます。

㉒ **実習生** ありがとうございます。そのようにお願いします。

㉓ **玉川** わかりました。ではそうしましょう。あと、実習目標と照らし合わせると、ほかにどんなことを経験したいですか？

㉔ **実習生** ええと、さっきの話とつながりますが、やっぱり当事者の方とコミュニケーションをとる機会があったらいいなと思います。あとは、相談支援事業所の精神保健福祉士さんの実際の業務を見てみたいです。

㉕ **玉川** わかりました。では、次回のオリエンテーションまでに、ご希望を踏まえて実習プログラムと指導計画書を作成します。次回はその内容について、再度橋本さんのご意見を聞いたうえで実習プログラムを決定しましょう。

㊱ **実習生** つくってもらった後で私の意見ですか？

㊲ **玉川** 実習は橋本さんと私の協働作業となります。そして橋本さんの実習目標を達成するために必要な実習プログラムと指導計画が存在するのですから、橋本さんの希望や意見は当然重要ですよね。だから遠慮せずに言ってくださいね。

㊳ **実習生** はい、わかりました。

㊴ **玉川** では、次は２週間後ですね。お疲れさまでした。

学んでいることが伝わってくる。

⑥⑨お祭りなどのイベントの場面と通常のプログラムのときではメンバーの表情や動きが違うことも多い。目の前の状況を観察しながらさまざまな場面を想起することは重要であり、よい気づきだ。細かい解説について今日は行わず、実習中に気づいてもらえればいいだろう。

⑦①実習プログラムを用意しないことには実習SVも成り立たないし、橋本さんの意向を確認しながらつくることが重要。橋本さんが主体的に学ぶことができるように、学びたい内容など、実習に関する希望を引き出しプログラムに反映させることができるように話し合いたい。

⑦③最後に実習課題を確認しておこう。実習目標に到達するために、どのような課題に取り組むのかを明確化しておくことで、毎日意識して実習中の行動を主体的に考えてもらいたい。

⑦⑤次回は実習プログラムを提示して、橋本さんと実習SVの契約関係を結ぶことになる。その際に実習生からも今日のように意見を求めることになることについて、予告して伝えておこう。

⑦⑦実習は指導者から何かを一方的に伝えるものではない。橋本さんの意思が重要であることを伝えよう。

段は笑ってないのかな。通所型の事業所ってどんな様子なのかなと思った。

⑦⓪いい気づき？　何をほめてもらえたのかわからないけど、普段の様子を見ると何かわかるのかな？　自分の感想を話して評価してもらえると安心する。

⑦①考えることが多いうえに緊張していると頭に内容が入ってこないかもしれない。資料をもらえるのはありがたい。

⑦②前の実習からテーマにしている連携について考えることができそうだ。私の関心をプログラムに取り入れてもらえてよかった。実習前にもう少し教科書とか読んでおこう。

⑦⑥今日はたくさん意見を言ったけど次も聞かれるのか。事前に実習で学びたいことをもう一度整理しておかないとついていけないな。

⑦⑧頭では理解できるけど、実際にできるかどうかだなぁ。今日のオリエンテーションでは自分の希望が重要だということがわかったし、もう一度実習計画の見直しをしておこう。

解説

●実習オリエンテーションは実習スーパービジョンの一部として行う

実習指導では実習生の学びを促進するために実習SVを展開します。実習オリエンテーションの場はSVRである実習指導者と、スーパーバイジー（以下、SVE）である実習生が初めて出会う重要な場面です。玉川PSWはそのことを意識して事業所の特性や提供できるプログラムの概要、指導方針を伝え、橋本さんの「実習生個人票」や「実習計画書」を用いて実習目標や課題を確認しながら波長合わせを行っています。こうして実習SVにおけるゴール設定となる実習目標の共有を行います。この後、玉川PSWは、実習プログラムを作成して双方の合意を得ることまでを一連のSV契約のプロセスとして展開しようとしています。

●事前学習の状況を確認し、実習スーパービジョンに活用する

現場実習は、学生が学ぶカリキュラムの一部であり、授業やほかの学びのツールとも連続性をもって行われます。玉川PSWが繰り返し、前の実習先での体験や指導者との振り返り内容を尋ねているのは、こうした連続性を踏まえて今回の実習をとらえているためです。オリエンテーションでこれまでのことを確認しているのは、今回は2か所目の実習となるため、前期実習からの考察や、未消化の課題を含めて橋本さんの準備状況を確認し、当事業所での実習において橋本さんと共有する目標や課題の設定とプログラムを用意しようとしているためです。

●実習スーパービジョンの意義を理解させ、主体性を引き出す

実習SVは現任者のSVとは異なり、履修科目の単位認定にかかわるものであって、実習生が主体的に求めているものではなく、実習先も学校からの配属であるため、必ずしも希望に沿っていないことを理解しておく必要があります。このため、現任者のSVと比較し、実習生は受動的姿勢となります。そこで玉川PSWは、橋本さんに実習SVの意義やその成果を、自己のSV経験も踏まえて説明し、橋本さんが主体的に学ぶ姿勢を引き出そうとしています。この際、実習指導者が語り過ぎないことや、自由な発想を促すためオープンクエスチョンを心がけるなど、あくまでも実習生が「語る」ことをサポートするよう意識することが重要です。

●実習オリエンテーションの事前準備を丁寧に行う

効果的な実習オリエンテーションを行うためには、実習指導者の準備が求められます。玉川 PSW は、初めて受け入れる専門学校の教員に、あらかじめ学校や教員の教育方針や教育内容、実習に対する考え方や指導方法等を確認していました。実習生にとっては教員からの指導と実習指導者からの指導に齟齬（そご）が生じないよう、連続性を意識しておくことが重要です。また、オリエンテーションを効率的に進めるために、実習施設の概要や実習生に伝えておくべき事項をまとめたオリエンテーション資料を作成しておくことは有効です。

●実習オリエンテーションは実習生との信頼関係をつくる場

実習生はまだ専門職になっておらず、学びの途上にいることを認識する必要があります。橋本さんはこれまでの学習や病院実習で「社会的入院」に関心をもっていますが、そのことを相談支援事業所の実習でどのように目標設定しプログラムを用意するか、また実習中にどのように考察を促すかは、橋本さんの学習状況との兼ね合いで変わっていきます。そこで、橋本さんには自己洞察して率直に語ってもらうことが必要であり、その内容を精神保健福祉士としてとらえ直すための議論をすることが効果的です。玉川 PSW は、この土台となる信頼関係を橋本さんとの間に築こうとしています。そのため、感情の表出が許容され、安心して話ができる場であることについて、評価との兼ね合いを含めて説明しています。

その後の経過

2回目のオリエンテーションでは、玉川 PSW が作成した実習プログラムを示し、橋本さんも実習計画書の見直しを行って実習目標と課題について具体化させてきていた。そして双方合意し、実習を開始することになった。

実習開始後、橋本さんは玉川 PSW との振り返りの時間と、実習ノートを活用し、実習中に感じたことを言語化することに取り組んだ。当初は漠然とした表現も見られたが、次第に自分の言葉で具体的な表現がなされるようになっていった。地域の受け皿不足に対する個人的な怒りと、精神保健福祉士として大切にすべき価値や倫理に基づく意見を仕分ける作業を行うことにより、精神保健福祉士の専門性を意識しながら、相談支援事業所における精神保健福祉士の役割を考えることができるようになった。その結果、病院に就職後も、地域の事業所等とチームで支援できるようになりたいと述べていた。

実習 2

[精神科病院の大規模デイケア・3日目]

実習生の視点の転換を促し、行動変化を示唆する実習初期のスーパービジョン

実習機関の概要

精神科病院の大規模デイケア（以下、DC）で定員50名、1日平均利用者数は30名前後、課長を含む精神保健福祉士2名、作業療法士1名、看護師1名、公認心理師1名で運営。利用者層は、統合失調症で長期入院から地域生活へ移行した50～70代の高齢精神障害者と、発達障害、依存症、気分障害などで短期入院や入退院を繰り返す20～40代の患者が混在。プログラムは選択制で複数用意している。

病院全体では敷設のグループホームも含めて10名の精神保健福祉士が勤務し、そのうち、精神保健福祉士実習指導者講習会の修了者は6名である。

実習指導者

白浜 PSW。精神科クリニックのリワーク支援や地域活動支援センターでの勤務経験があり、当病院の勤務は10年目。3年前に相談室から異動し DC の課長となった。国家資格制度制定時から、前職場でも実習指導者をしていた。

実習指導体制

当病院は、精神保健福祉士の資格化当初から複数の養成校より、年間8～10名の実習生を原則12日間受け入れている。実習担当窓口の精神保健福祉士が各養成校との調整を担い、実習生の希望にそって各部署に配属する。DC を中心に希望する場合は、課長の白浜 PSW が指導担当となるが、プログラムには数日間の病棟実習を含めている。また、医療福祉相談室に配属された実習生も数日間デイケアで受け入れることがある。事前オリエンテーションは病院全体で1回開催し、当年度の実習生全員と各養成校の教員も可能な範囲で出席、2回目は実習開始の2週間～1か月前に主担当者と各実習生との間で実施する。

実習の振り返りは毎週1回1時間設定し、終了時は別途「実習総括」を実施。朝と帰りに実習記録の受け渡しやプログラム確認の際に適宜質疑を受けている。昼休みもスタッフルームで一緒に昼食をとるため雑談のなかでの質疑も可能。

実習生

宮田さん。40代後半の女性で１年制の専門学校に在籍。介護福祉士の資格を取得し、高齢者施設に就職したが対人関係に悩み退職。その後は２人の子育てをしながらデイサービス事業所にパート勤務していた。息子の不登校で悩んだことが動機となり、子育てが一段落したあと精神保健福祉士の資格を取ろうと考えた。

性格は「真面目で責任感が強い」と個人票に記載されている。

●実習時期・期間

夏休みに12日間。１・２週間目は帰校日指導があり、３週間目に教員巡回を予定。秋に就労継続支援Ｂ型事業所で実習予定。

●実習目標

精神科 DC における精神保健福祉士の役割を学ぶ。

●実習課題

①精神障害者とのコミュニケーションを通して生活のしづらさを理解する。

② SST や心理教育などのリハビリテーション活動について知る。

●予定表（実習場所と SV 実施日）

初日	2日目	3日目	4日目
終日DC	終日DC	終日DC SV	終日DC 16時〜定期SV
5日目	**6日目**	**7日目**	**8日目**
AM：男性急性期病棟 PM：男女開放病棟	AM：女性急性期病棟 PM：男女開放病棟	AM：外来診療陪席 PM：男女開放病棟	DC（社会見学同行） 16時〜定期SV
9日目	**10日目**	**11日目**	**最終日**
終日DC 15時〜教員巡回	終日DC PM：訪問看護同行	終日DC	終日DC SV（実習総括）

※DC実習では、メンバーミーティングからプログラムまで参加し、プログラム終了後はスタッフルームでメンバーの記録や日報を作成してみる。
※病棟実習では、朝の看護申し送りに陪席したあとは病棟で終日過ごす。
※毎週末に1時間スーパービジョン（以下、SV）を予定。

受け入れまでの経過

毎年実習生を配属してくる専門学校の教員より「病院の隣市に住んでいる学生で、通うのに便利なこと、学生よりも年長の指導者がいること」が理由で依頼された。実習生からは事前提出書類が不備なく送付され、2回のオリエンテーションには時間厳守で来院した。実習は週4日で3週間とし、2週間目に病棟・外来での実習を入れるほかは、実習生の主目的であるDCで実習することとなった。実習生からは病棟での実習希望はなかったが、1年制の専門学校生であり今後も精神科の病棟見学やボランティア等の予定はないとの話であることや、実習目的のなかに「リハビリテーション活動について知る」という課題が設定されていることから、長期入院や社会的入院の実態について理解したうえでリハビリテーションの必要性を考察する必要があると考え、白浜PSWより入院病棟や外来での実習も含める提案をした。

実習生個人票に記載された実習目標や課題については考察の深さを感じず、白浜PSWが事前オリエンテーションで質問しても明瞭な応答はなかったが、精神保健福祉士について学び始めて4か月足らずであり、1か所目の実習ということを考慮し「実習開始後のSVで徐々に考察を深めていきましょう」と伝えた。

実習内容

初日、2日目とも朝のミーティングから出席し、DCプログラムに参加している。初日の朝のミーティングではメンバーに自己紹介する際、「高齢者の介護の仕事をしていた経験を活かし、皆さんの社会復帰のお手伝いができればと思います」とあいさつしていた。

2日目の午前中は調理プログラムであった。この日の実習記録には以下の記述があった。

「午前中は調理で、メニューは、炊き込みご飯、お吸い物、卵焼き、酢の物だった。熱心な人やよく手伝ってくれる人もいるが、ほとんど座って見てるだけの人や途中で疲れて調理室を出ていく人も多かった。高齢者にとって調理は負担が大きいのではないかと思う。介護サービスでヘルパーに作り置きしてもらったり、配食サービスも利用できるし、利用を勧めてはどうかと思う。調理はこれから自立を目指す若いメンバーさんたちのためのプログラムにしたほうがいいのではないかと思った。」

実習スーパービジョンにいたる経過

宮田さんは、実習初日からそつなくメンバーとコミュニケーションをとっているように見え、スタッフの業務にも「やりましょうか」と声をかけるなど身軽に動けている。1日目、2日目のプログラム終了時には、質問があるかと尋ねても「今のところありません」という返答だった。実習記録は遅滞なく提出されているが、考察の記述は浅く、実習中の行動と観察したことが中心で、最後に感想が書かれている程度である。

白浜PSWは、2日目の調理プログラムに関する記述が気になり、3日目の夕方に30分ほどの時間を取って実習生の考察を深めることにした。そのことを宮田さんには昼休みのうちに「定期の実習SVは金曜日に予定していますが、今日は週の真ん中に当たるので夕方に少し時間をとって質疑や今週後半に向けて打ち合わせをしておきましょう」と伝えた。

逐語は、宮田さんが午後のプログラムを終えてスタッフルームに戻ってきたのち、白浜PSWが用意した面接室に移動して着席し、お茶を一口飲んだところからである。

実習SVの逐語

①**白浜** 3日間が過ぎましたね。どうですか。
②**実習生** はい、楽しくさせてもらってます。

③**白浜** 前の職場だった高齢者のデイサービスとの違いなど感じますか。

④**実習生** そうですね。いろんな利用者さんがいるので…。若い人と高齢者では支援方法も違いますよね。

⑤**白浜** どんな風に違いますか？
⑥**実習生** ええと、高齢者には介護サービスの提供があってもいいのかなとか……。ここは精神科病院だから無理ですけど……。
⑦**白浜** 無理というのは？
⑧**実習生** あ、介護保険が使える機関ではないって意味です。
⑨**白浜** なるほど。デイケア（以下、DC）は医療保険ですからね。では、介護保険だとしたら、どんな支援が考えられますか？
⑩**実習生** デイサービスとか、在宅なら配食サービスもあって高齢者の方が自分でやらなくてもいいと思うんです。

⑪**白浜** たしかに。鶴さんや亀さんは、65歳を過ぎてますし、要介護認定を受けられればそうした介護保険サービスも利用できるかもしれませんね。どんな方たちかわかりますか。

⑫**実習生** ええと、鶴さんは昨日同じグループだったんでわかりますが、亀さんはどんな人でしたっけ。
⑬**白浜** あ、じゃあまず鶴さんについて考えてみましょうか。
⑭**実習生** そうですね……。お米を研いだりお茶碗を並べたり、男性の割にはよく手伝ってくれたんですけど、途中で疲れたみたいで椅子に座ったりしてて。鶴さんだと要支援くらいですかね。

SVRの思考

①まずは所感を尋ねてみよう。

②初めての精神科だが「楽しい」と言えるならまず何よりか。

③実習記録からは、職歴が高齢者のデイサービスだったことの影響を感じた。精神科DCと比較しているだろうか。

④いろんな、とは年齢層の幅のことかな。支援方法とは何を指すのだろう。

⑤オープンクエスチョンで尋ねてみよう。

⑥やっぱり介護の発想でプログラムをみているのか。その場合の支援方法についての考えを聞いたほうがいいな。

⑧報酬や制度上のことを言っているのか。でもそれは支援方法ではないな。もうちょっと突っ込んでみよう。

⑩利用者が活動し、DC職員は側面的な支援になるから、介護事業とはサービスの提供方法が違うことを言っているようだ。宮田さんの発想の転換が必要な部分だろう。

⑪具体的な事例で考えてもらおう。宮田さんが接した可能性のある方は……、鶴さんや亀さんかな。どちらも長期入院者で70歳を超えているけど要介護認定は受けていない。鶴さんは生保単身、亀さんは当院のグループホームの利用者だ。

⑫亀さんとも初日に話していたはずだけど、顔と名前がまだ一致していないのかな。

⑭なるほど、様子の観察は結構できているようだ。けれど「手伝ってくれた」とは、主体が自分になってしまっているのか。これ

SVEの思考

②思ったよりスタッフさんも優しいし、介護事業所より体力的に楽だ。

④違いについてはあまり意識してなかった。でも利用者さんに若い人が多いのはデイサービスとの大きな違いかもしれないな。

⑥DCはデイサービスと似てると思って希望したし、違いを聞かれても困っちゃう。

⑨そうだった、介護保険だと要介護認定がある。精神ではどうだったっけ。

⑪ええと、亀さんってどんな方だったかな。鶴さんは調理を結構手伝ってくれた人だったからよく覚えている。

⑭私がやったほうが早いんだけど。なんだか気を遣ってくれている感じだったし、後半は疲れたように見えたからお願いするのも申し訳なく感じた。

⑮ **白浜** 今の発言は大事だなと思うんですけど、鶴さんが「手伝ってくれた」というのは、誰のお手伝いっていう意味ですか？

⑯ **実習生** あ……、えっと、私がお米をお釜に入れたら横から持ち上げて研いでくれたり、ご飯をよそったらテーブルに運んでくれたりしたんです。それで大丈夫かなと思って。

⑰ **白浜** 宮田さん、率先して調理してくれたんですね。

⑱ **実習生** 私、主婦ですし、お料理は得意な方なんで大丈夫です。

⑲ **白浜** ところで、鶴さんは長期入院から退院して、すぐに通所し始めてそろそろ半年経ちます。一人暮らしで、お家ではインスタントラーメンくらいはつくるけど自炊はあんまりしなくて、お弁当を買ったりしてるらしいんですよ。

⑳ **実習生** じゃあ、配食サービスも入れると便利ですよね。でも自立度が高めだから要支援２がいいところかなぁ。

㉑ **白浜** 宮田さんは介護保険に詳しいからそっちで考えがちみたいだけど、障害福祉サービスのヘルパーも退院時には検討されたんですよ。制度はもう習ってますか？

㉒ **実習生** ああ……、それもあるんですね……。総合支援法？ですよね。正直、習ったけど難しくって。

㉓ **白浜** じゃあ、そこは復習しておいてくださいね。鶴さんについては、65歳以上だから介護保険優先でって言われたけど、要支援１が出るかどうかだし、介護保険サービスで鶴さんにあったも

は指摘しておくべきかな。それと、要介護度はともかく介護保険サービスを利用する意義についてはどう考えているだろう。

⑮いきなり指摘しないで、もう少し状況や考えを確認しておこう。ほかの利用者を手伝ったという意味かもしれない。

⑮うん？ 何が大事なのかしら。「要支援くらい」ってこと？

⑯やっぱり自分が主体となって調理して、利用者を手伝い役に位置づけてしまったんだ。早めに視点を修正したほうがいいな。

⑯そうそう、張り切って手伝ってくれて、後半は疲れてしまったんじゃないかと思って申し訳なかったなと思ったんだ。

⑰DCの調理プログラムの意味をどんな風に考えているんだろう。鶴さんに関する情報を伝えて考えてもらってみようか。

⑱簡単なメニューだし、私1人でも十分つくれるものばかりだった。

⑲鶴さんにとって調理プログラムへの参加は、自宅で自炊できるようになることも目的とはいえるが、それ以上に、他者との交流の機会や人のために何かする機会、自分が誰かの役に立って自己肯定感を高める機会でもある。精神障害リハビリテーションの意味を考えるのは宮田さんの実習課題だが事前学習がどこまでできているだろう。

⑲そうなのね。あの様子じゃ自炊はあんまりしてないだろうと思ったらやっぱり。

⑳やはり介護保険の枠でしか考えられないか。軌道修正しておきたい。介護よりも日常生活の訓練やリハビリの発想が欲しい。

⑳栄養の偏りを少しは解消できるんじゃないかしら。高齢者は消化力も落ちるし、脂っこいものは避けたほうがいいでしょう。

㉑障害者総合支援法についてはどのくらい事前学習ができているんだろう。

㉒障害者総合支援法の枠組みがあることはわかっているようだ。運用実態は次の実習先で深めてもらってもいいだろう。

㉒聞いた気がするけど、なんだっけ。長ったらしい名前で思い出せない。仕組みは介護保険とおんなじ感じだったっけ。

㉓障害者総合支援法と介護保険法の接続の課題についても実習終了までには話題にできるといいな。ケースファイルはすべて

㉓そうだ。記録も読んでいいって言ってた。でもプログラム中は無理だしメンバーさんが帰ると

のは見当たらなくてね。それもあってうちのDCに来ることになったんですよ。明日にでもケースファイルのインテーク記録を読んでもらえばその経過が書いてありますから。

㉔ **実習生** そう……、介護保険サービスではニーズに合ったものがなかったんですか。

㉕ **白浜** まだ鶴さんと接した回数も時間も少ないとは思うけど、鶴さんがDCに来る必要性ってどのあたりにあると思います？

㉖ **実習生** そうですね……、1人で家にいてもつまらないし、高齢者なので体を動かさないとどんどん身体機能は低下してしまうと思います。

㉗ **白浜** ということは身体面での支援ニーズが大きい？

㉘ **実習生** う〜ん、でもADLはほとんど自立ですもんね。老化予防とか……。

㉙ **白浜** なるほど、一次予防ですね。ねぇ宮田さん、思い出してほしいんですけど、さっき言ったように鶴さんは長期入院から退院してそろそろ半年経ちます。30代から入院していたから、40年近い入院を経て退院した、そんな鶴さんの今の暮らしぶりってどんなものだと思いますか？

㉚ **実習生** ご家族はいないって言ってたから……、地域社会からは孤立しているんでしょうか。ご近所付き合いなんてなさそうですよね。

㉛ **白浜** そう、単身生活。いいところに目を着けましたね。長年入院していたから、今お住まいの地域で馴染みの方はいないそうです。宮田さんのライフスタイルとはかなり違うでしょう。

閲覧可と伝えてあるけど、昨日同じグループだった鶴さんの記録をまだ見ていないようだ。DC 利用にいたる経過を説明しておこう。プログラム中にも支援経過や目標を意識してかかわってもらいたいし。

㉔鶴さんのニーズは何かを考え始めたか。ここから先は宮田さんが鶴さんとコミュニケーションしながら考えたり、振り返りで深めていくところだ。目的の再確認をして実習プログラムを積極的に活用する発想になってもらえれば、この先の実習での行動や姿勢も変化していくのではないか。

㉖精神障害者というより、高齢者としてのとらえ方が強いのは、やはり介護保険サービスでの支援に意識が向きがちなせいかな。

㉗今の鶴さんには精神病の症状がないし、比較的疎通も良好だから支援ニーズを見出しにくいかな。もう少し「生活」に目を向けてもらいたいな。

㉙事前学習で精神科病院の長期入院や退院後の地域生活支援について、DC の利用ニーズとの兼ね合いも含めて学べていたかな。実習課題に SST や心理教育も学びたいとあげているが、精神科 DC の利用者像や支援の必要性についてピンときてないみたい。鶴さんを対象にケース研究をしてみてもいいかもしれない。

㉚社会生活に視点が向いている。宮田さんは家庭をもって子どももいるから、ご近所付き合いみたいな発想はあるんだな。こういう点は生活者の実感をもちやすいようだ。

㉛鶴さんとコミュニケーションをとって直接聞きだせれば一番いいが、鶴さんは週3日しか来られないし、話せる機会は限られ

情報共有や記録の練習などで意外と時間がない。タイミングをどうはかったらいいんだろう。

㉔鶴さんのニーズって何だろう？　食事サービスは要らないかなあ。さっき言われた介護保険優先ってどういう意味かしら。

㉖うーん、何だろう。DC はリハビリテーションの場だと思うけど何をリハビリするのかしら。

㉘たしかに鶴さんには介護保険サービスはあんまり適していない気がする。介護予防はあるかなぁ。

㉙え！？　長期ってそこまで長かったの？　びっくり。そうは見えなかったなあ。授業で習ったけど、この病院でもそんな長期入院があるんだ。何が長引いた理由なんだろう。

㉚たしか兄弟とは付き合ってないって言ってたし。独身だし。鶴さん、どんな家に住んでるのかしら。

㉜ **実習生** そうですね。ということは、DC くらいしか社会との接点はないんですね。身の回りのことはできているみたいですけど、なんか孤独かも。

㉝ **白浜** そうですね。DC の帰りに以前入院していた病棟に寄って、入院患者さんと面会されることはあるようです。病院が古巣みたいな感じでね。

㉞ **実習生** ここの DC は……、病院の外ではないけど鶴さんにとってはまだ新しい世界なんですね。でも仲のいいメンバーさんって、いるんでしょうか。

㉟ **白浜** いい視点ですね！　そのあたり、今後の実習で観察したり、直接鶴さんとお話ししてみてはどうかしら。

㊱ **実習生** ええ、よく観察してみます。

㊲ **白浜** そのうえで、うちの DC プログラムを利用する意義や、精神保健福祉士としてどんなかかわりをしていくといいか、宮田さんなりに……、宮田さんがここの精神保健福祉士だったらどうするかっていう発想で考えながら実習するといいですね。

㊳ **実習生** わかりました。明日からそうしてみます。

㊴ **白浜** もちろん鶴さんだけでなく、ほかのメンバーさんに関しても同じように、ここに来ていないときの生活を想像したり、精神疾患や障害、治療の経過などの情報も含めて多面的に知ろうとする発想を意識してかかわってみてください。

㊵ **実習生** は、はい。

㊶ **白浜** まだ３日目ですけど、宮田さんは、利用者さん達とそつなくコミュニケーションできているから、PSW の発想を意識したら実習もずいぶん深まっていくと思いますよ。

㊷ **実習生** ありがとうございます。少し考えてみます。

るからある程度は説明したほうがよいか。あとは記録も活用してもらおう。

㉜鶴さんの人生の歴史を想像して、今の生活実態に目を向けられればDCの利用ニーズについて考察の幅が増しそうだ。

㉝長期入院のせいで、鶴さんの生活はどうしても病院が拠点になってしまっている。来週の病棟実習も通して、こうした観点からも長期入院の課題について考えてほしい。

㉞鶴さんにとってのDCの意味を想像したり、ここでの交友関係にも発想が広がってきた。この意識を忘れずにいてほしい。

㉟まだ1週間目だし、今教えるより宮田さんなりのコミュニケーションで把握できたことをもとに後日話すほうがいいな。

㊲その気になったみたいだ。ここから先は事前学習の深さにもよるけれど、宮田さんなりに「精神保健福祉士として」考えてみることを励ましていこう。今の時点で教科書の復習などを勧めるべきかどうか……、今日の実習記録を見てから考えよう。

㊴鶴さんは比較的コミュニケーションがとりやすい人だ。ほかにも若いメンバーや依存症、発達障害など、宮田さんがこれまで介護職として相手にしてきた年齢層とは違うメンバーともかかわりながら考えることができれば、事前学習がある程度できているなら精神科DCの意義やPSWの役割に関する考察も深められるはずだ。

㊶ちょっと負担感が強くなったかな。でもせっかく実習しているんだから充実させて欲しい。少し励まそう。

㉜いい人そうなのに気の毒だわ……、何が原因だったのかしら。そんなに病気が重いようにも見えなかったのに。

㉞鶴さんはどんな思いで通ってるのかな。退院して半年も経つのに病棟に面会に行くなんて、律儀なのか、それとも仲のいい人がDCにいないのかしら。

㊱教えてくれないんだ。でも正しいみたいだし、明日からしっかり自分で観察してみなくちゃ。

㊲難しいわ。また振り返りで聞かれるのか……、鶴さんのことはもう少し知りたいけど、PSWとしてどうするかって……、DCのPSWの役割ってどういえばいいのかしら。目標が大きすぎたかも。

㊴そっか、身体面っていうより視野を広げた方がよさそう。鶴さんがそんなに長期入院とは知らなかったし、あれ、そういえば病名は何かしら？　明日ケース記録を見てみよう。コミュニケーションは結構普通だったなあ。認知症って感じもしなかった。

㊶ここは、よい評価ももらえているみたい。頑張って話しかけてよかった。けど、今の実習は「浅い」ということかな。まだ始まっ

㊸ **白浜** 考えるヒントとして、さっき「鶴さんが手伝ってくれた」と言ってたけれど、鶴さんは宮田さんを手伝おうとしていたのか？　精神科DCの利用者はスタッフを「手伝う」存在なのか？といった観点でも考察すると実習目標にもつながると思いますよ。

㊹ **実習生** あ、はい…、わかりました。確かにそうかもしれないですね。ありがとうございます。

㊺ **白浜** 今日は、この振り返りで考えたことも宮田さんの学びの記録としてぜひ書いてみてください。試験じゃないから、まとまっていなくてもいいし、今の時点での考えや疑問を言葉にしてくれれば、また一緒に考えられますからね。

㊻ **実習生** はい、ありがとうございます。まとまらないかもしれませんが書いてみたいと思います。

㊼ **白浜** 今週はあと１日ですね。順調にきていると思いますよ。お仕事じゃないから宮田さんの勉強のためにここを使ってくださいね。

㊽ **実習生** はい、明日もよろしくお願いします。ありがとうございました。

㊸デイサービス事業所では、職員として食事づくりをしていたかもしれないが、PSWは、リハビリテーションとして利用者が訓練して能力を獲得していくことも阻害せずにかかわって欲しい。鶴さんを例にとりながら精神科DCでのPSWの役割の理解を深められるといいだろう。

㊹リアクションは早いけど、本当にわかるには時間がかかるだろう。まずは実習記録での言語化をうながそう。宮田さんは社会人だし、実習を「仕事」のようにとらえて頑張っているようにも思える。介護職からソーシャルワーカーへと視点をシフトしながら実習生として行動できれば利用者へのスタンスも変わるだろうか。明日からの変化を探していくことにしよう。

たばっかりだし仕方ないけど。どうすれば……。

㊸実習目標はDCでのPSWの役割を学ぶことだ。利用者さんに手伝ってもらうのは悪いような気がしていたけれど、何か違っているようだ。よくわからないけど……。

㊺記録を埋めるのは大変だけど今日はいろいろ考えさせられた。書くネタには困らないで済みそう。だけど、うまくまとめて書けるかなあ。疑問なら結構ある気がする。それを書いちゃって本当にいいのかしら。

㊻緊張したし考えをまとめるのは難しい。でも話してるうちに思い出したり気がつくこともあるな。こういうことを書いていいのかしら。今の時間もメモをとっておけばよかったなぁ。

㊼私なりに頑張っているつもりだけど……、明日は週末の振り返りがあるし今夜はちょっと頑張ってよく考えて記録を書いてみよう。

解説

スーパービジョンの波長合わせを早めに始める

実習指導場面は期間が限られており、スーパーバイザーである指導者とスーパーバイジーとなる実習生の間でSV関係を早期に構築するには仕掛けが必要です。早い段階で対話の時間を取ることがポイントとなります。また、多くの実習生はSVに慣れていません。「振り返り」とも呼ばれる実習SVの時間に何をするのか、実習開始後の早い段階で体験しながらその意味を理解し、上手に活用して考察を深められると短期間の実習でも学習効果を高めることができます。

本事例では、白浜PSWは宮田さんの実習記録の「利用者が手伝ってくれた」という記述が気になり声をかけましたが、そのことを直接問いただして指導するのではなく、実習の感想を聞いたり実習体験をもとに考えて発言できるよう質問を重ねています。こうして、SVでは「問われて考える」のだということが実習生にも体験として伝わり、両者の波長を合わせていくことができます。

実習時期や実習生の学習状況を見極める

白浜PSWは、実習生の個人票や事前オリエンテーションを通じて宮田さんの経歴を把握し、それを踏まえて発言の背景を探っています。また、宮田さんの実習課題について検討不十分と感じつつも、実習開始後のSVでそれを深めるという実習指導計画を立て、予め宮田さんにも伝えてあります。これは実習におけるSV契約ととらえることができます。精神科DCの精神保健福祉士の役割を学ぶために、どのような事前学習をどの程度できているのか、またその学習内容を実習中にどれだけ役立てているかを、質問を重ねながら見極めようとしています。

精神保健福祉士としての考察を促す

宮田さんは、介護現場での就労経験があり、実習初期の段階ではその体験に基づく考察が目立っています。これを否定するものではありませんが、白浜PSWは支援対象となる精神障害者や精神科DCの特性を踏まえ、そこでの精神保健福祉士としての思考を宮田さんがもてるよう、実際に宮田さんがかかわったDC利用者との交流場面を取り上げています。

このように実習では目の前に精神障害者が実在し、精神保健福祉現場の実践体験をしながら実習生自身の考察を深めることができます。ただ、実習生は自分で判断してPSW業務を行うことはできないため、指導者が具体的な行動について指示したり、機会を提供する必要があります。その前提として、実習生が必要な情報を限られた期間と環境のなかで収集できないことを考慮し、ケース記録の閲覧を可能にしています。

「ケース研究」という実習プログラムの名称を用いるかどうかは実習機関によって異なると思われますが、鶴さんとのかかわりをもとに「精神保健福祉士として」考えてみることを宮田さん自身が意識できるかどうかが、以後の実習の展開を左右します。実習は始まったばかりですが、こうして、早期に実習生の視点の軌道修正ができると、以降の行動計画や考察にもよい変化が期待できます。

その後の実習経過

宮田さんのこの日の記録には、白浜PSWからの質問について考えたことが記され、疑問とともに「明日は鶴さんに、DCの感想を聞いてみたい」とも書かれていた。また、翌日からはケース記録を見たり、少し引いた姿勢で利用者の動作を観察したり、ほかのDCスタッフの動きにも着目するようになっていった。実習記録からそのことを読み取った白浜PSWは、宮田さんの行動や着眼点の変化を評価し、自分が率先して動かなくてもよいこと、利用者一人ひとりの支援課題を意識してみることを伝えた。

病棟実習を終えた3週目になると、利用者への声かけの内容が「○○さん、～を教えてください」「～を一緒にやってみませんか」と、かかわり方にエンパワメントやストレングス視点が感じられるようになった。宮田さんがこうした専門用語を使うことはなかったため、白浜PSWは、振り返りにおいて宮田さんの学習状況を確認しながら、座学での知識と実習中の具体的な行動を結び付けて理解できるように指導していった。

実習終了時には、「自分が掲げた実習目標は大きすぎたが、精神科DCでは精神保健福祉士が何でも整えてあげるのではなく、個々のメンバーに合わせて支援することが大事であり、時には手を出さずに見守ることや、できていることやがんばっていることをほめたり、自信をもてるように支援することが精神保健福祉士の役割であると学んだ」と述べていた。

［精神科病院・5日目］

実習 3

実習生の不満や不安に寄り添い、ストレングスを引き出すスーパービジョン

実習機関の概要

創立50年を超える医療法人の単科精神科病院（180床）。精神科救急病棟、精神療養病棟（２棟）、認知症治療病棟、大規模デイケア、訪問看護部門があり、法人内にはサテライトクリニック、相談支援事業所、就労継続支援Ｂ型事業所（３か所）、グループホーム（３棟）、シェアハウスがある。病院には統合失調症の長期入院患者や高齢精神障害者が多く、新規の入院患者は関連施設への入所や利用を目的とした転院希望が多いことが特徴的である。

精神科ソーシャルワーカーの雇用は平成に入ってからで、現在の精神保健福祉士は、病院の医療相談課に９名、法人内の他部署に６名在籍（精神保健福祉士実習指導者講習会の修了者は病院に６名、他部署に４名）。

実習指導者

茶富 PSW（経験26年目）。精神科病院、地域生活支援センターにて15年間勤務した後、11年前に現在の精神科病院に転職した。医療相談課で課長として部下の管理監督のかたわら退院後生活環境相談員等の業務も担当している。

実習指導体制

精神保健福祉士の実習は、国家資格化後より県内外の養成校から年間平均２～３名程度受け入れている。法人内の病院と障害福祉サービス事業所で連続して行う場合が多いが、実習生の都合に合わせて病院（医療）と事業所（その他施設）とを分けて受け入れる場合もある。養成校との連絡調整窓口として、契約締結、実習生の受け入れ、各部署への配置などの全体管理を茶富 PSW が担っている。

病院での実習期間は原則12日間。事前訪問を必須とし、各実習生を主担当する実習指導者が、実習生の持参する個人票に沿って実習の目標や課題などについて検討し、実習生の希望に沿った実習プログラムを作成する。実習中は、毎日30分の振り返りを設定し、実習指導者である担当 PSW が質疑応答や翌日のプログラ

ムの確認等に応じる。実習記録の提出は翌朝とし、指導者がコメントを記載した後に茶富 PSW が確認し、必要があればコメントを補足して実習生へ返却する。

実習スーパービジョン（以下、SV）は、中間と最終日に予定し、必要時はその都度時間を設ける。最終日に院内の PSW が集まり、実習生が模擬的に担当したクライエントの個別支援計画の成果を発表し、協議する場を設定している。

実習生

富士さん、20歳の男性、大学３年生。社会福祉士の資格取得目的で入学後、精神保健福祉士のことを知り、精神障害者との交流経験はないが取得を目指す。「性格は真面目で神経質な面がある」と個人票に書かれており、教員からは「結果に対するこだわりが強く、手順等の変更が苦手なため配慮してほしい」とある。

● 実習時期・期間

７月末から12日間。帰校日は１週目のみで、教員巡回指導を２回予定。秋に同法人の相談支援事業所で15日間の予定。

● 実習目標

精神科病院の精神保健福祉士の役割や業務内容を学ぶ。

● 実習課題

①入院患者とコミュニケーションを取り理解を深める。

②病院の精神保健福祉士の実際の業務を理解する。

● 予定表（実習場所と SV 実施日）

初日	2日目	3日目	4日目
オリエンテーション デイケア・外来	認知症治療病棟	精神科救急病棟	訪問看護・指導 地域ケア会議
5日目	**6日目**	**7日目**	**8日目**
精神療養A病棟 教員巡回指導・実習SV	精神療養B病棟	精神科一般A病棟 疾病教室	精神科一般A病棟
9日目	**10日目**	**11日目**	**最終日**
精神科一般A病棟	精神科一般A病棟 教員巡回指導	精神科一般A病棟 病棟懇談会	精神科一般A病棟 実習SV（実習総括）

受け入れまでの経過

面識のある養成校教員より「性格は素直で明るく、成績は優秀だが緊張とこだわりが強く、発達障害を思わせるエピソードがある学生がいる。自身が立てた計画や目標に対して成果が出ないとふさぎ込み、投げやりな態度や受け答えが目立ち、周囲とも距離ができ孤立してしまう傾向がみられるが、このような特性を理解してくれる実習先を探している」と相談を受ける。実習指導者間で協議し、まずは学生と会ってから考えることになり、院内調整を経て事前訪問の日を設定し、来院した富士さんは過緊張な感じは見受けられたが、受け答えには前向きな発言もあり、提出書類などでも特段の問題はなかった。本人の特性を鑑み混乱を避けるための配慮として「実習プログラムを作成するが、状況に応じて変更する場合がある」と伝え、了承してもらった。後日、養成校より本人が当院での実習を希望していると連絡があったため、引き受けるにあたり、養成校には巡回指導時に細かな情報交換・共有をしながら実習を進めたいと伝えた。

実習内容

実習の前半は病院機能の把握と精神保健福祉士の業務理解のため全病棟を回ることとして、病棟担当の PSW に同行し、実際の精神保健福祉士の業務に触れることと、入院患者の理解のために患者と過ごす時間を取れるように組み、そのかかわりから後半につなげるように実習生が担当する模擬担当を決定する。後半は模擬担当が入院する病棟で集中的に対象患者とかかわり、模擬的な支援計画の作成を体験する。これらによって精神保健福祉士の業務と患者に対する理解を目指すこととする。

実習スーパービジョンにいたる経過

初日は緊張が感じられ、表情も硬くぎこちない雰囲気であったが、その後は毎日同じ時間に出勤、帰宅。遅刻や早退はなく、実習記録も毎朝遅れることなく提出している。3日目の振り返りでは質問はなく、実習指導者からの問いかけにも反応は薄く、不満や不安は聞かれなかった。しかし、実習記録には患者さんとのかかわりの記録より、当初予定していた実習内容に対する取り組み状況と、取り組めなかったことへの不安や不満感をにおわせる記述が多く見られ、翌日も同様であった。そのため、急な入院場面に同席してどう思ったかなどを尋ねてみたが「大丈夫です」「はあ、まあいろいろと」などと返答するのみで、詳しく話そうとはしなかった。

このままの状況では富士さんの学びが深まっていかないのではないか、記録の書き方も指導したほうがいいのだろうかと心配になり、２週間目の冒頭の巡回訪問日に担当教員と協議することにした。

「富士さん・教員」、「富士さん・茶富 PSW・教員」、「教員・茶富 PSW」の順に面談を行った。三者面談では本日夕方の実習 SV で、１週間目の実習を振り返り、進捗や目標達成に向けた問題がある場合は整理したうえで、後半の実習に取り組むことを合意した。

その後、富士さんには実習する病棟へ戻ってもらい、教員から富士さんとの面談の内容を聞くと、「実習機関や指導者等への不満はないが、説明がなく急に予定が変わること、そのために実習が計画通りに進んでいないと感じることに対して不安と不満を泣きながら吐露した。富士さんには本日の実習 SV で、思っていること、感じていることを、評価等を気にせず茶富 PSW に打ち明けるように指導した」とのことだった。また、「実習内容を変更するのは富士さんの目標達成にとって有効だからであることや、予定の変更が評価に響くわけではないことを説明してもらえれば安心すると思う」と助言を受けた。さらに、富士さんは思い込みが強く、人の意向をくむことが苦手な傾向があり、茶富 PSW に対して自身の考えや、思いを言葉にしてうまく伝えられない可能性があるため、適宜発言を引き出してほしいと依頼された。

夕方、病棟から戻った富士さんと、実習 SV として面談室で向き合う場面である。

実習SVの逐語

①**茶富** ５日間が過ぎましたね。どうですか。

②**実習生** はい。今日大学の先生と話ができて気持ちが少し整理できて楽になりました。

③**茶富** 先生は富士さんに元気がないことを気にしていました。引き続き富士さんの実習を一緒に進めていくために、どんな話をしたか聞かせてください。

④**実習生** 簡単に言うと実習計画通りに進んでいないので辛いみたいな話です。

⑤**茶富** どこが進んでいないように感じますか？

⑥**実習生** ……。はあ。当日に実習計画内容が変わり、なんか急に言われても困るし、普通そうじゃないでしょうか。準備というか計画が狂うわけだし……。

⑦**茶富** 急な変更が困るということかな？

⑧**実習生** 簡単に言うとそうです。それだけではないんですけど……。

⑨**茶富** それだけではないとは？　この際なんでも話して。

⑩**実習生** 病棟実習では午前中は病棟担当のPSWさんと一緒に行動することが多いのですが、午後は患者さんとコミュニケーションを取ってくださいと言われ１人病棟に置いていかれ、担当者さんはどこかに行ってしまうのです。

⑪**茶富** それで困ってしまったと。

⑫**実習生** そうなんです。指示がなく放っておかれると困るのです。巡回指導の先生からは自分の考えを実習指導者に伝えることが大事だと言われたので話しました。考えて欲しいです。

⑬**茶富** 率直な感想や意見などありがとう。実習記録からも読み取れましたが、そのように感じていたんだね。苦しかったね。

⑭**実習生** はい……。まあ。

⑮**茶富** 病棟に１人の時は何をしていたの？

SVRの思考

②巡回指導で先生と話して暗さがとれ、すっきりした感じだ。先生からは先に聞いているけど､富士さんの言葉で話してもらおう。

④計画通りだと思うが、具体的にどこが進んでいないと感じているのだろう。

⑥計画が狂う、準備か……。先生から聞いていた通りだ。急な変更に気持ちが対応できず不満が増しているようだ。実習指導者の配慮が足りないと言いたいのかな。

⑧まだ何かあるようだ。せっかくだから実習前半で感じたこと、納得できていないことをここで発散してもらおう。

⑩目標に合わせ自身で考えて行動して欲しくて病棟で過ごす際の自由度を高くしていたが、意図がうまく伝わっていなかったようだ。その積み重ねがあって全体にマイナス感情が大きいようだな。共感と受容的に応対したほうがよさそうだな。

⑫はっきり言うな。だけど富士さんの特性に配慮しきれず、気づきや自主性を求めた結果、嫌な思いや不満感を強めてしまったようだ。その状況を受け止めたことを共感的態度で表し、率直に話してくれた意見や感想についてまずは謝意を伝えよう。

⑭すこし表情が軟化したようだ。不満や不安をもちつつも、放棄せず実習していたけ

SVEの思考

②先生と話して少し楽になったけど、今日は言いたいことを伝えないと前に進めないな。

④評価に響くと嫌だからなるべく控えめに言っておこう。

⑥どこが進んでいないかって！　明らかに予定変更が多いでしょうが。計画通りに進まないから目標達成できないし、評価も心配だし、指導者側の都合なのに納得がいかない。

⑧やっぱり伝えよう。予定変更だけではないことも。

⑩病棟に放置されると何してよいかわからない。具体的な指導もないし、病棟担当PSWの姿も見えなくて不安なんだ。

⑫怒ってないかな。先生から「大丈夫だから自分の意見を言ってみな」と言われたけれど……。

⑬え、ありがとう？　意味がわからない。

⑯ **実習生** 病棟のホールに出ている患者さんに声をかけたり、声をかけてもらったり、ソファに一緒に座って話をしたり、そのなかで敬さんという患者さんがよく話しかけてくれたので、敬さんから今までの人生についていろいろ教えてもらいました。

⑰ **茶富** 先日入院した敬さんですね。自分から声をかけて、本人から話が聞けるなんていい体験ができましたね。

⑱ **実習生** え、どういうことでしょうか？　自分は実習としてやることを指示されなかったので患者さんと雑談していただけです。

⑲ **茶富** 富士さんの実習の課題に「入院患者とコミュニケーションを取り理解を深める」とあるじゃないですか。雑談もコミュニケーションでしょう？　敬さんと話してどうでしたか。

⑳ **実習生** え、まあ、敬さんのおかげで入院前の生活や、入院してからの病棟生活や治療について、入院中の不満や悩み、退院後に行いたいと考えていることなど教えてもらえました。ただ指導されたことではありませんが……。

㉑ **茶富** すごいですね。短時間でそこまで話したのですか。これは敬さん自ら話してくれたことでしょうか？　それとも富士さんが質問して答えてもらったことでしょうか？

㉒ **実習生** 私が知りたいことは質問しましたが、それ以外は敬さんから話してくれました。どの話も大変興味深く聞かせていただきました。

㉓ **茶富** そう。午前中のPSWに同行した時は患者さんと会話をしたり、患者さんが自ら身の上話をしてくれましたか？

㉔ **実習生** いいえ、あいさつなどで終わるか、会話ではなく自分からの質問に答えてもらうような感じでした。担当PSWさんと話すことがメインみたいで、別に気にはなりませんでした。

㉕ **茶富** 気にならない……。そうですか……。午後はどうでしたか。

㉖ **実習生** １人でいると敬さんから話しかけてくれたり、ほかに３人の患者さんも話しかけてくれて、会話することができました。

㉗ **茶富** その後、富士さんはどうしたの？

ど、どのような思いで過ごし、何を感じたか記録されてないことも聞きたい。

⑯状況的にやらざるを得なかったかもしれないが、自ら病棟患者さんに声掛けし、そのなかで敬さんにたどり着いたんだ。敬さんの人生を本人から聞かせてもらえたのなら素晴らしい体験だ。気づいているかな。

⑱指示したつもりだったけど伝わってないんだ。つもりではなくしっかり伝える必要があった。でも無意識とはいえ「患者さんと話す」ことが自身の目標課題の達成のためのアクションになっていることを理解して欲しい。何もしなければ何も得るものはなかったのだから主体的行動の成果であることを伝え、そのうえで敬さんの人生に触れた感想を聞いてみよう。

㉑結構コアな部分まで一度で聞きとったようだ。富士さんが聞き出したのか、敬さんが自ら語ったことなのか。聞き出したとすれば質問攻めになっていなかったか、敬さんが話してくれたのなら富士さんの聴く力だ。詳しく質問してみよう。

㉓なるほど質問攻めではなさそうだ。相手が気持ちよく話せる雰囲気づくりは大事だし、富士さんが単独でその場にいたことで得られた情報でもあることを理解しているかな。午前と午後の状況や関係を照らし合わせて考えて欲しい。

㉕環境やかかわり方によってクライエントの応対も変化する、それを富士さん自身が体験しながら学んで欲しくて病棟に１人でいてもらっていることを理解して欲しい。

⑯嫌な顔せずに聞いてくれている。これなら病棟での敬さんたちとの雑談のことを包み隠さず話しても大丈夫かな。

⑰いい体験って……。この人は何言っているのかな。ただ患者さんと雑談してただけなのに。

⑲あ、コミュニケーションっていうことなの？　確かに敬さんからいろいろ聞けたけど、それはケース記録を読めばわかることだし、時間があったから自分で聞いただけなのに。

㉑なぜだろう、ほめられた。短時間でもなかったと思うけど。確かに本人の話は、他人から聞いたり記録を読むよりリアリティがあって飽きなかった。

㉓何でこんなこと聞くんだろう。午前中はあいさつが予定されていたから身の上話の時間ではなかったのに。

㉖けっこう話しかけてくれた。患者さんたちに救われたし、素の患者さんの話が聞けた感じがするな。

㉘ **実習生** 敬さんに「実習生です」と伝えてあいさつし、その後一緒にソファに座り、敬さんのことをいろいろ教えて欲しいとお願いしたら快く了解してくれました。たくさん話をしましたが後半は疲れてしまったようで途中で終わりにしました。

㉙ **茶富** すごいじゃない。自分の実習の目的に向けて富士さんが自分で考えて実行していることがわかりますよ。敬さんがそんなに話してくれたなんて、富士さんは話しやすい雰囲気をもっているかもしれませんね。富士さんのストロングポイントですね。

㉚ **実習生** たまたまです。敬さんがいなかったら病棟に１人で何をすればよいか、指示もないし……、パニックですよ。

㉛ **茶富** 実習目的に取り組むことは、指示された行動をとるのではなく、自分の判断、つまり富士さんが主体的に行動することを求めて、私たちがそのような環境を用意したと考えてみてくれませんか。実際、富士さんは自身で考え、行動したから敬さんとのコミュニケーションができたのだと思います。

㉜ **実習生** 先生からこの状況について指導者へ確認するようにと言われていました。そういうことですか。実習指導のイメージが自分の考えていたのと違ってたので、混乱して悪く受け取っていたみたいです。

㉝ **茶富** 思ったことをそのままにせず、伝えたり確認して、疑問や疑念を昇華することは実習では大事です。その場所として振り返りの時間を使ってもらいたいと私は考えています。

㉞ **実習生** わかりました。振り返りを有効に使いたいと思います。

㉟ **茶富** それでは改めて確認しますが、実習予定が変更になることについてはどう考えますか。

㊱ **実習生** そうですね。予定通りに進まないことになるので、評価が下がることに直結すると考えてしまいます。

㊲ **茶富** そうでしたか。では、この５日間で、どんな場合に予定が変更されていましたか。

㊳ **実習生** はい。外来患者さんの急な入院が入った場合や、家族や関係機関との面談や面接が急に入った時です。せっかくだから陪席するようにと呼ばれたと記憶しています。

㉘会話した事実だけではなく、その後に１人の患者さんに対してどのようなアクションをしたのかちゃんと記憶できている。

㉘時間を持て余しちゃうから、とにかく何か話してでもらいたくて敬さんに勇気を出してお願いしたけど、長くなって申し訳なかった。考えて話を聞かないといけないと思ったんだった。

㉙敬さんに礼儀正しく接し、目的を伝えて了承も得ている。会話中も観察し、疲れたようだと判断したら話を終えるなど、面接技術としても評価できる。置かれている状況について納得はできてはいなくてもよくやっているじゃないか。支持的に伝えよう。

㉙あ、またほめられた。敬さんに救われただけで、敬さんがいなかったらどうなっていたことだろう。次はどうなることか。

㉛本人はたまたまと評価しているが、実際に展開できている。目標に向けて自身で考え行動したことは肯定的に伝えよう。我々がこのような環境を意図的に設定していることもあえて説明したほうが富士さんはすっきりするかもしれないな。

㉜そうだったのか。職場では懇切丁寧に指示されるものだと思っていた。実習は自分でも考えて取り組むことも大切なんだ。確かに先生も言っていたな。

㉝先生からの助言も効果的だった。悪いようにしかとらえられていなかったことをプラスに転換できたかな。毎日の振り返りでこのやり取りができることが理想だ。今日の体験から次につながって欲しいな。

㉞振り返りって1日の成果を報告して、ちゃんとできたか評価される場所だと思っていた。確認したり聞いたりするってことは、安心できる時間なのか。

㉟さて、この調子で、予定変更についての認識も改めてもらう必要があるな。

㊱あら、直球の回答だ。評価を気にしすぎている。なぜ予定を変更するのか考えてみてもらおう。まずは事実確認から。

㊱予定通りに日程をこなさないと気持ちが悪い。自分の都合ならわかるけど他人のせいで成果を出せないのは嫌だ。急な予定変更はそっちの都合なのに……。

㊳変更したことの要点をまとめてさらっと答えることができるのは気にしているということだな。変更の理由を簡潔に伝えた

㊳いつも急だからな。だいたいは今から入院があるから外来へ行こうなどと言われた。入院なん

㊴ **茶富** 入院は、予定されたものばかりではなく、特に、非自発的入院は、その日急に決まることが多いので、実習予定に入れておくことはできません。でもその場面での精神保健福祉士の役割を学べる貴重な機会だと考え、実習予定を変更しました。

㊵ **実習生** そうだったんですね……。私のために……（うつむく）。

㊶ **茶富** ごめんごめん、なんか暗くなっちゃったね。オリエンテーションで説明したつもりだったけど、初日の振り返りの時に改めて説明するべきでした。申し訳ない。ほかには何かありますか。

㊷ **実習生** 敬さんのことなんですが、初日の外来の精神保健福祉士体験の時に入院が決まる様子を見学してたのです。その時は混乱していて怖い感じだったんですが、入院時に病棟担当の PSW さんが丁寧に入院における権利擁護についての説明をされていました。敬さんや付き添いの家族などの不安に寄り添って丁寧に説明している姿を見て、かっこよくて必要な職業だと改めて思いました。

㊸ **茶富** PSW の対応で敬さんはどう思ったのでしょうかね。

㊹ **実習生** はい、その時の心境を敬さんに聞いたところ、「ワーカーさんはまとまっていない私の話を真剣に聞いてくれて、初めての入院で不安になっているところに何度も足を運んでくれてありがたかった」と話していました。敬さんとの会話からその大事さを理解することができました。

㊺ **茶富** 大変貴重な話を聞かせてもらえたんですね。患者さんが混乱しているからといって、何もしない、情報を届けないということはあってはならないと思います。混乱している場面でも患者さんは覚えているものです。今回の敬さんとの出会いや富士さんの気づきは、実習予定を変更したことで得られた機会ですね。今後は、変更も想定して学ぶ機会と思って挑まれると不安の軽減になりませんか？　予定外も予定内という感じでね。

㊻ **実習生** え、予定外も予定内として……。そのように考えたことがありませんでした。予定通りに物事を進めることが専門職として職業人として必要なことであると考えていました。予定外のことを記して指摘されるのは嫌だったので記録もしていません。今か

方が富士さんには効果的かな。

て予定が決まっているでしょうに。

㊴ここはしっかり説明するしかない。病院だから予定通りの入院ばかりとは限らないんだし。

㊴え、そういうことだったの。言われてみれば納得だ。こんなことなら、もっと早く聞けばよかった。イラっとしてて、ちゃんとした態度だったか今さら不安だ。ただ、病棟にいてもイメージできなかったことが見せてもらえた。それは伝えようかな。

㊵不満を述べていたものの悪気はないんだな、素直な性格だ。こちらの説明も不十分だったかもしれない。

㊷敬さんとつながった。より理解が深まるチャンスだ。敬さんとはすでに話してるから、非自発的入院の場面での精神保健福祉士の働きについても何か聞いたかもしれないな。そのことを確認してみよう。

㊷入院時の敬さんは怖かった。でも担当PSWさんは丁寧に話していたのが印象に残っている。自分だったらできるだろうか。

㊹PSWの接し方やその時の感情を患者さん本人の口から聞けたのは貴重な体験だ。混乱している場面だから後で、ではなくPSWがかかわることの重要性を学べるいい機会を提供したくて予定変更した甲斐があった。わかってもらえるだろう。

㊹よくぞ聞いてくれました。その点は敬さんから聞き出したんだ。敬さんは担当PSWさんに感謝していたけど、あんなに混乱していたのによく覚えていたなぁ。

㊺変更があることを予測することで確かに不安は軽減するな。「予定外も予定内」。うまいこと言っちゃって。

㊻ちゃんと観察できていたんだ。予定外のことは記録しないとは徹底しているな。でも記録の必要性をわかっていないようだ。

㊻予定通りに実習をつき進めることが絶対だと思っていた。予定通りの部分しか記録していなかったけど、まずかったな。ど

らは書くべきですかね。

㊼ **茶富** 追記してもいいし、これからも予定外であっても富士さんが学べたと思うことは記録してください。記録は実習期間中の体験や気づきや考察を記すもので、振り返りのきっかけにもなります。あと、予定や計画どおり進めることも大事ですが、それにとらわれると臨機応変に対応できないこともあります。私たちは誰を相手に業務をしているでしょうか？

㊽ **実習生** 今後はしっかり記録していきたいと思います。私たちの相手は患者さんだったり、家族だったり、地域の人ですか。

㊾ **茶富** そうですよね。対人援助職として、患者さんではなく生活者を相手にしていますよね。相手の生活があることを認識して、こちら側の都合や考えを押し付けるのではなく、本人を主体とすること、そのためには相手の都合に合わせることも重要です。予定外のことは起きて当然ではないでしょうか。

㊿ **実習生** そうですね、風邪をひいたりケガをしたり、天気や交通事情にも左右されますね。予定通りいかないことはたくさんありますね。実習の予定変更の意味は、その時にしか経験できないことだから、実習生である自分のためを考えてもらっているということですね。あと、一点よろしいでしょうか。

51 **茶富** なんでしょうか。

52 **実習生** 実習課題に「病院の精神保健福祉士の実際の業務を理解する」とあげているのですが、病棟で精神保健福祉士の存在が見えないのです。

53 **茶富** 存在が見えない？　どういうことでしょうか。

54 **実習生** 先ほどの話で、病棟に１人置いていかれるとお伝えしましたが、敬さんと話していて自分は時間が経過したのですが、その間、病棟の精神保健福祉士の方は何をしているのでしょうか。気になっています。

55 **茶富** いい発想ですね。何をしているのだと思いますか？　患者さんにも聞いてみましたか？

56 **実習生** えーと、書類業務とかですか。患者さんはお世話になって

うしよう。素直に伝えよう。

㊼記録をもとに振り返りやSVをするのだし、せっかくのいい体験や考察を書き残さなければ富士さんの学びの蓄積にもならない。あとは「生活者」の視点の再確認もしてみよう。

㊽よかった。まだ取り返しがつくみたいだ。記録の重要性もわかった。支援対象者は患者さんでしょ。

㊾思考の修正がきかないかと思っていたが、こちらの思いも伝わったみたいだ。予定や計画にとらわれるとソーシャルワーカーとしての視野を狭め、人や事態への柔軟な対応もできなくなってしまう。そのことをまずは頭で理解してもらいたい。

㊾患者さんではなく生活者か。確かにドタキャンとか気分が乗らないとか……。僕はそういうのに臨機応変にするのは苦手だ。

㊿そういった体験をすることも想定していたのか。先に言っておいて欲しいな……。けど先に言ったら意味ないか。
あともう1つ確認したいことがある。茶富さんなら理解してくれるはずだ。

(51)意外とあっさり受け入れてくれた。ひとまずよかった。

(52)病棟で精神保健福祉士の存在が見えない？　どういうことだろう。

(53)精神保健福祉士の存在が見えないという指摘は初めてだ。何をもってそのような表現になるのかな。

(54)病棟でもPSWだから権利擁護や面談・面接を毎日行っていると思うんだけど。僕が1人でいるときは病棟に気配がなかったよ。

(55)なるほど。外来などでの業務は見たが、病棟での具体的な業務を行っている精神保健福祉士の姿に触れていないということか。面白い表現だが大変いい視点だ。

(55)それがわからないから聞いてるんだけど。質問してるのはこっちなのに。

(56)存在が見えなかったのに、患者

いる、頼りになるとは言っていましたけど。

⑰ **茶富** それもあるとは思いますが、せっかくだから明日の振り返りの担当 PSW に富士さんから聞いてみてはいかがですか。

⑱ **実習生** 変に思われないでしょうか。

⑲ **茶富** 大丈夫ですよ。ところで、私は今、富士さんの話を聞いてハッと気づき、考えたことを伝えてもいいですか？

⑳ **実習生** え。何か間違ったこと言いましたか。

㉑ **茶富** いいえ、いいえ、逆です。大切なことを言ってくれたと思います。実習なのに精神保健福祉士の業務の実際を感じ取れないということですよね。

㉒ **実習生** 病棟では患者さんと話すことが当事者理解にとって大切なことだと理解しました。でも、精神保健福祉士の業務を観察することと同時には難しいところだなと考えました。

㉓ **茶富** ここで提案ですが、実習内容の変更を考えたいのです(笑)。

㉔ **実習生** 意味のある変更と理解しています（笑)。

㉕ **茶富** 病棟担当の精神保健福祉士の業務に１日張り付くなんてどうでしょうか。実習のために用意された場所での体験ではなく、精神保健福祉士の業務に密着するという意味です。もちろん患者さんの了解などを得たうえですが、臨機応変に動くことになりますよ。

㉖ **実習生** はい。病棟の精神保健福祉士の業務の実際を身近で感じ取れるということですね、お願いしたいです。

㉗ **茶富** 了解。では、富士さんの疑問をもとに見直した実習内容で、明日は河島 PSW に１日張り付いてもらいます。気づきや疑問などが生じたら振り返りの時間をうまく使ってくださいね。

㉘ **実習生** はい、わかりました。よろしくお願いします。

㉙ **茶富** 後半が楽しみになりますね。

さんはPSWのことをいい評価してたから余計に謎。

⑰書類業務もあるし、さまざまな業務があるけど、説明するのはどうかな……。さっき振り返りの時間の有効活用について理解できたところだし、それを活用するように促してみようか。

⑱え、教えてくれないの？ そうか、振り返りの時間を有効活用すればいいのか。

⑲何も疑わずこのプログラムで進めていたけど、確かに病棟の精神保健福祉士の業務を観察する機会が少なかったことは反省。富士さんに伝えよう。

⑳そんな風に聞かれると逆に怖いんですけど。

61 実習は協働して進めることの重要性を改めて理解させられたような気分だ。もっと精神保健福祉士の業務に触れられる実習メニューも検討しなければならないなぁ……。

63 今日の富士さんなら実習内容の変更を受け入れてくれるはずだ。

64 理解しました。疑いませんよ。いたずらっぽいな、この人。見た目の怖さで判断しないで思ったことをちゃんと伝えて正解だったな。

65 さっきよりもよい反応だ、自分のための変更ということはわかってくれたようだ。病棟業務をより近くで感じ、そのなかで生じた疑問を振り返りで確認し、考察を深めることができたら、より効果的な実習になるだろう。

66 大丈夫だろうか。でも僕の話を聞いて考えてくれたんだし断ったら悪いよな。それに急に明日言われるよりいいか。やっぱり早めに伝えてよかったな。

67 実習はプログラムをそつなくこなすことが大事なのではない。富士さんが率直に不満を述べてくれたから、実習内容の見直しにつながった。今後も振り返りや実習SVをうまく使って欲しいな。富士さんに新たな変化が生まれることも楽しみに見守ろう。

68 茶富さんが言うなら意味があるんだろう。わからなかったらまた聞けばいいや。不思議だけど明日が楽しみになった。PSWってすごいや。先生にも感謝しなきゃ。

解説

実習機関側の意図を伝え、実習生との波長合わせを丁寧に行う

本事例では、富士さんが巡回に来た教員の助言を受けて、実習先に対する不満を述べるところからSVがスタートしています。実習初期の段階では、互いの思い違いや、実習先の指導方法に慣れないため実習生は戸惑いを多く抱えることがあります。実習生がそれを口に出せない場合も想定し、指導者は実習生に率直な発言を促し、疑問や不満に対して丁寧に応じながらSV関係を築いていきます。茶富PSWは、富士さんの思考の特性に留意しつつ、①③⑤⑦⑨で質問を重ねて富士さんが現在感じている不安、不満を富士さん自身より話してもらい、⑬では不安を受け止めたことを意図的に言葉にして伝え返しています。また、説明不足等については謝罪しながら、「指導者の意図と実習生の認識のずれ」によって富士さんが混乱しないよう丁寧に説明しました。こうして両者の波長が合わされていきます。

実習生の見方や価値観を尊重し、共感的かつ謙虚に受け止める

富士さんは、独特の思考パターンをもちストレートな物言いをする、ちょっと変わった実習生です。しかし、よく話を聞いてみると、実習内容が変更になること自体への不満や、その結果、計画通りに行動できず評価が下がることへの不安を抱えつつも、自身が決めた実習課題には真面目に取り組んでいたことがわかりました。茶富PSWは、富士さんの話のなかから、彼自身が気づいていないストレングスを見出し、富士さんも気づけるよう肯定的に伝えるように仕向けていっています。SVにおける支持的な機能が随所によく表されています。

実習指導者の適切な自己開示で実習生に安心感を与える

茶富PSWは、富士さんの無礼とも思える発言にもムッとすることなく鷹揚に構え、またきちんと耳を傾けて富士さんの言葉を吟味しています。そして、富士さんからの指摘で気づくことがあれば感謝を述べ、対応が不十分であれば謝罪しています。こうした場面（⑬や㊺、㉑、㉓など）での茶富PSWの率直な言葉は印象的で、富士さんは戸惑いながらも茶富PSWに自然と心を開いていきます。実習指導者は、実習生を指導、指摘することだけにとらわれず、実習生から学ぶこともあるという、互いに高め合う相互作用を理解したうえでの意図的な自己開

示です。

実習内容の変更の意図を共有する

実習先や指導者がなんらかの場面や機会を用意しなければ、実習生が有意義な学びをすることは困難です。時には急な予定変更も有用ですが、オリエンテーション等で説明していたものの富士さんにはその意味が理解できていませんでした。そこで、富士さんが病棟で感じた違和感や敬さんとの会話の感想や実際の行動を客観的に振り返り、富士さんが努力したり学習できたことを評価しながら、不必要な予定変更ではないことを実感してもらっています。このようなやり取りを経て、富士さんのなかで、実習指導者に対する感情の変化が生まれ、それが信頼に繋がり、自らの疑問を活用して学ぶことを覚えていきます。

その後の実習経過

実習10日目の教員の２回目の巡回指導時は、富士さんは環境にも慣れ、病棟で過ごす時間の多くを模擬担当する患者さんと過ごし、目標に向かって取り組む姿が見られていた。予定の変更に際しては、担当 PSW も富士さんの特性に配慮して変更理由を明確に伝えたうえで、富士さんがどうしたいかを選択できるようにしていた。そのため、富士さんは前回の教員巡回時のような不満を述べることはなかった。

最終日の実習 SV では、後半に富士さんが模擬担当した患者さんへのケース研究を通して「予定通りに生活することが自分は楽で正しいと思っていたが、実習先が僕の都合に合わせてくれたように、PSW は本人主体で考え、相手の都合に合わせなければならず、自分の予定を変える必要が多くあるとわかった。本人に寄り添い、魅力ある仕事ではあるが、自分の性格でやっていけるか改めて考えることができたので、本実習での体験を学校に持ち帰り、今一度資格を目指すかどうかを含め、考えていきたい」という考察を述べていた。

次の実習先は同法人の相談支援事業所が予定されているため、茶富 PSW は、病院以上に変化に富んだ動きとなる相談支援専門員の業務について、富士さんが戸惑わずに実習することができるよう、富士さんの了承を得て、予め事業所の実習指導者に病院実習での様子を伝えておくことにした。

実習
4

[就労支援事業所・6日目]

課題達成に向けた焦りを受け止め、行動の省察と気づきを促すスーパービジョン

実習機関の概要

就労継続支援Ｂ型事業所。精神障害のある人を主な対象とし、地元企業からダイレクトメールの封入封かん作業を請け負っている。１日あたり平均約20名が通所している。障害者就業・生活支援センターと連携し、企業への一般就労の支援も行っているほか、バザーなどの催しを毎年企画し、地域住民との交流の機会もつくっている。利用者の年齢は20代から70代まで幅広く、知的障害との重複や発達障害の診断で利用する人も増えている。常勤職員は３名で、全員が精神保健福祉士である。ほかに非常勤の作業補助職員と昼食調理職員がいる。

事業所の母体の法人は、精神障害者の小規模作業所から出発し、今では就労継続支援Ｂ型事業所（３か所)、グループホーム（１か所)、指定一般・指定特定相談支援事業所（１か所）を運営している。法人全体で、精神保健福祉士は12名おり、うち精神保健福祉士実習指導者講習会の修了者は６名である。

実習指導者

鷹野 PSW。この事業所のサービス管理責任者。精神科病院の PSW を十数年経験し、約15年前にこの事業所を運営する法人に転職。法人内のほかの事業所を経て、５年前に今の事業所に異動してきた。

実習指導体制

当法人では、各事業所で分担し、それぞれ年間数名の実習生を受け入れている。事前オリエンテーションは、実習開始２～４週間前に実習指導者と実習生との間で個々に行い、実習目標と実習課題を共有する。実習指導者は、それを踏まえて実習指導プログラムを立て、法人内に周知する。法人内の複数の事業所に数日ずつ配属することもあれば、配属先を１か所に限定することもある。実習最終日には実習報告会を開催し、実習生は利用者とスタッフの前で実習を通して学んだことなどを発表する。

実習生

江藤さん。29歳の男性。大学を卒業し家電メーカーの開発部門に就職したが、5年働いたところで所属していた部門が縮小されることとなり、営業部門に異動となった。約2年働いたが、激務に同僚が心身の不調で休職するのを目の当たりにし、自身の将来について考えた。その結果、メンタルヘルスにかかわる福祉職に転職する決心をして退職し、精神保健福祉士を目指して専門学校に入学した。

●実習時期・期間

専門学校に入学して3か月経過し、7月に実習開始。15日間。

9月には精神科医療機関で12日間の実習を予定。

●実習目標

精神障害者一人ひとりのニーズを理解するとともに、精神保健福祉士のかかわりの実際を学ぶ。

●実習課題

①就労継続支援B型事業所の機能と役割を理解する。

②精神障害者とかかわり、個々の思いや生活ニーズを理解する。

③就労継続支援B型事業所における精神保健福祉士の支援と役割を理解する。

●予定表（実習場所とSV実施日）

初日	2日目	3日目	4日目	5日目
事業所	事業所	事業所	事業所/関係機関連絡会	事業所
6日目	7日目	8日目	9日目	10日目
事業所/定期実習SV	事業所	事業所/教員巡回指導	事業所	事業所
11日目	12日目	13日目	14日目	最終日
事業所/定期実習SV	事業所	事業所/教員巡回指導	事業所	事業所/実習報告会/定期実習SV（実習のまとめ）

※実習時間9時から17時

受け入れまでの経過

実習契約を結んだ養成校から、実習生の個人票が続々と法人に届いた。今年も夏休みに実習を希望する養成校が多く、今回はほぼ同じ時期に5名の実習生を受け入れることとなった。法人内の各事業所で担当を振り分け、江藤さんの実習指導は鷹野 PSW が担当することとなった。

事前オリエンテーションで、鷹野 PSW から精神保健福祉士を志望する動機を聞くと、江藤さんは、「激務で心身の不調をきたす同僚が複数おり、自分も危ないと思った。収入は下がるが、福祉分野の仕事には需要がある。転身するなら早いほうがいい。精神保健福祉士はメンタルヘルスにかかわる資格なので、今の時代、将来性があると考えた」と答えた。また、「人と接するのが得意とは言わないが、苦手ではない。社会に貢献できる気がして魅力がある」とも話した。これまでに精神障害のある人とかかわった経験はなく、専門学校の授業の一環で精神科病院を一度見学したことがあるのみだという。

江藤さんの実習目標と実習課題を確認し、配属先は鷹野 PSW が所属する就労継続支援Ｂ型事業所のみとした。前半は、事業所の１日の流れに沿って過ごすこととし、面接への陪席や記録の閲覧は中盤以降に行うこととした。また、実習期間内に市内の精神保健福祉分野の関係機関が集まる連絡会があり、市の担当者に実習生同席の許可を得た。

実習記録は翌朝提出とし、鷹野 PSW がコメントして返却すること、各週の初めと実習最終日に定期実習スーパービジョン（以下、SV）を実施すること、ほかにも必要に応じ実習 SV を行うこと、最終日には事業所内で実習報告会を開催することを、江藤さんに説明した。

なお、実習開始前に教員から連絡があり、巡回指導は８日目と13日目に予定された。

実習内容

実習初日、江藤さんはポロシャツにチノパンで現れ、さほど緊張した様子はなく、朝のミーティングで自己紹介をした。今週の作業リーダーである畑さん（20代の男性利用者）に声をかけられ、ダイレクトメールの封筒のシール貼りの工程チームに入った。隣に座った利用者に教えてもらいながら作業をし、休憩時間にはほかの利用者からも話しかけられ、応じていた。16時で閉所となり、利用者がいなくなった後、鷹野 PSW から感想を尋ねると、「利用者の方たちがいろいろ声をかけてくれて、無事に過ごせました」と安堵したように答えた。

２日目以降は、作業工程やどのように過ごせばよいかなど、努めて利用者に質問し、利用者と同じように作業をし、休憩時間には何人かの利用者と世間話をしたりして過ごしていた。一方、交流を図ろうとして作業中に利用者に話しかけ、泉さん（40代の男性利用者）から私語は禁止だと注意される場面もあった。

実習記録には、その日行った作業や事業所内で起きたこと、利用者との間で話したことのほか、「45分作業して15分休憩するのは、精神障害による疲れやすさに対応している」、「作業会議に参加して、利用者がそれぞれ普段作業をしながら、注意点や改善点について気にかけていることがわかった」などが書かれ、事業所で行われていることを観察していることもうかがえた。鷹野 PSW は、毎朝実習記録を受け取った時と、コメントを記載して実習記録を返却する時に声をかけ、表情や態度をモニタリングするとともに、実習記録内容に触れた質問をしてきた。

５日目が終わり、１週目を終えた感想を鷹野 PSW が尋ねると、「作業の工程や１日の流れも大体頭に入りましたし、手持ち無沙汰になることもなくて、なんとかやっていけそうです」と、笑顔を見せながら答えた。鷹野 PSW は、実習序盤を順調に過ごせたことを確認し、江藤さんに、今週の実習体験を踏まえ、来週取り組んでみたいことを考えておくようにと伝えた。

実習記録の内容

今日は、作業リーダーの A さんに頼まれて、人手が少ない封かんの作業に入った。隣に座った B さんが、注意点を教えてくれた。遅れて入ってきて、すぐにいなくなってしまい、しばらくするとまた戻って来て、またいなくなってしまう若い女性がいたが、誰もそれに対して何も言わなかった。利用者のペースに合わせて作業に参加することが認められているのだとわかった。精神障害のある人に居場所を提供することも、就労継続支援 B 型事業所の役割の１つだと学んだ。

休憩時に、B さんと話した。B さんは、タバコ代を稼ごうと思って事業所に来ることにしたそうだ。でも今は、タバコ代が高くなったので、禁煙しようかどうか悩んでいるという。休憩室の中にある喫煙室を廃止する話が出ているとも聞いた。禁煙の動きはどこも同じだと思った。　（５日目の記録から抜粋）

実習スーパービジョンにいたる経過

週明けの６日目の朝、朝のミーティングが終わった後、江藤さんと鷹野 PSW は、定期実習 SV のため面接室に移動した。

実習SVの逐語

①**鷹野** 今日から２週目ですね。事業所にもだいぶ慣れたと言っていましたが、今週はどんなことに取り組みたいですか。週末に考えてみましたか？

②**実習生** はい。今週は、利用者さんからいろいろとお話を聞かせていただいて、精神障害者のニーズを把握することに取り組みたいと思います。

③**鷹野** そういえば、実習課題にありましたよね。１週間実習してみて、これに取り組もうと思うようなできごとがありましたか？

④**実習生** いえ、そういうわけではなくて、逆に、先週はあんまり利用者の方からお話が聞けなかったなと、ちょっと反省したものですから。実習が始まったばかりだったこともあって、作業に入らせてもらって１日の流れをつかむとか、ここの雰囲気に慣れるとか、そういうことで終わってしまったなと。

⑤**鷹野** 本当は、もっとやれなければならなかったということですか？

⑥**実習生** はい。そう思います。

⑦**鷹野** どんなことをしなければならなかったと思うのですか？

⑧**実習生** 利用者さんとの会話のなかで、もう少し踏み込んだ話をさせてもらえるよう、意識的に問いかけをするとか、そういうことです。

⑨**鷹野** 踏み込んだ話ですか。江藤さんは先週の実習が終わった時、そんな話はしていなかったけれど、今日までの間にどんな心境の変化がありましたか？

⑩**実習生** あ、わかりますか。週末が帰校日で、私と同じく先週から実習が始まった同級生がいるんですけど、グループワークの時に、利用者さんから入院したいきさつとか、病気についてどう受け止めているかとか、障害受容に関係する話をしたって聞いて、

SVRの思考

①考えてくるよう伝えてあったので、確認しよう。指導の連続性が大事だ。

②これは確か、江藤さんの実習課題の1つだった気がするが、「精神障害者のニーズ」という一般化した言い方が気になる。そういう課題だったかな。

④実習課題を意識したわけではなさそうだ。それより、休憩時間に利用者と会話もできていたが、それでは不十分だったということか。実習先の1日の流れをつかみ、雰囲気に慣れるのも、とても意味があるのだが、正当な評価ができていないということだろうか。

⑤どうしたのだろう。先週末は不全感が残った様子はなかったのに。

⑧踏み込んだ話ねえ。江藤さんには、意識的な問いかけのスキルに着目する前に、関係づくりを学んでほしい。話を聞かせてもらうには相互の関係性も大切だ。先週はその下準備でもあったのだが。先週の実習を正当に評価し、目下の課題を理解することが、今日の定期実習SVのテーマになりそうだ。それにしても、誰かに何か言われたかな。

⑩なるほど、これがきっかけか。その同級生は、精神科病院の病棟で実習中なのかな。病棟と就労継続支援B型事業所では利用者との話題が違うのは当然だから、比較す

SVEの思考

①この部屋に入るのは、事前オリエンテーションの時以来だな。

②考えてきた。先週末は帰校日で、このままではちょっとまずいなと焦ったから。

③実習課題？　最初に立てたきり、すっかり忘れていた。

④そんな形式的なことより、実際の実習だ。先週のような調子では、本当は生ぬるかった。

⑥実習先に慣れるだけでは実習とはいえない。失礼だけど、鷹野さんにはわからないのかな。

⑧同級生の受け売りだけど。

⑨あれ、私の変化に気づいている。案外見ているんだな。それに、私が踏み込んだ話をしたいと言っても、動じた様子はないし。

⑩同級生に引き換え、私は黙々と作業をして、休み時間に休憩室とかで雑談していただけだ。

やばいなと思って。私は全然、そういうところまでいかなかったから。

⑪ **鷹野** ちょっと遅れをとっているような気がしてしまった？

⑫ **実習生** はい。私なんて、最初知らなくて、作業中に利用者さんとおしゃべりをしようとしてしまって、作業中の私語は禁止だって、ビシッと泉さんに注意されちゃったものだから、休憩時間に利用者さんと世間話ができるようになっただけで、もう、すっかり満足してしまっていました。

⑬ **鷹野** そんなこともありましたねえ。あれも、そのお陰で学べたことがあったのではないですか？

⑭ **実習生** はい。そのお陰で、就労継続支援Ｂ型事業所というところがれっきとした就労の場なんだと、気づかされました。

⑮ **鷹野** そうでしたね。そこですけど、江藤さんの実習課題の達成にもつながっていることですよ。どれだかわかりますか？

⑯ **実習生** （実習記録のファイルを開いて）えっと、「就労継続支援Ｂ型事業所の機能と役割を理解する」ですか。

⑰ **鷹野** それです。この時、「れっきとした就労の場」としての「機能」があると、江藤さんは理解したわけですよね。

⑱ **実習生** はあ。

⑲ **鷹野** では、「れっきとした就労の場」以外に、事業所の機能として気づいたことはありますか？　先週の実習を振り返って。

⑳ **実習生** それでしたら、畑さんは作業リーダーを立候補してやっているそうなんですけど、人前で話す練習だと思っているって言っていました。人前で話す訓練の場でもある……、と思います。

㉑ **鷹野** いいですね。畑さんからそんなことも聞けたんですね。話してもらえる関係がつくれているんだと思いますよ。

㉒ **実習生** こんな調子でいいんですか。それじゃあ、今朝出した実習記録にも書いたんですけど、集中できなくて出たり入ったりする女性の利用者さんがいました。あの方にとっては、この事業所が居場所なのかなと思います。居場所としての機能です。

㉓ **鷹野** 関さんですね、その可能性はありますよね。でも、どうで

る必要はないのだが。障害受容なんて、同級生から出た言葉かな。

⑫何もかも初めてという環境に入ってくるわけだから、最初はそんなものだ。だが、あの経験を江藤さんは実は引きずっていたのかな。利用者から教わる貴重な学びの経験としてとらえたはずだが。

⑭あの日の短い振り返りで確認したことは、一応定着しているようだ。だが、これ以上は触れられたくないという感じを受ける。方向を変えて、実習課題の達成状況を確認しておこう。

⑯そう。実習で直に体験したことと、実習課題とを紐付けられるのは大事だ。

⑱もっとお堅い表現でないといけないと思っていたようだな。ほかにもあげてもらおう。

⑳おや、そんな話もしていたのか。これも、単なる世間話ではない。何気ないやりとりのなかに、精神保健福祉士として着目すべき要素があることに、江藤さんはまだ気づけていない。しかし、指摘してわかるものでもない。今は話が聞けたことを肯定的に評価しておこう。

㉒つかめてきたようだ。あれは関さんだな。そう思う根拠はどこからくるのだろう。関さんとは話せたのかな。

⑪図星です。

⑫知らなかっただけなのに、泉さんから厳しく注意されて、やっと挽回できたら1週間が終わってしまった。

⑬確かに、前向きにとらえればそうだ。あの日も振り返りでそういう結論になった。

⑮また実習課題のことか。実習記録の最初のほうに書いてあるはずだ。

⑰へえ、「機能」って、こういう話し言葉みたいな言い方をしてもいいんだ。変なの。

⑲ほかに？　そうだなあ、畑さんから聞いたことなんかは、どうなんだろう。

㉑話してもらえる関係か。これでいいんだ。疑うわけじゃないけど、本当にそうなのかな。それならいいんだけど。

㉓関さんっていうのか。どうして

しょうね。どうしてそう思いましたか？

㉔ **実習生** それは、あの女性、関さんは仕事があまりできないけど、誰にも文句は言われないので、安心してここにいられるんじゃないかなと思うからです。

㉕ **鷹野** なるほどね。江藤さんにはそう見えた。

㉖ **実習生** 違うんですか？

㉗ **鷹野** どうすれば知ることができるでしょうね？

㉘ **実習生** そうか。関さんにとってここがどんなところかは、その人に聞かないとわからない。

㉙ **鷹野** その通り。当たっているかはずれているか、確かめればいい。予測するのは、とても大事なことですよ。

㉚ **実習生** 今度関さんが来たら、話しかけてみたいです。

㉛ **鷹野** いいですね。やってみましょう。さて、「就労継続支援B型事業所の機能と役割を理解する」という課題ですが、実習体験で導き出したことを言葉に置き換えればいいというのは、理解できましたか？

㉜ **実習生** はい。そうやって進めばいいんですね。

㉝ **鷹野** 方法がわかったようですね。鍛錬のために、気づいたことや感じたこと、理解したことは、意識して言語化するようにしましょう。最終日に実習報告会もありますし。

㉞ **実習生** あー、そうでした。そうします。

㉟ **鷹野** では、ほかの実習課題についても、せっかくなのでこの機会に達成状況を確認しておきましょうか。どんなものがありましたっけ？

㊱ **実習生** （実習記録のファイルを見ながら）「精神障害者とかかわり、個々の思いや生活ニーズを理解する」。あ、これ、私が考えてきた目標と一緒だ。この実習課題が今週の目標です。

㊲ **鷹野** 江藤さんが取り組みたいのは、精神障害者の思いやニーズの理解？　それとも個々の人の思いやニーズの理解？

そう思うかって、そんなに難しいことではないと思うけど。

㉔ずいぶん単純な理屈だ。あの落ち着きのなさをどうアセスメントするかという視点には至っていない。関さんと直接話していないんだな。話していれば、少し違ったとらえ方になっただろう。

㉕ということは、ハズレか。

㉖答えを知りたがるのは江藤さんに限らないが、簡単に実習指導者に頼らず、自分で見つけてもらわないと。実習なのだから。

㉗教えてくれるわけがないか。さすがに。

㉘予測を確かめる作業を繰り返すことが、人物理解には必要だ。強化しておこう。

㉙予測して確かめて理解する。といってもちゃんと観察とか会話していかないと予測もできないな。

㉚気分が前向きになってきた。1つ目の実習課題との紐付けは、このくらいにしておこう。

㉛やっぱりそういうことか。自分の体験したことから引っ張ってくればいいんだな。ということは自分なりによく考えて行動してないとダメだな。

㉝焦りは収まったかな。初対面の時から自己評価が低い学生ではなさそうだったし、大丈夫かな。逆に気を緩めないよう、注意喚起しておこう。

㉝そうだった。実習報告会があるから気が抜けない。言葉にするのはけっこう時間がかかる。実習記録を書くのだってひと仕事だ。

㉞反応が軽いなあ。先週までの江藤さんが戻ってきたかな。次に進もう。

㉟実習課題って、ダテに立てているわけじゃないんだな。

㊱江藤さんが最初に言った目標はちょっと違うが、気づいていないようだ。

㊲ここは丁寧に吟味して欲しいところなので、ちょっと投げかけて反応を見よう。

㊲何か違うの？　えっと、私が考えてきたのは、「精神障害者のニーズの理解」だった。

㊳ **実習生** あ､課題だと､「個々の思いや生活ニーズ」となっています。「精神障害者の思いやニーズ」ではないんですね。そうか、個々の利用者さんたちの思いとか生活ニーズの理解です。私が取り組むのは。

㊴ **鷹野** そう。精神障害者としてではなく、１人の人として。個別化。学校の授業でもう習いましたか？　重要なところです。

㊵ **実習生** はい。習いました。

㊶ **鷹野** この課題についてですが、先週までの実習ではどうでしたか？　少し取り組めましたか？

㊷ **実習生** うーん､そうですね。さっきと重なってしまうんですけど、畑さんから人前で話せるようになりたいって聞いたのも、畑さんの思いとかニーズだって言えるのかなと思います。

㊸ **鷹野** そうですね。江藤さんは、世間話しかしていないって言っていましたが、畑さんや泉さんの思いやニーズを聞けているから、さっきのように、この事業所の機能についてわかってきたことを言えたという面もありますよ。

㊹ **実習生** そうか、そういうふうにつながっているんですね。でも、泉さんのことは、ここが「れっきとした就労の場」だと私が理解したのは、泉さんを怒らせてしまったからなんです。それでも、泉さんの思いを聞けたと言っていいんでしょうか。

㊺ **鷹野** 自信がなさそうですね。あの日のことをもう一度振り返ってみましょうか。泉さんから私語を注意されて、その後、休憩時間に泉さんとお話ししていましたよね。その時のことを思い出してみてください。

㊻ **実習生** はい。私が「ルールを知らなくてすみませんでした」って謝ったら、「知らなかったならしょうがない」って言ってくれて、それで､「集中してやらないと製品として通用しないんだ」と言って、作業のコツとか、なんだか職人さんっぽくいろいろ話してくれました。なんとなくそういうのを聞いていて、泉さんにとってこの事業所は、大事な就労の場なんだと感じました。

㊼ **鷹野** 江藤さんが泉さんに謝らなければ、どうなっていたと思いますか。泉さんから、話しかけてもらえたでしょうか？

㊽ **実習生** 泉さんは、あんなに語ってくれなかった気がします。あの時はとにかく、このまま気まずくなったらいけないと思ったんで

㊳私の質問に違和感を覚えたようだ。勘は悪くない。自分で言葉にしながら反すうしている。この結論に至ったのは、きっと学校で学んだことと照合できたのだろう。言語化して共有しておこう。

㊳そういえば授業で習った。精神障害者といって一言でくくるのは間違ってるって。

㊴ほんの些細な言い回しの違いだったのに。精神保健福祉士ってこういうことを大事にするんだな。

㊶今週の課題の前に、先週の成果を確認しておかなくては。

㊶さっきから、鷹野さんは私ができているところを一緒に確認してくれている。できているところを探そう。

㊷実習で体験したことから例をあげることができている。肯定的に評価しておこう。そうだ、泉さんのこともさりげなく入れて、反応をうかがおう。

㊸さっきも「話してもらえる関係」って言われたけど、そうなのかな。でも、泉さんの場合はどうなんだろう。

㊹やはり、泉さんとのやりとりが消化できていないのは間違いない。さっきと違って「怒らせてしまった」と自分から言えている。今なら改めて何が起きていたか、一緒に確認ができそうな気がする。

㊺あまり思い出したくないけど、鷹野さんは失敗体験とは思っていないようだ。実際のところはどうだったのか､私も気にはなる。

㊻あれは、注意された江藤さんがそれっきりにしなかったから聞けたことだ。強面で、黙っていると不機嫌そうに見える泉さんを相手に。江藤さんのほうから率直に謝ったのが大きなポイントだ。それは失敗したことよりもはるかに重要なことだ。そこは共有しておきたい。

㊻私から謝ったら、泉さんは少し決まり悪そうな様子で、なんだか言い訳をするように、その後いろいろ話してくれた。

㊼たぶん泉さんとは話さないままで、そしたら泉さんの仕事に対する思いも聞かないまま終わったかも。そう考えると、あの時

㊽少し日を置いたから言葉にできたのかな。リアルタイムではなかなか気づくことが

す。そしたら泉さんは、わかってくれればいいんだよっていう感じになって、それで、なんでしょう、打ち解けたような雰囲気になりました。恐い人だと思って緊張して謝ったら、そうじゃなかったんで、一気に力が抜けました。

㊾ **鷹野** そうだったんですね。よく自分から声をかけましたね。しかも怒られた直後の休憩時間に。江藤さんが逃げなかったことがポイントだと思いますよ。江藤さんの行動が、泉さんとの関係性を変化させることができた。相互作用ですね。

㊿ **実習生** 改めて振り返ると、大きな出来事だったと思います。

(51) **鷹野** 私もそう思います。ところで、泉さんが江藤さんに語ったのは、作業のコツとかだったんでしょう。江藤さんは、そこから泉さんのどんな思いやニーズを汲み取ったのですか？

(52) **実習生** （少し考えて）ただ働くというだけじゃなくて、プライドをもって働きたい、というようなことでしょうか。

(53) **鷹野** お見事。プライドって、とても大事ですよね。

(54) **実習生** それって、誰にでも言える気がします。

(55) **鷹野** そうですね。私自身もそう思います。

(56) **実習生** あ、あの……。

(57) **鷹野** どうしました？

(58) **実習生** 泉さんに謝ることができてよかったです。泉さんのプライドを傷つけたままにするところでした。

(59) **鷹野** どういうことでしょうか？

(60) **実習生** 私は心のどこかで、障害者の就労の場だと軽く見ていたと思います。だから、作業中なのにためらいもなく、利用者さんに話しかけてしまったんです。泉さんは、それで怒ったんだと思います。

(61) **鷹野** なるほど、深い考察ですね。自分自身の偏見に気づくのは、非常に大事な自己覚知です。大事なところに気づきましたね。それと、それをこうして言語化する勇気も素晴らしい。

(62) **実習生** 自己覚知って、こういう経験なんですね。でも、偏見はないほうがいいですよね。

(63) **鷹野** ないほうがいいけれど、誰にでもあります。私にもあります。気づくことが、意識的に専門職の価値観を修得する第一歩で

できなくても、遡って思い出すことで、何が起きていたか、どんな気持ちになったか、言葉にし直す作業が大事だ。それにしても、江藤さんの誠実さと行動力は重要だ。しっかりとその意義を伝えておこう。それから、そもそも泉さんがどんな思いで厳しい態度をとったか、これは取り上げ方が難しい。江藤さん自身が思い起こして気づけるかどうか。

は必死だったけど、自分からすぐに謝ってよかった。(前職で)営業やっててい つの間にか身についてたのかな。

㊾無我夢中だった気がするけど、あれが大事だったと私も思う。相互作用？　その言葉は学校で習ったな。こういうことを指すのか。それにしても帰校日は失敗体験なんて恥ずかしくて話せなかったけど、今日は振り返れてよかった。

㊿ご苦労様。でももうひと山、乗り越えて考えられるかな。

51 それは、作業へのこだわり、思い入れ……。それって……。

52 意外にも、泉さんの思いを受け止めている。江藤さん自身のなんらかの経験から、共感できたのだろうか。

52 そうだ。プライド。プライドだ。

54 江藤さんにも思い当たることがありそうだ。江藤さんも、いろいろあって精神保健福祉士を目指すのだろうから。

54 私も営業部門にいた時、上司に否定されて、プライドが傷ついたことがある。

56 私は多分、似たようなことを泉さんにしてしまったのだ。そのことが本当は頭の隅に引っかかっていたんだ。

58 単に私語禁止がルールだから注意されたのではないと、気づいたようだ。もう少し説明を促そう。

60 江藤さんがそこまで洞察できて、実習 SV でそれを言葉にできるとは予想していなかった。これはすごいことだ。

60 無意識だった。軽く見ているなんて、自分でも気づいていなかった。でも日給が安すぎるよなあ。

61 これを実習 SV の効用として、実感してくれるといいのだが。

61 あ、自己覚知。また出てきた。専門用語が。私の体験は、ちゃんと精神保健福祉士としての実習になっているみたいだ。

62 素朴な意見だが、偏見はよくないからと蓋をしてしまっては専門職としての姿勢は体得できない。解説しておこう。

63 ふうん。わかるような、わからないような。私はまだまだ初心者だということだろう。

す。

⑭ **実習生** よくないけど、いいんですね。立ち直って頑張ります。

⑮ **鷹野** それならよかったです。では改めて、今週の目標を確認しましょうか。

⑯ **実習生** 個々の利用者さんの、思いとかニーズとかを聞きたいです。あの女性、えっと関さんにも話しかけたいし、泉さんや畑さんとも、もう少し話せたらなと思います。休憩時間しかないので、どこまで聞けるかわかりませんけど。

⑰ **鷹野** ぜひ工夫を凝らしてください。ここは就労支援事業所なので作業時間が長いです。休憩時間だけでなく、作業時間をどのように使って利用者さんとの関係づくりや精神保健福祉士としての支援に活かすか、そういうことも考えてみてください。

⑱ **実習生** わかりました。やってみます。

⑭ 前向きなのは江藤さんの強みだなあ。もう引っかかりはなさそうだ。振り返りは、このくらいにしておこう。

⑯ 一人ひとりを尊重し、関心をもって聞くことを期待したい。だが、短い休憩時間で、しかもオープンスペースでは、できる話題は限られる。聞こうと思って聞けるものでもない。それに、実習課題にはもう１つ、事業所の精神保健福祉士の支援や役割を理解するというのもある。ヒントを与えておこう。

⑯ 考えてきた目標はうわべだけだったけど、こうして振り返っているうちに具体的にイメージできる目標になったぞ。

⑰ そうだ。休憩時間だけじゃない。作業時間も無駄にはしないってことか。何ができるかな。

解説

小手先の専門家らしさではなく、精神保健福祉士としてのかかわりを重視する

学歴や職歴が福祉領域以外の大卒者が、精神保健福祉士の資格を取得するもっとも近道は、専門学校の養成課程です。１年間で必須科目を履修し、受験資格を得られますが、それはつまり、事前学習が決して十分ではないまま実習に臨むことも意味します。江藤さんも専門学校に入学してわずか３か月後の実習でした。精神保健福祉士の専門性や着眼点を咀嚼して理解する時間はありませんでした。

鷹野 PSW は、江藤さんが、病気や障害に関する「踏み込んだ話」をしなくてはという的外れなとらわれに陥っていることに気づき、修正を図ることを定期実習 SV のテーマとしました。そして、江藤さんの学習達成度を考慮し、考えられる範囲の質問を重ね、肯定的な評価を返して励ましつつ、江藤さんが自分で言葉にしながら反すうし、理解や気づきを深められるように、ときおり短い解説もはさんでいきました。また、その際、江藤さんの前向きで切り替えの早い性質をつかみ、それに合った展開を心がけました。

その結果、江藤さんのなかで考察からの気づきが重ねられて焦りが払拭され、すでに達成できていることを正当に評価でき、改めて、これからの実習では意識的に一人ひとりの利用者とかかわろうと考えられるようになりました。

目標と課題があるからこそ、実習は意図的で意識的な取り組みとなる

実習開始にあたり、実習生は実習目標を立て、それを達成するために取り組むべき実習課題を立てます。その課題の達成のために、日々の実習においても、その日に取り組む目標を立てます。しかし、実習が始まると目標や課題をすっかり忘れてしまったり、最初から実習準備のための形式的なものとしか思わず、意識していなかったりすることがあります。江藤さんもそうでした。もちろん、生で見聞きし体験したことのほうがはるかにインパクトは強く、実習は体験するものなので、頭の中で考えた実習目標や実習課題に固執するのは本末転倒です。しかし、実習は、精神保健福祉士の実践とその専門性を学ぶための意図的で意識的な取り組みであるということも、忘れてはなりません。

鷹野 PSW は、江藤さんが事業所を「れっきとした就労の場」だと理解したと

いう話から、それは実習課題の達成の１つであることを伝え、実習課題と紐付けて理解することを促しました。実習生自身の言葉で表現されたことをそのまま当てはめることで、実習生が自分の実習課題を意識し直し、また達成を実感できるよう支えています。さらに、発言を促しながら利用者と江藤さんとのかかわりにも着目し、江藤さんが課題に対して意識的に取り組めるよう配慮しています。

実習生が消化できていない事柄は、実習生の準備性を考慮して取り扱う

実習で体験する事柄のなかには、実習生にとって苦い体験もあります。表面的には振り返りもでき、一定の教訓に達しているものの、実は未消化だったということがあります。その場合、実習生自身にモヤモヤした感覚が残り、自ら振り返りを申し出ることもあれば、逆に実習指導者から触れられたくないと思うこともあります。江藤さんにとって、実習初期に泉さんに私語を厳しく注意されたことが、翌週の定期実習 SV の時点でも引っかかっていました。

そのことに気づいた鷹野 PSW は、江藤さんが振り返りをできそうかどうか見極め、何が起きていたのか、一緒に紐解いていく方法をとりました。江藤さんが自ら泉さんに声をかけ謝った意義と効果を共有し、さらに、実習課題とも関連づけて、泉さんの思いをどう理解したのかを尋ねています。江藤さんは、それを考え言葉にする過程で、会社勤めをしていたときの経験も活用し、泉さんに対して自分がしたことの重大さに気づきました。この一連の過程は江藤さんにとって大きな学びとなり、実習 SV を通して体験から考察する意義を体感しました。現任者となった後も、消化できない事柄に出会ったときに、SV を活用しようという発想につながることが期待されます。

その後の実習経過

江藤さんは、あえて病気や障害の話題に触れることにこだわらず、泉さんと禁煙について話したり、畑さんと好きなバンドの話をしたり、関さんとも話す機会があった。楽しいことも辛いこともあるのは、皆自分と同じだとわかった一方で、本当はもっと稼ぎのいい仕事に就きたいという希望も何人かから聞けたので、その実現を目指す支援者になりたいと思ったという。また、作業時間中はフロアの様子や利用者の動きにも目を向け観察していると、職員がさりげなく介入していることにも気づくことができた。精神保健福祉士の役割については後半の病院実習でさらに考察することとした。

[相談支援事業所・7日目]

実習 5

質問の意図を伝えて実習生の思考を深め、自由な発言を引き出すスーパービジョン

実習機関の概要

相談支援事業所。Z市の地域生活支援事業の相談支援事業を受託運営をしている。管理者（相談支援専門員）、海堂PSW（相談支援専門員）のほか、2名の相談支援専門員が勤務。4名のうち3名が精神保健福祉士、1名が社会福祉士である。精神障害者への支援を得意とし、本人や家族、精神科病院からの相談が多い。最近は特に「地域移行支援」に力を入れている。現在はピアサポーターの導入を検討中で、Z市の基幹相談支援センターと連携してピアサポーターの養成にも携わっている。地域の障害福祉サービス事業所等との意見交換会や、相談に携わる職員の質の向上を目的とした研修会の企画運営にも尽力しており、Z市自立支援協議会の相談支援部会の中心的役割を担っている。

実習指導者

海堂PSW。大学卒業後に精神保健福祉士を取得し、Z市内の精神科病院に就職。18年間の勤務を経て、昨年相談支援事業所に転職。病院時代には実習生を何人も受け入れていたが、相談支援事業所では今年度から実習生担当となる。

実習指導体制

当事業所では、これまで時間的余裕がないことを主な理由として、実習生を受け入れていなかった。海堂PSWが就職し、「後進指導も責務である」「実習生指導が相談員としての成長につながる」などを管理者に説明し、今年度より年間2～3名の実習生を受け入れようとしている。実習指導スタイルは基本的に指導者の業務に実習生がすべて同席・同行し、一緒に過ごすことに決めた。

「実習スーパービジョン（以下、SV）」は1日の終了前に30分以上の時間を確保して行うこと、指導者が休みの日は、代わりの相談支援専門員がその任に就き、相談支援専門員を志す学生が増えて欲しいという思いを相談支援専門員の4名で共有するなど、受け入れ体制を整えてきた。精神保健福祉士実習指導者講習会は、

4名中2名が修了しており、後の2名も今年度に受講する予定で、今後は社会福祉士の受け入れも考えている。

実習生

大和さん、21歳、女性、大学4年生。精神保健福祉士と社会福祉士の取得を目指している。実習へのモチベーションは高く、将来は精神保健福祉士として働こうと考えているが、病院か地域で働くかにはまだ迷いがある。

性格は「内向的で悲観的に考えやすい」と書かれている。

●実習時期・期間

夏休み中の15日間。この後、間を空けずに同市内の医療機関での実習を予定。

●実習目標

①相談支援事業所および相談支援専門員の機能と役割を理解する。

②地域で暮らす精神障害者の生活実態を把握する。

●実習課題

①利用者と積極的にコミュニケーションを取る。

②積極的に指導者および他のスタッフに質問し、疑問をそのままにしない。

③「プロセス・レコード」を有効に活用し、その日の出来事をしっかり記録し、そこからの学びを深める。

●予定表（実習場所とSV実施日）

初日	2日目	3日目	4日目	5日目
事業所 D病院	事業所新規相談対応	事業所／Y就労継続支援事業所	事業所 在宅訪問	AM：Z市研修会 PM：教員巡回
6日目	**7日目**	**8日目**	**9日目**	**10日目**
D病院 I市GH見学	事業所で継続相談対応（実習SV）	事業所／Z市GH	事業所 F病院	事業所／X就労移行支援事業所
11日目	**12日目**	**13日目**	**14日目**	**最終日**
事業所／D病院／在宅訪問	事業所 Q就労事業所	事業所 AM：教員巡回	A市協議会 D病院	事業所 PM：実習総括

※　1日の終わりに30分間の実習SVを確保する。

・実習時間は９時から17時までで、16時30分から30分間は実習 SV の時間とする。
・予定している外出業務は以下に記載。ほかに急遽外出することもある。
・北さんの地域移行支援（D 病院訪問／Ｉ市のグループホーム（以下、GH）見学）
・計画相談支援のケア会議やサービス担当者会議、モニタリング（Y 就労継続支援事業所・X 就労移行支援事業所／G さん・H さん・J さん宅／Z 市 GH）
・医療保護入院者退院支援委員会（F 病院）
・各種会議出席（A 市自立支援協議会相談支援部会／Z 市虐待防止研修会）
・２週間目には帰校日指導あり

受け入れまでの経過

海堂 PSW の知り合いの教員が勤める２つの大学と実習契約を締結し、今年度は、大学の夏期休暇中（８月～９月）に各大学から１名ずつの実習生を受け入れることとなった。大和さんは当事業所にとって最初の実習生である。当初、海堂 PSW が実習生の受け入れを提案した時には、事業所として初めての実習生ということもあり受け入れることへの緊張感もあったが、ほかのスタッフも以前から関心をもっていたことが後にわかった。

７月の事前訪問の際、大和さんは「長期入院者の地域移行支援」に興味がある旨を話していたため、ちょうど海堂 PSW が地域移行支援を開始することになった北さん（60代・男性）の了承を得たうえで、大和さんには随時支援に同行・同席してもらい、一緒に退院を後押ししていく計画とした。

実習内容

実習は、基本的には指導者である海堂 PSW の業務に同行する。実習日誌は朝一で指導者に提出し、その日の実習 SV 時に記載内容を活用することとし、特に気になった場面については「プロセス・レコード」を用いて記録し、あわせて実習 SV に活用する。B 大学では実習中に１人のクライエントを選定したうえでの「ケース研究」を課していることから、地域移行支援中の北さんに、その対象となってもらうことを海堂 PSW より事前に依頼しておいた。大和さんの実習初日には改めて D 病院へ北さんを訪ね、大和さんからも北さんへのあいさつとお願いをしたうえでケース研究の対象とした。その後、実習６日目には GH 見学同行、14日目に D 病院への訪問面接を行っている。

実習記録の内容

大和さんは自分の思いを言語化することに対して苦手意識をもっているが、文章にすると事細かに自分の思いや考え、心情の変化を記載することができる。しかし、毎日の記録には相当の時間を要するようである。

北さんは、D病院に5年以上入院している。入院前は、数々の問題（金銭・男女トラブル等）を起こしていた。元々、母子家庭で育ち結婚歴もなく長年母親と二人暮らしであったが、母親は認知症で施設に入所しており、北さんにはほかに身内はいない。入院前に大暴れして地域住民に迷惑をかけてしまったこともあり、地域内では孤立していた。現在の病状は落ち着いており、北さん自身がずっと退院したいという意欲をもっていたため、D病院の担当PSWが地域移行支援の利用を提案した。近隣には相談支援事業所が数か所あるが地域移行支援を実施しておらず、6月に当事業所に依頼があり、7月に支援開始となった。

海堂PSWが、北さんと3回目の面接をする日が大和さんの実習初日となり、2名でD病院へ北さんを訪ねた。大和さんは緊張しながらも、北さんに丁寧に自己紹介とあいさつをし、少し会話を交わしていた。この日の記録には、初めて訪れたD病院のことは特に記載がなく、北さんとの会話がうまくできなかったということが書かれていた。

実習6日目のGHの見学には、北さん、D病院の担当PSW、病棟の受け持ち看護師、海堂PSW、大和さんの5名で向かった。1時間程度で空き部屋や共有スペース等の見学、GHスタッフから説明を受けてD病院経由で事業所に戻ったが、遅くなったため実習SVにはあまり時間をかけずに終了した。

実習スーパービジョンにいたる経過

前日の実習SVはほとんど時間が取れなかったため、本日（実習7日目）必要であればいつもより長く時間を取れることを朝のうちに伝えたが、大和さんからは特に希望がなかった。そのため、いつもと同じように16時30分に面接室で実習SVを開始した。

実習記録には、「Aさんの GH 見学に同行したので、自分なりに支援計画を考えてみたい」と書かれ、プロセス・レコードも添付されており、そこには医療や福祉のサービスが盛り沢山の支援計画が記載されていた。

実習SVの逐語

①**海堂**「地域移行支援」のこと、少し理解できましたか？

②**実習生** はい。北さんのような長期入院している人にとっては有効な支援だと感じました。

③**海堂** どういったところが有効だと感じましたか？

④**実習生** う～ん、北さんと一緒に外出してGHの見学とかに行けるところでしょうか。

⑤**海堂** 病院PSWも入院患者さんと一緒に外出したり、GHの見学に行ったりもしますよ？　何かほかに有効だと思えることはありませんでしたか？

⑥**実習生** う～ん……。わかりません……。難しいです。

⑦**海堂** 例えばこのように考えてはどうでしょうか。昨日は北さんと一緒にGHの見学に行きましたが、何人で見学しましたっけ？

⑧**実習生** あ、そっか、そうですね。病院PSWに看護師、なんとなくたくさんの人が北さんにかかわっているような気がしました。

⑨**海堂** そう、そうですよね。病院以外に北さんの退院を応援する人がたくさん増えること、身寄りのいない北さんにとってはこれがこの地域移行支援の最大の強みかもしれないですよね。

⑩**実習生** はい。病院以外のスタッフが迎えに行って、北さんと一緒に外出するところを見られてよかったです。病院と相談支援事業所の具体的な連携の場面に立ち会えたことがラッキーでした。

⑪**海堂**「連携」という言葉が出ましたが、相談支援事業所と病院の連携はどのようにイメージしていましたか？

⑫**実習生** 漠然とですが、電話で意見交換をしたり、カンファレンスなどでは顔を合わせることはあると思っていました。でも、患者さんと一緒に出かけたりするところまではあまりイメージできていませんでした。

⑬**海堂** そうでしたか。地域移行支援では、私たちが病院に行って利用者さんと一緒に外出することは多いですよ。大和さんは入院中の患者さんと一緒に地域の事業者がGHの見学にいくことは少ないと思っていましたか？　あるいはGHを探す役割は病院

SVRの思考

①GH見学に同行してもらったが、私の動きから、地域移行支援における相談支援専門員の役割について何か考えただろうか。

③制度の有効性は感じているようだけど、具体的な考えを引き出したい。

⑤昨日の状況を思い返せるように、ヒントを出してみよう。彼女が感じたことを自分の言葉で表現してほしい。

⑦もう少しヒントがあるといいかな。

⑨言語化することが苦手だと言っているけど、自信がないのかな。病院と地域の事業所が連携している場面を見てもらったことは理解できていたようだ。

⑪地域移行支援の具体的な部分だな。「連携」と言ってるけど、この言葉にどのようなイメージをもっているだろう？　前職場の病院に実習に来た学生もよく使っていた。

⑬なるほど。入院中のクライエントと一緒に出かけたり、アパート探しなども多いんだけど、それは病院PSWだけの業務と思っているのだろうか。

SVEの思考

②地域移行支援って病院を訪問して患者さんから話を聞くよい機会だと思ってた。制度のことは教科書をもっとよく読むべきだったかな。

④何が有効か？　漠然と思っただけだからなぁ。うまく言えないわ。

⑥う～ん、全然出てこない。海堂さんは相変わらず質問が多いなぁ。

⑧何人で？　あ、そっか。多職種で行ったんだ。

⑩相談支援事業所の役割ってたくさんあることしかわからなかったけど、実際に病院スタッフとのかかわりが見られてよかった。

⑫的外れな回答をしてしまったかな？　確かに連携って改めて聞かれるとうまく説明できないわ。

PSW の業務だと思っていましたか？

⑭ **実習生** はい、GH を探す業務は病院 PSW の役割だと思っていました。でも、北さんとのかかわりに同行して相談支援事業所やそこで働く相談支援専門員の仕事、そして、病院 PSW との連携のイメージが具体的になってきました。

⑮ **海堂** それはよかったです。ところで、北さんの支援計画を大和さんなりに立ててみたいですね。日中に確認しておきましたよ。すごく丁寧に書けています。時間かかったんじゃないですか？

⑯ **実習生** はい。昨日の夜に挑戦してみたのですが、プロセス・レコードや実習日誌と合わせて 4 時間以上もかかってしまいました。

⑰ **海堂** 4 時間も？　それはお疲れでしたね。どんなところがこの計画書のポイントか教えていただけますか？

⑱ **実習生** ポイントですか？　そうですね、北さんは 5 年間も入院しているので、退院後は病院の近くの GH に入り、毎日デイケアに通所して、訪問看護やヘルパーさんが来てくれるといいと思いました。病気がまた悪くなって再入院しないようにたくさんの支援を受けることにした点が特徴だと思います。

⑲ **海堂** 長期入院の方だからたくさんの支援が必要だと思ったのですか？　それとも北さんだから必要だと感じたのですか？

⑳ **実習生** え？　う～ん。北さんだからです。北さんは退院への不安が強そうだったので、退院後はそれなりの支援があったほうがいいのではないかと単純に思いました。

㉑ **海堂** なるほど。短い時間ながら北さんと接してみて手厚い支援の必要性を感じたということですね。では、これらのサービスを選んだ理由を教えてもらえますか？

㉒ **実習生** え、ええと、北さんの不安を和らげるために多くのサービスを使ったらいいと思っただけで、あとは思いつくサービスを北さんに当てはめてみただけです。

㉓ **海堂** そういうことでしたか。たくさんの資源を使って北さんがまた再入院せずに地域で暮らしていけるような計画を大和さんなりに立ててみたということですね。

㉔ **実習生** はい……。間違っていました？　ダメでしたか？

⑭海堂さん、質問ばかりだけど、答えられなくても怒られないから大学の先生よりは優しいな……。少しだけ相談支援専門員の業務のイメージがもててきた。

⑮この辺りで大和さんが作成した支援計画について尋ねてみよう。昨日の夜、一生懸命つくってきたみたいだし。

⑯間違った計画を立ててしまったかなぁ。頑張っていろいろ盛り込んでみたんだけど。

⑰ずいぶん時間をかけてる。たくさん考えて苦労したんだろう。労いながら、どこに着目して作成したか質問してみよう。

⑱知っているサービスを羅列した支援計画だ。北さんの思いを汲み取る発想はあっただろうか。そこから支援がスタートするということに気づいてもらいたい。

⑱う〜ん、再入院しなくて済むような支援を考えたことだろうか？　なんて言ったら納得するかな。とりあえず自分が考えたサービスを話してみよう。

⑲北さんを主語にして考えたか尋ねよう。

⑳やっぱり海堂さんの質問攻撃だ。先週もそうだった。しゃべるのは苦手だからうまく答えられないけど……。でも、今日も何度も突っ込まれるんだろうな。

㉑北さんの退院への不安を考慮したのか。支援やサービスのことも自分なりに調べたのかな。でも、サービスを並べた意図については、もう少し大和さんの言葉で語ってもらいたい。

㉒一人暮らしができるかわかんないから、支援やサービスを調べて多めにあげてみたんだけど、やっぱり間違っていたのか……。

㉓自分の思いつくサービスか。北さんのニーズに照らして考えたかどうかだな。本人置き去りの支援計画になって欲しくないし。

㉔咎めているように聞こえてしまったかな、萎縮して意見が言えなくなってしまって

㉔北さんにとって不必要なサービスを選んでしまったかな？

㉕ **海堂** いえ。間違いとか、なにが正解とかそういうことではありません。どうして支援計画を立ててみようと思ったのですか？

㉖ **実習生** 自分にはまだ早かったですよね。すみませんでした。

㉗ **海堂** いえいえ、謝る必要はありません。大和さんなりに時間をかけて一生懸命に計画を立ててみたのですから。なぜそうしてみたいと考えたのかな、と思って。まだ今週は始まったばかりで大変なのに意欲的だなと思いますよ。

㉘ **実習生** そうですか？　実習初日に北さんと少し話をさせていただく機会があって、昨日は病院で北さんと海堂 PSW の面接に同席したり、GH の見学にも行ったからなんとなく北さんに興味をもちました。退院してどんな生活をするのかなあって。それで、実習中には模擬支援計画を立ててみるようにと大学の先生に言われていたので、北さんの支援計画を立てようと思ったんです。

㉙ **海堂**「北さんに興味をもった」という動機がしっかりあったんですね。素敵です。そのチャレンジ精神はとても評価できます。でも、この支援計画には大きな落とし穴があります。どこかわかりますか？

㉚ **実習生** 落とし穴ですか？　ダメダメな計画だって思うけど、どこかは……、わからないです……。

㉛ **海堂** まず支援計画とは誰が立てるものだと思いますか？

㉜ **実習生** 相談支援専門員です。計画相談？　でしたっけ？　それを立てるのが相談支援専門員の仕事なんですよね？

㉝ **海堂** それもそうですが、制度のことは今度ゆっくり解説するので少しずつ覚えていきましょう。では質問を変えて、その計画は誰のためのものですか？

㉞ **実習生** ん？　クライエントさん、北さん……です。

㉟ **海堂** そうですよね。理解できてますね。では計画を立てる際に一番大切にしなければいけないソーシャルワーカーの視点については習ってきましたか？

㊱ **実習生** 北さんの希望？　ですか？

㊲ **海堂** そうですね。希望はとても大切ですよね。ほかには？

㊳ **実習生** え？　ほかにですか？　やっぱりおかしな計画なんですよ

はいけない。

㉕少し矛先を変えて、支援計画を立ててみようと思った理由を聞こう。

㉖指示されたわけでもないのに、ここまでしなきゃよかったかな。

㉗やっぱり咎められていると思ってしまっている。大和さんは悲観的にとらえやすいと言ってたけど、それはもったいない。実習期間中はもっとのびのびと話してくれるようにこちらも言葉を選ばなくちゃ。反省じゃなくて、まずは自分の考えをもって、それを言葉に出してもらいたいんだ。

㉘実習中に支援計画を立ててみるようにって先生から言われていたし、いろんな場面を見たから北さんへの支援を考えてみたいと思ったことを正直に言ってみよう。

㉙ちゃんと自分の言葉で表現できている。北さんの退院後の生活を想像しようとしたんだ。PSW として大切なことだな。でも、独りよがりの想像じゃ困る。支援の相手のニーズをちゃんとみて計画を立てないと。少し考えてもらおう。

㉚落とし穴って誰が落ちるんだろう？　私？　それとも北さん？

㉛計画の中身ではなく、計画立案の際の本質に気づいてもらいたい。

㉜計画を立てることが相談支援専門員の業務じゃないの？

㉝制度の勉強はしてきたようだけど、肝心なソーシャルワーカーとしての視点はどうなんだろう。

㉞あ、そういうことか。そりゃ北さんに決まってるわ。

㉟北さんへの支援を考える過程を通してソーシャルワーカーの視点や専門性をしっかり理解してもらおう。

㊱あんまり北さんの思いを考えていなかったなぁ。海堂さん、私に何か気づかせようとしているみたい。

㊲うん。知識としてはわかっているんだ。これを実践に結び付けられたら成長が期待できるな。

㊳うーん。サービスの選択の話よりもっと手

ね。一応、教科書も調べたけど、北さんが使えないサービスを選んでしまっていたとかでしょうか？

㊴ **海堂** いえいえ。ごめんなさいね、私の聞き方が悪かったですね。大和さんの支援計画は悪くはないし、北さんのことを思って真剣に考えたことはわかります。でも、実際に北さんの思いを聞き、一緒に作成するというプロセスを歩んではいませんよね？

㊵ **実習生** あ、はい。何となく北さんに必要だと思う支援を私なりに考えてみました。北さんと一緒に作成したわけではありません。

㊶ **海堂** そうですよね。まだ2回しか会ってないし、じっくり話す時間もなかったですからね。では、北さんのニーズは何か考えてみましょう。実際に昨日は北さんと一緒にGHに行きましたが、北さんがどんな様子だったか思い出してみてください。

㊷ **実習生** そういえば、昨日見学したGHは「あまり気に入らなかった」って病院に戻ってから話していました。

㊸ **海堂** そう、ちゃんと聞いていたんですね。では、なぜ気に入らないGHへの入所を前提にした支援計画なんですか？

㊹ **実習生** う～ん。たまたま昨日見たところが気に入らなかっただけで、今後いくつか見学するうちに気に入るところも見つかるのではないかと思ったからです。

㊺ **海堂** そうでしたか。大和さんにはそのような考えがあったのですね。自分なりの意図があって立てた計画であることがわかってよかったです。ただ、昨日のGHがたまたま気に入らなかったのか、それとも別の理由か、という点はどうでしょうね。

㊻ **実習生** そうですよね……。北さんのニーズですよね。そこはあまり考えてなかったです。GHの見学だったから、もうGHに行くことは決まっているんだと思ってました。北さんのニーズが何かとか、GH以外の選択肢とかは考えてなかったです。海堂さんから質問されなければ気づきませんでした。

㊼ **海堂** 今の発言は重要ですね。質問によってもう一度自分で考えたり、学んだ知識のなかからいろいろなことを取り出して、自分なりに発見することが実習ではもっとも大切なことですよ。人から聞いたことはすぐ忘れてしまいますが、自分で気づいたことは忘れないものです。私はいつも何らかの意図をもって質問していますよ。

前の姿勢なんだけど。答え合わせみたいになってはいけないな。

㊴本人不在にならないよう、そこはちゃんと伝えなければ。大和さんには知識はあるんだから気づけるはずだ。あとは実感できるといいんだけど。残りの実習で北さんとよい関係がつくれるかな。

㊵だってそんなに北さんと話せる時間もないし、自分1人で計画を立てるしかないよ。海堂さんはいつもどうしてるんだろう。

㊶北さんのことを大和さんなりに、どんな風に見立てたんだろう。観察していたことを基に考えてもらおう。何か気づけるかもしれない。

㊷あれ？　そういえば北さん、昨日見学したGHは気に入ってなかったんだった。

㊸おお、ちゃんと北さんの思いを聞いていたんじゃないか。それを支援計画に反映すればよかったのに。

㊹そのGHが気に入らなかっただけかもって思ったし。

㊺ちゃんと北さんの言葉をひろえているし、思いをもっと受け止めることができれば適切な支援計画になっていたはずだ。

㊻そもそも北さんにGH見学を提案したのは、一例として見せるためだった。そのことを大和さんには事前に説明しなかったからGHを前提に考えるのも無理ないか。

㊻そうだ、ニーズだ。何度も授業で重要だって聞いていたのに。いざ支援計画を立てるとなると思い出せなかった。だから海堂さんはしつこく質問してくるんだ。

㊼問い詰めているわけではなくて、考えてほしいから尋ねていること、わかってくれているんだな。これなら質問しただけでネガティブに受け止めずに、自分の意見を言えるようになっていってくれそうだ。辛い思いをさせていたかと心配だったけど、こう

㊽ **実習生** 何となくわかります。最初は、次々に質問されてもうまく答えられないし、辛くて嫌でしたけど、海堂さんの意図がわかってきて、今言われたこともしっくりきます。考えさせて、言葉にするのが苦手な私の弱点を直そうとしてくれているんだって。

㊾ **海堂** 大和さんは自己評価が低いようですが、ちゃんとたくさん考えてるし、それを伝えようとしてくれてますよね。私は大和さんの弱点を直そうというよりも、純粋に考えを聞かせて欲しいと思っているんですよ。それで、もう少し聞きますが、この支援計画を北さんに見せた場合、北さんはどんな風に受け止めると思いますか？

㊿ **実習生** 今、海堂さんと話して、この支援計画では北さんに受け入れられないだろうと思いました。北さんは、本当は一人暮らしがしたいと思っているような気がするからです。

51 **海堂** 一人暮らしですか？　どうしてそのように思うのですか？

52 **実習生** 北さんに聞いてはいないのでわかりませんが、そう思うことが普通なんじゃないかって。私だったら赤の他人と一緒に生活するなんて嫌ですし。できるなら本当は一人暮らししたいんじゃないかって思っているけど、なかなか言い出せないのかなって北さんを見ていて感じました。

53 **海堂** 私だったらというだけじゃ根拠にならないけど、北さんを見ていて感じたんですね。どんなところを見て感じたのかな。

54 **実習生** はい。説明を聞いてても気乗りした感じではなかったし、あの GH は気に入らないと言っていました。なのに私の支援計画は北さんの思いを考慮せず、知っているサービスを羅列しただけでした。

55 **海堂** 大事なことに気づきましたね。「北さんの思いを考慮できなかった」ことに気づいただけでも収穫です。では、これらを踏まえて相談支援専門員の役割って何だと思いますか？

56 **実習生** 最初は計画を立てる人って漠然と思っていましたけど、本人の希望を聞いて退院のお手伝いをしたり、地域での生活を支えていく役割かなって思いました。

57 **海堂** その通りだと思います。大和さん、いろいろなことを理解して吸収している最中ですね。実習期間はあと半分残っているので、今後時間をかけて自分なりの答えを見つけていって欲しいと

いう実習SVで大丈夫そうだ。

㊽質問されることは苦手で嫌いだけど、私に考える機会を与えてくれているんだなって思えてきた。

㊾言語化が苦手なんてこと、ないじゃないか。自信をもって欲しいな。そして、弱点の克服も大切だけど、大和さんが何を思い、何を知りたがっているか私が純粋に知りたい面もある。その気持ちを伝えよう。

㊿うん。自分の意見を言ってくれている。これは突っ込んで根拠を聞いてみたいな。

㊿北さんの本当の希望って、どうなんだろう。まだたいして話せてないし、私にはわからない。でも一人暮らしを望んでいるかも。そう思うことが普通だし。

(52)自分に置き換えて「普通」とか「当たり前」とは何かを考えることは大切だけど、北さんがどうなのかをちゃんと根拠立てて考えているだろうか。

(54)よし、ちゃんと見聞きしていたことを活用して考えている。支援計画の不十分さにも気づいたようだ。

(54)確かに北さんが考える普通って何か、北さんの本音を聞いてみないとわからないかぁ。私と同じとは限らないもんね。

(55)ここで相談支援専門員の役割とソーシャルワーカーの専門性の関連について考えてもらおうかな。

(56)難しいなあ。ありきたりな答えじゃダメなんだろうし。でももう17時近いし、間違ってもいいから答えちゃおうかな。

(57)うん、ずれてはいない。残りの実習期間でしっかり学んでほしい。本人不在の支援計画、現任の相談支援専門員でもありがちだ思います。一つ言えることは、私たちは相談支援専門員であり精神保健福祉士でもあるから、先ほどお伝えしたような利用者さんのニーズや自己決定という概念を忘れてはいけませんよね。

㊳ **実習生** はい、その大切さを少しだけ理解したような気がします。海堂 PSW ならどのような計画を立てるのか聞いてみたいですけど……。それよりすぐにまた北さんと会って話を聞きたいです。

㊴ **海堂** 大和さん！ 今すごくいい表情をしていますよ。北さんに会ってどんなことを聞いてみたいですか？

㊵ **実習生** どんなところで生活してみたいかとか、退院したら何をしたいかとか、逆にどんなことが不安なのかとか、そもそもどうして退院したいのかなど、本当にさまざまです。

㊶ **海堂** すごくいいですね。本人の思いを聞きたいという欲求からかかわりはスタートしますし、それがないと支援計画なんて立てられません。相談支援専門員の役割を理解してきていますね。

㊷ **実習生** はい、ありがとうございます。最初は計画を立てるだけのサービス屋さんみたいに思っていましたけど、ソーシャルワーカーと似ているなって今は思います。

㊸ **海堂** ははは。どんなところが「似てる」と思いますか？

㊹ **実習生** 今まではこの２つはまったく違う職種だと思っていましたけど、両方とも本人の思いや希望を大事にして支援していく職種なんだって思いました。

㊺ **海堂** そう、相談支援事業所では相談支援専門員という名称でしかできない仕事をしているけれど、そもそも精神保健福祉士はソーシャルワーカーです。最後に、現時点ではどんな支援計画を描いていますか？

㊻ **実習生** う～ん、北さんから話を聞いてニーズを把握してからじゃないとわかりません。もっとサービスの種類も勉強してみます。

㊼ **海堂** ワーカーとしてとても重要な視点だと思います。本人と話す前にサービスを組み立てる、これが一番してはいけないことです。実習中に北さんに会える機会をもう１回つくれるように調整してみます。もし会えたら何をどんな風に聞くか、それはなぜか、といったことを考えてこのプロセス・レコードの後に書いてみるといいですね。

㊽ **実習生** はい。ありがとうございました。

けど精神保健福祉士としてそれは許されない。大和さんにもそのことがわかってもらえたかな。今日の実習SVは一つの壁を乗り越えた感じだ。大和さんはここから成長していくに違いない。

㊳自己決定。そうだ、北さんの人生なんだから北さんが決めなくちゃ。もっと思いを聞きたくなったな。北さんは本当はどんなことを求めているんだろう。

㊴ああ、すごくいい表情している。実習始まって以来の一番の笑顔なんじゃないかな。支援を考えるには、北さんの話を聞かなければ、と思えたんだな。

㊵北さんに会ったら、きっといろいろなことを聞いてしまうかもしれない。とにかくたくさん話をしたくなってきちゃった。

㊶関係づくりの第一歩は相手への関心をもつことで、すでにクリアしている。計画づくりにこだわっている訳ではなく、純粋に相手を知りたいと思えることが大事だ。PSWらしくなってきたな。

㊷サービスの利用計画を立てるだけの役割ではないと今は思える。まだまだ何をする職種なのかの理解は半分程度だろうけど。

㊸できればD病院に何度か行きたい。北さんの迷惑にならない程度に大和さんと北さんが話せる機会をつくれるといいな。業務調整も必要だ。

㊹本人のニーズを汲み取って、支援を組み立てていくあたりは似ている部分だろうなあ。

㊺これまでは、サービス提供に偏っていた大和さんだけど、視野が広がってきたようだ。よーし、あえて少し難しい質問をしてみよう。

㊺そうか、ソーシャルワーカーが相談支援専門員を名乗って仕事をするんだって習った気がする。

㊻え〜。今は支援計画なんかわからないよ。北さんがどういう生活したいかわからないんだもん。何だかモチベーションが上がってきた。実習中に北さんにもう一度会えるといいなあ。

㊼すごい。核心部分をしっかり理解してくれた。嬉しい。この調子で後半も頑張ってほしいな。

㊽今日は勉強になったなあ。忘れないようにちゃんと実習記録にも書いておこう。

解説

実習生が取り組んだ課題について丁寧に取り上げる

大和さんは自主的に北さんの支援計画を考え、提出してきました。実習指導者から見たら不適切で不十分な支援計画であるとしても、海堂PSWはまずその主体的な行為を労っています。実習は正しい解答を求めるのではなく、実習生が課題に取り組む過程で考察し、それを言語化し、自身の学習課題を発見することが重要であるためです。また、海堂PSWは、この支援計画を用いて、大和さんが精神保健福祉士として大事なことに気づけるよう丁寧に質疑を重ねています。その結果、大和さんは「北さん不在」の計画案になっていたことに気づくことができました。大和さんがダメな計画だったと落ち込むことなく、前向きな気づきを得ることができたのは、海堂PSWのストレングス視点での温かい言葉かけやしっかり耳を傾ける姿勢に支えられたからでしょう。

実習スーパービジョンを通して実習生の感情を言語化する

自分の思いや感情を言語化することに苦手意識をもっている大和さんですが、海堂PSWは大和さんに繰り返し「質問」し、「思ったこと・感じたこと・その理由等」を引き出していきます。実習の序盤は大和さんにとって辛い時間になりましたが、この繰り返しのなかで、大和さんは考えて気づくことに自分の成長や面白さを感じ始めました。海堂PSWとの実習SVで大和さんは質問の意図を考え、自分なりの答えを見つけられるようになっていきます。コミュニケーションの積み重ねによる信頼関係の構築が、短期間の実習における効果を倍加させるといえます。

実習生自身の行動や観察を基に、意欲を引き出す

PSWも相談支援専門員も共に対人援助職ですから、基本姿勢は「相手に興味をもつこと」であり、両者は単なる「ビジネスパートナー」ではなく、心と心を通わせ合うことで関係性を育みながら共に歩むことになります。海堂PSWは、大和さんの実習指導に協力してくれている北さんに対して、大和さんが人間的な関心を寄せ、かかわりをもとに支援計画を考えて欲しいと思っていました。そこで、「北さんのニーズや思い」に関する考察を促すために質問し、「北さんのことを考える」機会を提供しています。大和さんは、当初は無意識だったかもしれま

せんが、海堂 PSW に助けられ、自分が北さんの言動に注意を払っていたことや、そこから考察できることを発見しました。すると、北さんへの興味が触発され支援計画の立案にとらわれず、北さんとのかかわりを求めるようになります。海堂 PSW は大和さんに、北さんとの援助関係形成のためのきっかけをもたらしているのです。

実習生が精神保健福祉士として成長していくための手伝いをする

大和さんは、この短時間の実習 SV のなかで支援計画を立てる際に必要なことの本質を理解しています。精神保健福祉士として基本的でもっとも重要な考え方を、実習生は現場へ実習に来る前に知識としては学んでいます。しかしそれを現場のさまざまな場面で実際に活用できるまでには、トレーニングを積んでいません。そこで実習指導者は、この知識を生かして行動するために実習生が試行錯誤する機会を提供し、実習生のなかにソーシャルワーカーとしてのアイデンティティが形成されるのを手伝います。

その後の経過

大和さんは、物事を悪い方にとらえがちで、自信がなく、対人コミュニケーションに対する苦手意識もあった。しかし、中盤の実習 SV をきっかけに、苦手だった海堂 PSW の質問の意図や背景を考えるようになり、十分な関係性の構築がなされると、むしろ問いかけを楽しみにするようにもなっていった。そして、実習終盤には明るい表情が多くみられるようになった。

実習 SV のなかで取り上げた北さんの「支援計画」については、海堂 PSW が調整し北さんと D 病院の理解を得て、実習終盤にもう一度北さんに会う機会をつくり、「サービス等利用計画」の立案にも再チャレンジした。大和さんとしては、思ったほどには北さんとの会話を弾ませることができなかったと言いながらも、あまり人とかかわりたくないという北さんの心情を理解し、当初の計画とは違って障害福祉サービスをほとんど利用しない支援計画案を考えた。また、「ケース研究」は北さんを対象とし、北さんのアセスメントや北さんとの出会いを通して学んだことなどが事細かくまとめられていた。

大和さんは最終日に D 病院を訪問して、北さんに感謝の意を伝えた。

実習 6

［精神科病院・8日目］

現任MSWである実習生のキャリアを尊重したスーパービジョン

実習機関の概要

病床数約400床の精神科病院で、入退院はそれぞれ年間約800人。１年以上の長期入院者が在院者の４割弱を占め、院内外の多職種多機関で連携し、地域移行支援に取り組んでいる。精神科大規模デイケア、訪問看護、アルコール依存症の治療とリハビリテーションも行っている。精神保健福祉士は全部で16名おり、精神保健福祉士実習指導者講習会の修了者は10名である。

実習指導者

鷹野PSW。当病院の相談室に所属し、PSW経験32年になる。相談室長として管理業務を担いつつ、精神保健福祉士として外来通院者や入院者の相談支援も担当している。

実習指導体制

当病院では、精神保健福祉士実習指導者会議を設置し、年間の受け入れ計画を組んでいる。精神保健福祉士実習指導者講習会を修了した実習指導者が、１名あたり年間１名の実習生を担当し、実習スーパービジョン（以下、SV）を行う。実習指導者が担当していない部署に実習生を配属する時は、その部署を担当する精神保健福祉士が、実習指導者の指導方針を理解したうえで指導する。実習開始１か月前に、実習生と実習指導者が初めて顔を合わせる事前オリエンテーションを行い、実習目標と実習課題を共有する。実習指導者は、それを踏まえて実習指導プログラムを立て、院内関係部署に周知する。実習が終わり、評価を提出した後は、実習指導者会議で経過を報告し、指導内容や課題の検討を行う。

実習生

谷川さん、35歳の女性。大学の福祉学科を卒業し、社会福祉士資格をとり、医療ソーシャルワーカー（以下、MSW）として働いて12年になる。現在の病院（実習先の精神科病院とは別の二次医療圏域）には８年前に転職。業務で精神疾患のある人にかかわることがしばしばあり、専門知識が必要だと考え、精神保健福祉士の資格を取得するために通信制の専門学校に入った。特に内科受診の背景にアルコール問題があることが少なくないのを目の当たりにしていたので、医療機関の実習先はアルコール依存症専門医療を行っている精神科病院を希望した。すでに就労継続支援Ｂ型事業所と地域活動支援センターでの実習を終えている。

●実習時期・期間

８月に夏季休暇等を利用し、障害福祉サービス事業所（就労継続支援Ｂ型事業所、地域活動支援センター）での実習を15日間実施済み。

当病院では、勤務先から休暇を得て11月に12日間実施。

●実習目標

精神障害者一人ひとりのニーズを理解するとともに、精神保健福祉士の相談支援の実際を学ぶ。

●実習課題

①精神障害者とかかわり、個々の思いや生活ニーズを理解するとともに、罹患している精神疾患についても理解する。

②精神保健福祉士の相談支援場面に陪席し、精神保健福祉士の実践を理解する。

③カンファレンスや連携会議に陪席し、多職種多機関連携について理解する。

④アルコール依存症の専門治療における精神保健福祉士の役割を学ぶ。

●予定表（実習場所とSV実施日）

初日	2日目	3日目	4日目
実習プログラム確認/アルコールデイケア	アルコールデイケア 教員巡回指導	アルコールデイケア	アルコールデイケア 定期実習SV
5日目	**6日目**	**7日目**	**8日目**
アルコール依存症治療病棟	アルコール依存症治療病棟	アルコール依存症治療病棟	アルコール依存症治療病棟/定期実習SV
9日目	**10日目**	**11日目**	**最終日**
急性期病棟	急性期病棟 教員巡回指導	急性期病棟 地域機関懇談会	急性期病棟/定期実習SV（実習のまとめ）

※2週間目は帰校日指導あり。
※毎週末に定期実習SVを1時間行う。

受け入れまでの経過

例年、実習生を1名受け入れている通信制専門学校から、実習生の個人票が届いた。現役の総合病院のMSWで、社会福祉士資格をもち、アルコール依存症の治療やリハビリテーションに関心があるとのことだった。ところが、予定していた実習指導者（経験10年、32歳）は、アルコール依存症治療病棟を担当した経験がなく、自信がないということで実習指導者の変更を希望し、実習指導者会議に提案した。

会議では、「精神保健福祉士を養成するための実習であって、アルコール依存症の相談支援のスキルを身につけるための実習ではない」「アルコール依存症治療病棟での実習を組んだ場合は、病棟担当PSWが指導できる」という意見もあったが、「それでも経験者のほうが実習指導はしやすい」ということとなり、鷹野PSWが交代して担当することとなった。

事前オリエンテーションで、鷹野PSWは谷川さんに会い、精神保健福祉士を志望する動機を聞いたうえで、あくまでも精神保健福祉士の実習であることを確認し、実習目標と実習課題を共有した。そして、それらを達成する手段として、谷川さんの志望動機を考慮した配属先や、配属先での過ごし方、指導の枠組みについて検討し、以下のことを確認した。

配属先は、谷川さんの関心にも配慮し、アルコールデイケア、アルコール依存症治療病棟、急性期病棟とし、オープンスペースで自由に利用者と過ごしたり、リハビリテーションプログラムに参加したり、精神保健福祉士の面接や同行外出、スタッフカンファレンスに陪席したりすることとした。また、病院が毎年開催している地域移行支援にかかわる機関との懇談会にも参加する。実習記録は翌朝提出とし、配属先の担当PSWと鷹野PSWがコメントして返却する。各週の終わりに約1時間の定期実習SVを実施するほか、必要に応じて実習SVを行う。

実習開始前に教員から連絡があり、巡回指導は2日目と10日目に予定された。

実習内容

1週目は、アルコールデイケアでの実習だった。アルコールデイケアを担当するPSWによると、利用者と一緒に日替わりのグループプログラムに入って活動するほか、オープンスペースでは積極的に利用者と交流し、終了後のスタッフカンファレンスに陪席した。谷川さんは、穏やかな雰囲気の人柄で、利用者とも職員とも円滑なコミュニケーションが図れており、遅刻や欠席もない。

2週目に入り、アルコール依存症治療病棟でも同様に過ごすほか、鷹野PSW

が行う個別面接やケア会議、患者の同伴外出に同行した。面接陪席の際は鷹野PSWが解説し、それに対し積極的に質問もしていた。実習記録には、面接の意義や精神保健福祉士としての視点、地域の機関との連携の意義などが考察として書かれていた。

ここまでのところ、谷川さんは実習で出会った事象をよく観察しているのがうかがえ、言動や態度に取り立てて修正を要する箇所はなかった。ただ、谷川さんが関心をもっているアルコール依存症の治療やリハビリテーションを行う部署での実習であったせいか、治療やリハビリテーションプログラムそのものの理解や実践についての発言や記録が目立っていた。実習も中盤を過ぎていたが、谷川さん自身のクライエントとのかかわりについて、精神保健福祉士の視点から省察するところには至っていなかった。

そのような時、7日目の実習記録に、治療プログラムを満了せず中途で退院する人への対応の難しさについて書かれていた。翌8日目は、定期実習SVを行う日である。その日、谷川さんは中途退院する林さんのカンファレンスに陪席している。鷹野PSWは、定期実習SVで取り上げることで、今後の実習を深化させる節目とすることができるのではないかと考えた。

実習記録の内容

明日、Aさんのカンファレンスに同席させていただけることとなり、Aさんに声をかけてお話を伺った。Aさんは、入院して1か月を超えたところだが、退院しようと考えているとのことだった。経済的に余裕がなく、早く仕事を見つけて働かなくてはならないのがその理由だそうだ。「アルコールには懲りたので、もう飲むつもりはない」と話されていたが、それほど簡単なものではないと思う。専門治療に結びつくだけでも大変なことだと思うが、せっかく入院しても中途で退院してしまう人が少なくないと聞き、難しい問題だと感じた。

（7日目記録抜粋）

実習SVに至る経過

8日目の16時前に、谷川さんは予定通りアルコール依存症治療病棟での実習を終えて相談室に戻り、実習メモの整理を始めた。鷹野PSWは定期実習SVの時間だと谷川さんに声をかけ、一緒に面接室に向かった。谷川さんは、初日からの実習記録のファイルを持っている。

実習SVの逐語

①**鷹野** 2週目が終わりましたね。先週はアルコールデイケアで、今週はアルコール依存症治療病棟でした。文字通り「アルコール漬け」でしたが、ここまできた感想はいかがですか？

②**実習生** ほんとにアルコール漬けですね。でも、あっという間のようでもあります。

③**鷹野** そうですか。記録もしっかり書けているし、毎日の記録から、いろいろなことを見聞きして学びに変換できているのがうかがえましたが。

④**実習生** ありがとうございます。前にも言いましたが、アルコール依存症の治療プログラムに参加するのは初めてで、とにかく新しい知識と経験が得られることが新鮮でした。診療録やグループワーク記録、ケース記録も読ませてもらえて、大いに参考になりました。それに、今週は医師による勉強会にも参加できたので、アルコール依存症についてたくさん学ぶことができました。私が勤めている病院に救急搬送されてくるアルコール問題のある人たちも、専門医療に結びつくことができればこういうプログラムが受けられるというイメージが湧いたことも、大きな収穫です。今後、うちの患者さんのことで連携できればいいなと思いました。

⑤**鷹野** お役に立ててよかったです。それはさておき、この1週間の実習で、どんなことが印象に残っていますか？

⑥**実習生** そうですね……。（考える）

⑦**鷹野** （しばらく待つ）

⑧**実習生** 正直、一番感じたのは、私のようなMSWとPSWの方たちでは、業務がずいぶん違うということです。最初のデイケアでは、スタッフのなかにPSWが配置されていて、1日をそこで過ごしながら利用者を見守り、プログラムの運営もしていました。病棟でも、グループワークを看護師や作業療法士と一緒に担当していたり、私も同席させていただきましたが、患者さんとリハビリ施設の見学に行ったりしていて、1人の人にかけられる時間が全然違います。そもそも配置されている人数が、PSWは圧倒的に多いです。その違いかもしれませんが。

SVRの思考

①意欲的に取り組んでいるので、その動機づけを損なわずにもうひと段階進めたい。

②無難で控えめな返しは、谷川さんの性格か。肯定的な評価を伝えて、もう少し反応を引き出そう。

④利用者に提供されているプログラムが、谷川さんにとってアルコール依存症という疾患やそのとらえ方、治療、リハビリテーションについて実地で学ぶまたとない教材になったようだ。だが、「連携」と言った。気になっていたが、MSWがアルコールケアの現任研修に来ている感覚になっているようだ。私にも責任がある。現職のMSWということで、遠慮が働いていた。でもこのままMSWとPSWの連携の会話になってしまうと、実習が深まらない。今、修正を図るしかない。注意して、精神保健福祉士の実習に話を戻そう。

⑧またMSWの立場からの感想だ。谷川さんはPSWとして働きたいわけではないから無理もないが。しかし、PSWは時間があるからこういうことができるという皮肉が含まれているようにも感じる。温厚で控え目な谷川さんだが、これが本音なのだろうか。仮にそうだとしても、実習SVにおいて率直な感想を言ってもらえる関係は貴重だ。これまでは観察中心の実習だっ

SVEの思考

①今日で3分の2が終わりか。充実しているけど、終わりが近いのはホッとする。

③評価してくれているのは嬉しいが、特別なことではない。私は現職のMSWで、アルコール依存症の専門治療を行っている病院を希望してこの病院に来ているのだから。

⑥さっき話したこと以外にあるかな。何を言おうか。そうだ、根本的なことになるが、PSWとMSWの違いだ。この1週間、病棟に入らせてもらってさらに強く実感したことだ。

⑨ **鷹野** そうなのかもしれませんね。谷川さんは、病院でどんな日々を過ごしているのですか？

⑩ **実習生** 次から次へと新しい人が入って出ていくし、出さなくてはならない。時間をかけられないんです（やや強い口調）。
⑪ **鷹野** 確かに精神科とは回転が全然違うでしょうね。
⑫ **実習生** あ。
⑬ **鷹野** そのようななかでも、谷川さんは精神保健福祉士をとろうと思ったんですよね。
⑭ **実習生** はあ。そうですね。

⑮ **鷹野** ただ疲弊していただけなら、そんな発想にはならなかったでしょう。もっとこうしたいという思いがあったのでは？
⑯ **実習生** はい。右から左に流すのではなく、ちゃんとニーズをアセスメントして、根拠に基づいて相談支援をしたいと思いました。特に、精神疾患のある人には、医師も看護師もかかわりたくないという姿勢が強くて、言葉は悪いですけど、「早く追い出したい」というだけなんです。それは違うと思って。
⑰ **鷹野** そうですか。SW としての実践への思いがあったんですね。そういう谷川さんが、ふと普段の業務を思い返して、先ほどのような苛立ちが生じたのかなと思うんですが、いかがですか。
⑱ **実習生** そうかもしれません。実習でいろいろ同席させていただいて、その前後に解説もしていただいて、ああ、こういうふうに一人ひとりの人を理解して、支援を組み立てていくのはいいな、羨ましいなと、本当のところ思いました。
⑲ **鷹野** そう思えてそれを話せるのは、実はすごいことです。
⑳ **実習生** そうですか？　なんだか初心に返った気分です。

㉑ **鷹野** いいですね。では改めて、実習体験を振り返っていきましょう。今週の実習で印象に残ったことや、消化不良なことはありますか？　実習記録を見ながらでもいいですよ。
㉒ **実習生** 印象に残っているのは林さんです。先ほど同席した林さんのカンファレンスですが、せっかく入院しても、経済的な理由でプログラムを満了せずに中途で退院せざるを得ないというのは、

たが、自身のかかわりを省察する実習に進むうえでは必要だ。谷川さんの実感をもう少し聞こう。

⑩そんなこともわからないんですかという苛立ちが出ているようだ。

⑫いつもの自制の効いた谷川さんに戻りそうだ。その前に、もう少し本音を話してもらいたい。

⑮前向きな気持ちを、思い出せないだろうか。

⑯したいことがこんなにあったのか。いや……。もしかしたら、実習するうちにそういう気持ちになったのではないだろうか。先ほどの苛立ちは、その裏返しだったか。投げかけてみよう。

⑱やはりそうだったか。実習の成果だなあ。それを私に率直に言語化してくれたのは、実習 SV を深めていくうえで大事なことだ。それを強化する返しをしておこう。

㉑さて、この 1 週間の振り返りに戻ろう。

㉒カンファレンス終了後も、何か引っかかっているようだった。経済的な理由という言い方だが、谷川さんは本当にそう認識した

⑩「どんな」って、精神科とは全然ペースが違う。

⑫いけない。つい勢いで口調が強くなってしまった。

⑭急に。何の話だろう。

⑮もっとこうしたいこと。それはすごくある。

⑯あれ、これは実習にきてから感じたことだ。実習にきて、PSW や医師、看護師、作業療法士のかかわりを見て、そう思ったんだ。

⑰苛々したことに気づかれていたのか。仕方ない。

⑳私は無意識に身構えていたようだ。

㉑そうだ。林さんのことを話さなくては。不思議だ。さっき聞かれた時、なぜ林さんを思い出さなかったんだろう。

考えさせられます。

㉓ **鷹野** 林さんとは、昨日個別にお話ししていましたね。

㉔ **実習生** ええ。林さんは私に、「２期のプログラムに入ったけど、あまり意義があるとは思えない。プログラムを満了したら断酒できるというわけでもない。それより早く仕事に戻りたい。蓄えもないし、内装業は声がかからないと仕事がないんだ」って言っていました。今日のカンファレンスでも同じことを言って、今月末で退院することになってしまいました。

㉕ **鷹野** よく聞き取っていますね。それで、どう思いましたか？

㉖ **実習生** 入院してアルコールが切れて１か月ちょっとというと、気分の波や焦燥感、強い飲酒欲求が生じる時期だって、勉強会で医師が言っていました。この段階で退院しても、また飲んでしまうんじゃないかと思うんです。カンファレンスでは「もう飲むつもりはない。断酒補助剤を飲んで頑張って外来通院する」って言っていましたが、口先だけかもしれないと思いました。

㉗ **鷹野** 医師の講義内容をよく理解できていますね。ところで谷川さんは、昨日林さんからそのような話を聴いて、どう返したのですか？

㉘ **実習生**「焦って退院し、また飲酒して、入院する前のような状態になってしまうのは心配です」と返しました。そしたら、「その心配はない。もう飲まないから」と言われました。それで、話は終わりました。私が言ってもダメだなと思いました。

㉙ **鷹野** ダメというのは？

㉚ **実習生** 入院を継続してもらえないと思いました。

㉛ **鷹野** 谷川さんは、林さんの気持ちを変えたかったと？

㉜ **実習生** カンファレンスで、もっと強く引き留めるのかなと思っていました。林さんは退院したくていろいろ口実を並べているようにしか聞こえませんでしたし。

㉝ **鷹野** 谷川さんは、林さんの言葉にはあまり共感できなかった？

㉞ **実習生** お酒をやめる気がないのかなと思いました。せっかく入院したのに、やめるために有効だといわれている治療を最後までやらないのは、何というか、無責任だと思います。何度も繰り返すことによって、進行していく病気なのに。

㉟ **鷹野** 昨日、林さんと話した時も、そう感じましたか？

のだろうか。

㉔やはり経済的理由だけではないと思っている。最初の段階では思ったことを言い控える癖があるのかな。でも、まだ林さんが言ったことを挙げただけだ。谷川さんがそれをどうとらえたのかが聞きたい。

㉔正直なところ、林さんによい印象をもたなかった。

㉕あ、それを言わないといけなかった。つい、事実だけを言って相手の反応を見る癖が出てしまった。

㉖医師の講義はしっかり頭に入っている。「口先だけかもしれない」か。林さんにはあまり共感できないようだ。昨日の面接はどうだったのだろう。林さんのケース記録にはあえて目を通さずに会ってもらうことにしたが、生活状況など聞けただろうか。

㉗そうか、あれはただ林さんを知るためではなく、面接としてとらえていくべきだったか。

㉘谷川さんは、林さんに入院を続けてほしいと考えたわけか。「アイメッセージ」を使って伝えており、指示的ではない。でも、谷川さんの本当の意図はどうだろう。本当に心配する気持ちだったのだろうか。1つずつ確認していこう。

㉘林さんは私の話など聞く耳を持たず、退院する気持ちを固めていた。

㉛「変えたかった」。あれ？　その姿勢はまずかったかな。

㉜質問をかわした。気づいて避けたか。だとすると、今触れるのは抵抗があるかもしれない。先に、谷川さんの林さんへの気持ちのほうに焦点を当てよう。

㉝正直なところ、共感はできなかった。でも、支援者としてそんなこと口に出して言うべきではない気がする。

㉞無責任か。わかっていてもやめられないのが依存症だ。だが、ここで疾病理解に触れると、話が拡散してしまう。やめておこう。

㊱ 実習生 はい。入院を継続したくなくて、しないための理由を並べているように感じました。

㊲ 鷹野 林さんに共感できないと？

㊳ 実習生 はい。正直にいうと。

㊴ 鷹野 なのに、「前の状態になるのが心配です」と言った。

㊵ 実習生 あ……、心配？　違いますね。私、心にもないことを言ってしまっていますね。驚いた。本当に気づかなかった。

㊶ 鷹野 驚きますよね(笑)。私も同じ経験があるのでわかります。「自分の感情を自覚して吟味する」とか、授業で教わるけど、専門職としての姿勢って、容易なことではありませんね。

㊷ 実習生 そうか……。バイステックの７原則の１つ。実際にやろうとすると、実は難しいことなんですね。実感できました。

㊸ 鷹野 すばらしい。それで、さっきの「心配です」という台詞は林さんには届かなかった。振り返るとどうですか？

㊹ 実習生 そうですね。私は林さんを心配していたのではなく、ただ林さんの考えを変えようとしていました。自分の考えの押し付け、それでは伝わらないですね。

㊺ 鷹野 そういうことですね。さて、林さんが月末で退院することになった件について、もう少し考えてみましょうか。谷川さんは、私たちがもっと強く引き留めると思ったんですよね。

㊻ 実習生 はい。でも、無理強いは逆効果だったかもしれません。

㊼ 鷹野 逆効果というのは？

㊽ 実習生 林さんは、強く引き留めても屈する様子ではありませんでした。お互いに譲らないと、林さんと医療機関のスタッフとの関係がこじれてしまうかもしれません。

㊾ 鷹野 なるほどね。ほかに、私たちが無理強いしなかった理由はどうでしょう。昨日、林さんとお話しした内容を振り返って、何か気づくことはありませんか。

㊿ 実習生 林さんと話した内容ですか。林さんは「蓄えもないし、入院などしていられない。早く仕事に戻りたい」と言っていました。「内装業は声がかからないと仕事がないんだ」って。

51 鷹野 仕事は、いつ頃までしていたと言っていましたか。

52 実習生 え、入院前まででではないんですか。

53 鷹野 林さんはここ３年、アルコール依存のためにろくに仕事が

㊱つまりは共感できないということか。そうすると、さっきの「心配です」という谷川さんの台詞を検討しておかなくては。

㊵すごくいい反応。私も、自分の発した言葉と心のなかで思っていることが全然違うことに気づかされた時、すごく驚いた。バイステックの7原則に照らして触れておくよい機会だ。

㊷さすが谷川さん、バイステックの7原則を知っているし、自己洞察力もある。ならば、さっきの台詞についても振り返りができるだろう。

㊹よく考察できている。私から追加で解説する必要はない。次に進もう。

㊺谷川さんは、中途退院を我々が認めたことに引っかかっているようだった。これは取り上げておく必要がある。

㊻少し考えが変化しているようだ。

㊽医療の継続性は確かに大事だが、ほかに出てこないだろうか。ヒントを出して反応を見ることとしよう。

㊿いいところに着目した。その先は聞けただろうか。

52惜しい。聞いていなかったか。

㊱林さんは、私が何か言うと、反論のように返してきた。

㊳はっきり聞かれると、認めざるを得ない。

㊴あっ。なんてこと！

㊶笑っている。鷹野さんも同じ経験をしてきているんだ。

㊷個人として感じる気持ちを自覚する。そうしないと支援に影響してしまう。そういうことだったのか。

㊹似たようなことを、普段もやっている気がする。気をつけよう。

㊻そうそう、支援方針に対する疑問が残っていた。でもそれは、林さんへの否定的な感情が影響していた。林さんの利益を冷静に考えるとどうだろう。

㊾ほかに？　なんだろう。確かにPSWも無理強いしない理由があったはずだ。

51どういうことだろう。私はそこまで確認しなかったけど……。

53そうか。入院前までの仕事に戻

できず、妻がパートで生計を支えてきました。

⑭ **実習生** 3年も。そういえば、林さんは「妻には苦労をかけた」と言っていたけど、そういうことだったんですね。私は、退院の口実だと思って流してしまいました。では、経済的な理由は本当にあったんですか。

⑮ **鷹野** もちろん、それだけではありません。林さんの退院希望には、この時期に特有の焦燥感をはじめとした精神状態と、実際の経済的な困窮状態、そして根底にある妻への申し訳なさが影響していると考えられます。今日のカンファレンスは、林さんが退院を強く希望したので設定しましたが、妻は仕事が休めず不参加でした。妻からは、「正直なところ入院費の工面は苦しい。本人に任せます」と聞いていました。

⑯ **実習生** 妻も退院に反対ではないんですね。昨日、林さんと個別にお話しする機会があったのに、私は林さんがどうしたら入院を継続してくれるかということばかり考えていました。

⑰ **鷹野** 一人の生活者として林さんをとらえて、林さんを取り巻く環境にも目を向けることが大切だと思いませんか。

⑱ **実習生** はい。見え方が全然違います。

⑲ **鷹野** では、先に進みましょうか。医師や看護師が林さんの精神状態を上手に指摘して、林さんは徐々に冷静になりました。私も限度額適用・標準負担額減額認定証があるので、月末まで退院を延ばしても入院費の自己負担はさほど変わらないと説明しました。結局、退院は月末ということになりましたね。

⑳ **実習生** 強く引き留めたのでは、こうはなっていないですね。

㉑ **鷹野** そう思います。さて、林さんの退院までの約1週間、谷川さんだったらどんな支援をしますか？　退院した後も、林さんの人生は続いていきますからね。

㉒ **実習生** そうか、中途退院だからといって、それでおしまいではないですよね。それなら、林さんが自宅から行ける自助グループを一緒に探したいと思います。

㉓ **鷹野** いいですね。林さんは、場所がわかれば行ってみようと思うと言っていましたからね。「一緒に」というのは、林さんに関心をもっていることが伝わりますし、林さんは調べ方も覚えられ

⑭よい反応だ。林さんの生活全体をとらえる視点が欠けていたことに、気づけたようだ。今日のカンファレンスについて、解説を加えておこう。

㊻自身の視野が狭かったことを振り返れている。だが反省ではなく、PSWとしての視点の重要性を理解してもらいたい。

㊽実感がこもっている。伝わっているようだ。これ以上の補足はしつこくなってしまうので、しない方がよいだろう。カンファレンスの解説に戻ろう。

㉛カンファレンスを振り返って終わるのではなく、これからの支援についても考えてもらおう。その力量はありそうだ。

㉜いい調子だ。「一緒に」というのもいい。支持的に解説しておこう。

りたいんだと勝手に思ってしまって聞けていなかった。

㊹3年は長い。確かお子さんはいなくて、夫婦だけの世帯だ。それでも、妻のパートだけでは厳しいはずだ。自宅は持ち家か賃貸か。それも聞いていない。だめだなあ。

㊻先入観にとらわれていると、視野が狭くなってしまうんだな。

㊼「生活者としての視点」か。忘れていた。

㊾そうだった。緊迫した雰囲気だったのが、カンファレンスが終わる頃には和やかになっていた。あれは、多職種チーム連携だろうな。中途退院ではあるけれど。

㉛考えていなかったが、その発想は確かに必要だ。

㉜林さんに対し、だんだん共感的な気持ちになってきた。

㉝こういうのでいいんだ。職場ではあまりやっていないな。

ますしね。ほかには？

⑭ **実習生** 困ったときには、また相談できることを伝えます。

⑮ **鷹野** いいですね。SOSを出してもらえる関係性を維持すること。これは非常に大事なことですね。ほかにはいかがですか？

⑯ **実習生** 経済的なことですか。林さんの世帯は妻のパート収入のみだから、資産の状況によっては生活保護も考えられると思います。

⑰ **鷹野** そう。生活破綻にならないよう、セーフティネットの存在を知っておいてもらうことは大事です。実は生活保護について、林さんの入院時にお話ししましたが抵抗があるようでした。再度話しておく必要があります。

⑱ **実習生** 情報を知らせることも支援なんですね。

⑲ **鷹野** その通り。情報弱者をつくらないこと。そして情報の伝え方を工夫することは、権利擁護でもあります。

⑳ **実習生** あ、はい。

㉑ **鷹野** ほかにはどうでしょう。通院すると言っていましたが、お金がかかりますよね。

㉒ **実習生** 自立支援医療ですね。

㉓ **鷹野** そうです。これは知っていますよね。

㉔ **実習生** ええ、うちの病院では内部障害の方が使うことが多いので精神障害の方の手続きは……。

㉕ **鷹野** ぜひ調べておいてください。さて、林さんについて振り返ってきて、どうですか？

㉖ **実習生** そうですね。多面的な理解が必要だと思いました。そのためには、先入観をもたず、一人ひとりの生活に着目すること。そうすることで、共感的な理解ができる気がします。

㉗ **鷹野** さすがです。では、来週は、かかわるときにより多面的にとらえることを意識してみましょう。今度はがらりと変わって急性期病棟です。模擬的に1人の方の担当PSWとして面接できるよう、頼んでおきますよ。

㉘ **実習生** ありがとうございます。挑戦します。

⑭ 支援者として大事なことが出てきた。しっかり支持しておこう。

⑭ 支援といえるほどのものか、わからないけど。

⑮ ほかに？　なんだろう。

⑯ 生活保護が出てきてホッとした。現職のMSW だから当然ではあるが。経過を説明しておこう。

⑯ 林さんが生活保護を受けていないのは、対象にならないからだと思うけど、ほかに思いつかないから言ってみよう。

⑰ そうか、制度の存在を知っておいてもらうのも支援か。

⑱ 今気づいたような言い方だ。そういうつもりで生活保護と言ったわけではなかったのか。ならば、解説をしておこう。

⑲ 権利擁護か。ずいぶん身近なことに使うんだな。

㉑ このヒントでわかるだろうか。

㉑ あ、そういえば……。

㉓ 谷川さんの病院でも利用している人はいるだろう。詳細は自分で調べてもらえばよい。

㉔ 精神の場合、以前は違う制度があったとか、最近習った。

㉕ さて、そろそろ一連の振り返りを締めてもよい頃合いだ。

㉕ 林さんのことだけで、盛りだくさんだった。単に精神保健福祉士の配置人数が多いかどうかではなく、どういう視点で物事をとらえるか、よく考えることが重要なんだ。

㉖ 今日の実習 SV で谷川さんが到達したことだな。ポイントを押さえて言語化できている。

㉗ 今日は大事な節目となった。来週は最終週だ。しっかりと谷川さんのかかわりに着目していこう。それと、急性期病棟では、入院を長期化させないための早期支援について伝えていかなくては。

㉘ いよいよ最終週か。密度の濃い実習になりそうだ。

解説

●実習生が現任の福祉専門職でも、実習生として実習スーパービジョン関係をつくる

現任の福祉専門職が精神保健福祉士資格を目指す場合、その多くは、携わっている業務を遂行するうえでなんらかの必要を感じたことが動機となっています。そのため、精神保健福祉領域について研修にくるような感覚や、業務上の連携先を開拓するつもりで実習にくることがあります。また、「現任者として恥ずかしくない言動をとらなくてはならない」という気負いが強く働くこともあります。実習指導者の側も、福祉専門職として日常実践している相手に遠慮して、当たり障りのない連携の会話に終始してしまうことがあります。そうなると、実習生の考えや言動をともに省察する実習 SV を行うことが難しくなってしまいます。

鷹野 PSW は、④の「連携できればいいな」という谷川さんの発言を聞き、実習生と実習指導者の関係になっていないことに遅ればせながら気づきました。そこで、⑤で話題を変え、「実習で、どんなことが印象に残っていますか」と、谷川さん自身の感覚に焦点を当てた質問をし、修正に取りかかりました。しかし、谷川さんから返ってきた⑧の「１人の人にかけられる時間が全然違います」という発言で、谷川さんが依然として自職場の MSW の立場で考えていることがわかりました。実習生の立場になることへの抵抗とも受け取れます。そこで鷹野 PSW は、谷川さんの気持ちに近づこうとしました。それに続くやりとりを経て、⑳の谷川さんの前向きな思いを引き出す流れとなり、実習 SV 関係をつくり直す機会となりました。

●実習生自身の言動に焦点を当て、その言動について吟味する

実習中に目の前で起きた事象に対し、どのように感じたか、それはなぜかについて、実習生が追体験できるよう、実習 SV で確認していくことは、意図的な支援を行う訓練として大切なことです。それを一歩進めて、実習生が実際にどのような言動をとったかを尋ね、なぜそうしたかを一緒に紐解いていくことによって、より具体的にソーシャルワーク実践を想定した学習を深めていくことができます。

㉖で谷川さんが、林さんの言葉を「口先だけかもしれないと思いました」と言ったのを受けて、鷹野 PSW は、谷川さんが実際に林さんにどう返したのかを尋ね、谷川さんが返した言葉の意図や本心を探っていこうとしました。その結果、谷川

さんは心にもない言葉で林さんの考えを変えようとしていたことに気づき、相手に伝える言葉について考察することができました。

●自分だったらどうするか、実習生が想像できるような問いかけをする

単に実習指導者が解説するだけでは聞き流してしまうことでも、「自分ごと」になれば、実習生は真剣に考えるので、実践的な学びに近づきます。

㉑で鷹野 PSW は、林さんが退院するまでの1週間で、どうするかを問いかけ、谷川さんが PSW の立場に立って検討するよう仕向けています。その後、谷川さんが答え、さらに促すという㉔までのやりとりのなかで、谷川さんは具体的な支援のバリエーションを実感することができました。谷川さんの場合は、翌週は別の部門での実習になりますが、場合によっては実習予定を変更して引き続き林さんにかかわったり、担当 PSW による林さんの支援に継続して随行することも考えられます。

その後の実習経過

急性期病棟では、アルコール依存症のデイケアや病棟での実習と違い、教育的な集団プログラムには一切参加しなかったので、谷川さんは、より長い時間、オープンスペースで入院している人々とかかわる機会があった。実習記録からは、1人の実習生として入院患者とかかわり、入院生活や入院前の生活、好きなことや普段感じていることなど、いろいろな話を聞かせてもらい、それに対する自身の感情にも注意を払っている様子がうかがえた。また、模擬担当となったクライエントから、「話を聞いてくれてありがとう。希望が湧きました」とお礼を言われ、谷川さん自身が力をもらったように感じたという。

最終日の実習 SV で、谷川さんは、「実習に来て、ソーシャルワークの原点に立ち戻った気がします。職場に戻ったら、“患者さん”ではなく、1人の生活者としてとらえ、多職種に発信していけるよう力をつけたいです」と感想を述べた。

実習 7

［ 障害福祉サービス事業所・最終日 ］

実習を総括し、現場に出てからも学び続ける心構えを養うスーパービジョン

実習機関の概要

精神科病院に併設されている障害福祉サービス事業所。地域生活支援部門（就労継続支援Ｂ型事業所、指定相談支援事業所、地域活動支援センター）、居住支援部門（生活訓練（宿泊型）事業所、グループホーム（以下、GH）（４か所））を運営している。スタッフは管理者、サービス管理責任者、生活支援員、就労支援員、相談支援専門員、事務員で構成され、資格保有者は精神保健福祉士７名、社会福祉士２名、公認心理師２名で、精神保健福祉士実習指導者講習会の修了者は４名である。精神障害に対する支援を中心としており、主な利用者層は、精神科病院の長期入院者を含め、地域で生活する幅広い年齢層の障害者となっている。

実習指導者

阪井 PSW。障害福祉サービス事業所の居住支援部門の管理者。法人内で実習受け入れ担当窓口となり、養成校との調整を行い、各実習生の希望に合わせて実習先の現場と担当指導者を決定している。

実習指導体制

毎年６～７つの養成校から約10名の実習生を受け入れている。法人内に複数の事業所があるが、実習は基本的に１か所で行うこととし、実習生の希望に合わせて各事業所の見学や数日間の実習をプログラムに組み入れることもある。

実習開始の１か月前までに実習生と担当教員同席のもと事前オリエンテーションを行い、事業所の紹介や実習生の希望、実習課題などを確認して、各担当者が実習プログラムを作成する。実習記録は毎朝提出してもらい、その日のうちに指導者がコメントを書き、１日の終わりに短時間の振り返りを行う際に返却する。実習スーパービジョン（以下、SV）は、初日以外に週末に１時間設定し、それ以外は必要があれば随時行うこととしている。最終日には実習総括を行う。

担当する実習生に対しては、実習指導者が養成校との連絡調整やオリエンテーション、実習プログラムの作成、実習SV、最終日の実習総括と評価を行うこととしている。実習指導者の不在時は、ほかの職員が当日の振り返りを代替する。

実習生

松原さん。22歳の女性、福祉系大学の4年生。社会福祉士の資格を取得して、卒業後は介護老人保健施設へ就職し、将来的にはケアマネジャーとなることを目指している。

「人にかかわることが好き」と個人票に記載されており、担当教員からは「同性の友人は多く社交的だが、人の話を聞いていないこともある」という事前評価であった。

● 実習期間

7月中に15日間、主に地域活動支援センターで実習。

もう1か所は、9月に認知症中心の精神科病院で12日間の実習を予定。

● 実習目標

地域活動支援センターにおける精神保健福祉士の役割を学ぶ。

● 実習課題

①精神障害者とコミュニケーションをとり、精神障害について理解を深める。

②地域生活における生活問題について知り、支援の方法を学ぶ。

● 予定表（実習場所とSV実施日）

初日	2日目	3日目	4日目	5日目
地活 実習SV	地活	地活	地活	地活 実習SV
6日目	**7日目**	**8日目**	**9日目**	**10日目**
地活	地活	地活 教員巡回	地活	地活 実習SV
11日目	**12日目**	**13日目**	**14日目**	**最終日**
地活・相談	地活・相談	相談・GH	相談・GH	地活／実習総括

※地活（地域活動支援センター）、相談（法人内の相談支援事業所）、GH（法人内のAグループホーム）

※帰校日は1週間目と3週間目

受け入れまでの経過

毎年実習生の受け入れをしている大学の教員より、「事業所のある地元出身者で通いやすいことと、精神障害者とのコミュニケーションを多く取れる現場」という理由で依頼される。

事前オリエンテーションで、松原さんは就職先を介護老人保健施設と希望しており、将来的にも精神障害者へのかかわりをすることはあまりないと考えていることが語られた。阪井 PSW は精神保健福祉現場実習の動機が薄く、実習期間をいかに問題なく過ごすかということを考えている実習生という印象をもったが、精神障害者とのコミュニケーションを多くもつことで、精神障害者への理解を深めてもらうことが大切だと考え実習生を受け入れることにした。

松原さんの実習場所は、精神障害者へのかかわりをより多く経験できる地域活動支援センターで行うことを提案し、松原さんも了承した。そして松原さんが事前に考えてきた実習目標や実習課題について確認し、実習の後半には相談支援事業所での実習を行い、地域の生活実態を学んでもらうことにした。松原さんには実習開始までに地域活動支援センターの成り立ちや役割について学習しておくよう課題を出した。

実習内容

初日は実習プログラムの説明を行った後、地域活動支援センターへ移動し、スタッフやメンバーを紹介して実習を開始した。

2日目～8日目。地域活動支援センターでの実習を行った。日々の実習担当は地域活動支援センターの職員が担うが、実習 SV は阪井 PSW が行った。実習ノートは帰宅後に作成し、翌日の朝に阪井 PSW に提出。阪井 PSW や地域活動支援センターの職員がその日のうちにコメントを記入し返した。実習2日目に松原さんが地域活動支援センターのメンバーから実習の態度をとがめられるということがあり、阪井 PSW が緊急に実習 SV を行ったが、その後は順調に実習を重ねた。8日目に担当教員の巡回訪問があり、実習前半の振り返りと後半の実習内容について調整をした。

9日目～最終日まで。実習後半では地域活動支援センターでの実習に加え相談支援専門員の業務内容も学ぶ計画とし、面接の陪席や訪問の同行、グループホームでの利用者の生活場面の見学なども行った。

実習スーパービジョンにいたる経過

実習２日目に、気分障害をもつ当事者に実習姿勢をとがめられ、スタッフルームで泣き出すことがあり、緊急に実習SVをした。阪井PSWは、スタッフから事実関係を聞き取った後、松原さんと面接し、その時の状況と自分の気持ちや考えについて尋ねた。松原さんは実習そのものに対する不安や、初めて精神障害者にかかわる不安を語った。阪井PSWがそれらを傾聴し受け止めたことにより、感情的になっていた松原さんは落ち着きを取り戻した。その後、阪井PSWは、松原さんが語った事実を一緒に振り返りながらも、精神保健福祉士としての視点から解釈を加え、松原さんの考察を促し、アドバイスをした。その結果、松原さんは気持ちを新たにすることができ、翌日からも前向きに実習に取り組むと述べた。SV後、松原さんに了解をもらったうえで、地域活動支援センターのスタッフにこの内容を報告し、松原さんと当該メンバーの関係を見守ってもらうよう依頼した。

実習３日目、当該メンバーが気遣いを見せてくれたこともあり、松原さんも本来の明るさを取り戻すことができた。その後は順調に進み、松原さんは精神障害者の抱える生きづらさを知り、さらに、8050問題を抱えながら生活している当事者の姿に触れて「今後も自分に関係あること」であると気づき、考察を深めていった。実習の終盤には相談支援専門員の訪問支援に同行し、地域生活支援の実際も学んだ。そして、実習最終日を迎え実習指導者の阪井PSWと実習総括を行う場面である。

実習SVの逐語

①**阪井** さて、今日で実習が終了しますね。最後の実習SVの時間です。約3週間、お疲れ様でした。

②**実習生** お疲れ様でした。

③**阪井** 実習全体を振り返って、率直に、今どんな気分ですか？

④**実習生** はい。「やっと終わった」という気持ちと、「もう少し実習していたいな」という思いがあります。

⑤**阪井** そうですか。もう少し実習していたいというのはどんな思いからですか？

⑥**実習生** えっと……、実習が始まって2日目にメンバーの岸さんに私の実習態度をとがめられたことがありましたよね。私、岸さんのことが怖くなったし、きつい言い方をされて、なんでこんな思いしなきゃならないんだって思ったんです。

⑦**阪井** 地域活動支援センター（以下、地活）のスタッフから連絡を受けて、緊急に実習SVをしましたね。あの時のことが何か？

⑧**実習生** はい。阪井さんに話を聞いてもらえて、不安を抱えたまま実習を続けなくてすみました。その時に阪井さんから、岸さんは私を責めているのでも認めてないのでもなく、私の態度を改めるきっかけをつくろうとしたのではないかと言われたことが、すごく心に残っているんです。

⑨**阪井** そうだったんですね。

⑩**実習生** 岸さんは本当に怒ってないのかなと半信半疑だったんですけど、次の日、岸さんに謝るべきかなと思って恐るおそる近寄ったら「昨日は怒って悪かったな」と言ってくれて「でも、あれは、あんたが悪い。あんな態度では誰も相談したいとは思わない」って、はっきりと、でも優しく言ってくれたんです。

⑪**阪井** そうでしたね。実習記録に逐語で書かれていましたね。

⑫**実習生**「おじいちゃん、おばあちゃんも俺たち精神障害者も一緒。あんた、人にかかわる仕事するなら、ちゃんと人にかかわらないと何も身につかないよ」って言われて、ハッとしました。

SVRの思考

①事前オリエンテーションの時は動機が低くてどうなることかと思ったけど、案外行動力があったし、メンバーとの関係をうまくつくれる人だった。実習目標が達成できたか、まずは全体の感想を聞いてみよう。

⑤まだやり残したことがあるのかな。

⑥岸さんになれなれしく話し掛けた件だ。あの出会いがあったことで、今回の実習の意味が深められたように思う。岸さんとの関係性でまだ実習したいのだろうか。

⑦ここは松原さん自身の学びを語ってもらおう。実習目標の評価はその後にしよう。

⑧松原さんにちゃんと届いていたんだな。普段の振り返りでもあまり触れなかったけど、最後に語ってもらえてよかった。

⑩この行動力は松原さんの強みだ。どこかで松原さんにちゃんと伝えたい。

⑪実習記録に発言を逐語で丁寧に書いていた。クライエントの発言をちゃんと聞いている証だ。

⑫言われて気づくのでは事前学習が足りないとも言えるが、発言を受け止めて考えているところは松原さんの強みだな。

SVEの思考

①今日で実習も終わり。意外と楽しく過ごせた。実習SVも最後かぁ。

④メンバーさんに会えなくなるのはちょっと寂しい。特に岸さんにはお世話になったし……。いつもパソコンをしている人や読書ばかりしている人……。

⑥えっ？　またやっちゃった。ちゃんと聞いてなかった。感想を言えばいいのかな。

⑦急ぎで阪井さんが時間取って話を聞いてくれたんだった。

⑧どういう意味かすぐにはわからなかったけど、考えるきっかけになったと思う。

⑩精神の障害って、日によってこんなにも違うのかと驚いたんだった。

⑪実習ノートを書くのは、毎日大変だったな。

⑫大人からお説教されたって感じだったな。確かにその通りだと思ったし。

⑬ **阪井** 印象的な場面でしたよね。

⑭ **実習生** はい。今後私は卒業したら介護の事業所に就職してケアマネジャーを目指すって決めているので、精神障害の人とは実習だけの付き合いだと正直思ってたんですよね。でも岸さんは高齢のお母さんとの２人世帯と聞いて、今後も岸さんのような障害のある家族に会う機会があるんじゃないかって気づいて。だから、精神のことも勉強しておこうって思えたんです。

⑮ **阪井** 確かに。よい気づきをもらえましたね。岸さんとのかかわりの後、徐々に松原さんの表情や態度が変化して、それに合わせてメンバーさんたちが松原さんに関心をもって接するようになったと地活スタッフからも聞きました。松原さんの変化がメンバーに伝わりメンバーも変化したのだと思います。対人援助職の基本的な態度について大きな学びを得たのではないですか？

⑯ **実習生** はい。岸さんとの一件で、相手が誰であろうと人が人にかかわるわけだから、ただおしゃべりするだけじゃなく、敬意をもって接しないといけないことを教わりました。

⑰ **阪井** 私たち実習指導者や大学の先生がいくら基本の接し方が大事だと説いたとしても、学生さんに本当に理解してもらうことは難しいんです。その点実習では、当事者の方から直に教わることで、気づき、考え、自分のこととしてはっきり理解できることがあるんですよね。実際に現場で体験するからこその学びですよね。

⑱ **実習生** そうですね。精神の実習ってどうしたらいいんだろうって何もわからなかったけど、実習できてよかったです。

⑲ **阪井** ところで、印象深かったことはわかったのですが、最初におっしゃった「もう少し長く実習していたい」については？

⑳ **実習生** すみません。やっぱり話が逸れてたんですね。私、岸さんみたいにどんどん話しかけてくれる人とはいっぱいおしゃべりできるんです。そして岸さんみたいに印象が180度変わることがたくさんあったんですね。

㉑ **阪井** そうでしたね。振り返りでいつもメンバーのよいところをたくさん話してくれました。ストレングス視点が備わっていて素晴らしいことだと思っていました。

⑭相変わらず思ったことを正直に言うなあ。相手にどう思われるか、どこかで内省を促さないと、今後の支援にも影響しそうだ。でも、ちゃんと自分のことに引き付けて考え、行動を変えることができる人だな。

⑭あ、阪井さん、ムッとしてるかな？　人と接するのは好きそうだけど、なれなれしいところは気をつけるようにってこの前も言われたのに。でもSVでは率直に話していいって言われたしな。

⑮最初が敬意に欠ける態度だっただけに、松原さんの変化は明らかだった。松原さんは明るいし会話を楽しめるので、クライエントにとっても心地よかったのだろう。人間関係の相互作用に気づいたかな。

⑮そんな風に見てくれてたんだ。自分では気づかないけど。私の変化って、周りの人にも伝わるものなんだ。

⑯単なる「おしゃべり」ではなく、支援のための目的をもった会話をするのだということを理解してもらいたいところだが、対人援助職としての基本的態度について学べたことを押さえておこう。

⑰確かに。授業中にはいまいちピンとこなかったけど、岸さんにずばっと言われてはっきりと理解できた。

⑱印象に残ったことはよくわかった。松原さんの適応力は素晴らしい。でも、よい点ばかりではなかった。そろそろ話を実習目標に対する評価に戻そう。

⑲あっ！　それを聞かれてたのか。やっぱりちゃんと聞いてなかったこと、バレたかな。

⑳確かに、実習SVや実習記録で意見や考えが変わることが多かった。自分の意見がないのかと思ったが、ちゃんと考えて行動を改めていたようだ。それと、メンバーのストレングスをたくさん見つけて話してくれた。それはすごくよいところだ。

㉑わ、ほめられた。あれでよかったんだ。

㉒ **実習生** でも……、地活の隅っこのあたりで、いつもパソコンをしている人や読書にふけっている人、その人たちには声がかけられなかったんです。全然話しかけてくれなかったので、私から話しかけていいものかどうかと迷ってしまって。

㉓ **阪井** 松原さんは、おしゃべりするのが好きなのに、その人たちとはできなかったということですね。

㉔ **実習生** そうなんです。どうしたらいいかわからなくて、スタッフさんのかかわり方を遠巻きに見ていることかしかできなくて。

㉕ **阪井** スタッフは、どんなかかわりでしたか？

㉖ **実習生** スタッフさんは、その人たちに近寄って行って、あいさつしてその後必ず一言二言会話をしていたと思います。

㉗ **阪井** そのスタッフのかかわりを遠巻きに見ながら、松原さんはどんなことを考えていたんですか？

㉘ **実習生** スタッフさんはすごいな、私にはできないって。

㉙ **阪井** 声かけできない？

㉚ **実習生** そう、ですね。

㉛ **阪井** スタッフに、そのメンバーさんとのかかわり方を相談してみましたか？

㉜ **実習生** いえ、お仕事の邪魔をしたら悪いかなと思って。

㉝ **阪井** じゃあ、こういうことですね。メンバーさんたちから話しかけられなかった。スタッフの邪魔になっては悪いと思った。だから、そのままにしていた。そうですか？

㉞ **実習生** ……、はい。

㉟ **阪井** メンバーさんたちにかかわってみることは、先生が巡回訪問に来られた時の振り返りで、実習後半のポイントにあげていましたね。実行できずに終わったということになりますね？

㊱ **実習生** はい、相談支援の訪問実習のことばかり気になって、その人たちにかかわる気持ちの余裕がありませんでした。

㊲ **阪井** そうでしたか。地活のような場では利用者にかかわらずにいようと思えばできてしまうんです。だから、かかわれるかどうかで支援者で居続けられるかどうかが決まるように思います。

㉒課題の１つだったな。これがもう少し実習していたいという理由か。確かに全然できてなかったから、今日はしっかり振り返って考えてもらいたいポイントだ。自分から話しかけることを躊躇していたんだな。

㉔ここに関してはどうしてもトライできなかったようだ。どうしてだと思っているだろう？

㉗スタッフから学んだことはないのだろうか。

㉘スタッフと比べたら同じようにできないのは、ある意味当然だ。でも、なぜできないと思ったのだろう。

㉜ちょっと的外れな気遣いだな。質問があればするように伝えてあったのに。

㉞課題認識していたが取り組まなかったのか、それとも結果的にできなかったのか。いずれにせよこの経験からどう学ぶかだ。

㊱確かに。優先順位が下がって、どうしても後回しにしてしまうクライエントがいる。でも、そのクライエントにも支援が必要だったり求められていることはある。

㊲コミュニケーションをとりにくい人にどうかかわるか、ソーシャルワーカーとして一歩踏み出す勇気をもてるかどうか。クライエントに関心をもてれば、踏み出せるは

㉒なんで地活に来てるんだろうって気になったし、先生の巡回の時に、話しかけてみることを課題にしたのに結局最後までできなかった。

㉔わたしの苦手なタイプだったからなぁ。評価に響くかなあ。

㉗どっちかっていうと、苦手だと思って避けたっていうのが本当のところ。

㉛突っ込んでくるなあ。

㉞話しかけて、また怒られるのは嫌だったから……。

㉟阪井さんは私が取り組むか、ちゃんと見てたんだ。途中の振り返りで相談すればよかった。

㊲改めて言われると、きつく感じる……。

㊳ **実習生** は、い……。

㊴ **阪井** もう少し振り返ってみましょう。そのメンバーさんたちとかかわりをもてなかった理由は何だと考えますか？

㊵ **実習生** うーん、相手が話し掛けてくれなかったから。それに、「話し掛けるな」という雰囲気を醸し出しているように見えて声を掛けにくかったんです。

㊶ **阪井** 実習ならそれで終わってもいいかもしれませんが、松原さんがこの職場の支援者だったとしたら、どうしますか？

㊷ **実習生** 当然、支援者として接しないといけないですね。

㊸ **阪井** 松原さんは話し掛けやすい人とだけしかおしゃべりしないんですか？

㊹ **実習生** いえ、そんなことはないです。と言いたいところですけど……。結果的には、そう見られても仕方ないかなと……。

㊺ **阪井** それで、目の前の人に支援できていると言えますか？

㊻ **実習生** ……。

㊼ **阪井** 松原さんも勉強したように、私たちはクライエントさんを支援するためにいますね。だったらちょっと厳しい言い方になりますが「話しかけられない」とか言ってられないと思いませんか？

㊽ **実習生** はい……、確かに……。

㊾ **阪井** 松原さんが進もうとしている高齢者の分野にも気難しそうに見える人がいるかもしれませんよ。そんな時も、ただ遠くから見てるだけでいいですか？

㊿ **実習生** ええ、そうですよね……。うーん……。

51 **阪井** 自分が苦手だなぁと感じるクライエントさんの特徴などを考えておくことも必要かもしれませんね。

52 **実習生** 私は相手から話しかけてくれるとコミュニケーションできるけど、自分からはあまり話しかけてかかわろうとしてこなかったんだと思います。

53 **阪井** 常に自分から相談をしてくれる人ばかりとは限りませんよね。実際には、私たちからかかわることでクライエントさんの生活問題を発見していくことのほうが多いかもしれませんよ。

54 **実習生** じゃあ、話してくれないからとか言ってられないということですよね。うーん、でもどうしたら……。

ずだが……。

㊴やっぱり反応が怖かった。そのことを相談すればよかったな。

㊵待ちの姿勢のままだったという自覚はあるようだ。

㊵言い訳にしか聞こえないだろうな。

㊶支援者かぁ。支援って、なんなんだろう……。

㊷話し掛けてこない人、怒っているように見える人、どんな人に対しても、かかわり続ける覚悟を持って欲しい。

㊷よし、最後にしっかり考えておこう。将来のことも考えなきゃいけないし、でも……。

㊹ちょっと厳しい問いだったか。学生の立場でどこまで求めるのか難しいところだが、来年には働くわけだし、その姿勢で本当に支援しているといえるか考えてもらおう。

㊹頭ではわかってても、いざとなるとできない……。私、おしゃべり感覚だったのかなぁ。

㊼確かに。支援するためって考えて行動するところまではできていなかったなぁ。

㊾現場に出た後、今と将来を引き付けて、自分のこととして考えられるように。

㊾仕事だったら、そんなこと言ってられない。でも今は実習なんだし……。

㊿学生の立場でここまで突き詰めるのは難しいか。求めすぎてもいけない。現場に出てからどう学びどう行動するのかということを理解してもらうようにしよう。

52そう、自分から行動を起こすということの大切さを理解できたようだ。

52よく話しかけてくれるメンバーさんとのおしゃべりが楽しかったから、できてると思ってた。

53支援するためなら、自分からアクションを起こせなきゃダメなのね。その勇気をもてってこと？

⑮ **阪井** 一緒に支援するスタッフに相談するのはどうですか？

⑯ **実習生** ええっと。実習でもスタッフさんに相談すればよかったんですよね。私、邪魔したら悪いからってスタッフさんとコミュニケーションを取ることをためらってました。

⑰ **阪井** 私たちの現場もそうですけど、介護の事業所だって、支援者１人だけで支援ができるわけじゃないですからね。

⑱ **実習生** １人では、できない……。

⑲ **阪井** 私たちは、多職種がチームでかかわることが多いです。専門職同士も支え合いながら支援できたらいいと思いませんか？

⑳ **実習生** そうですよね。周りの支援者を頼ればいいんですよね。ああ、実習でもっとスタッフさんとコミュニケーションを取っておけばよかった。気難しそうなメンバーさんにも話しかけられなかったし……。どうやって自分を変えていったら……。

㉑ **阪井** 松原さんは、自分を変えたいと思っているんですね。

㉒ **実習生** はい。勇気をもって、行動できるようになりたいです。

㉓ **阪井** 勇気！　いいですね。何か具体的な行動のイメージはありますか？

㉔ **実習生** うーん、それは……、まだ、答えがなくて。どうしたらいいんでしょう？

㉕ **阪井** 現場に出てからクライエントさんからも教わるかもしれませんね。実践の場で一つひとつの支援を丁寧に行って答えを見つけて、自信や勇気に変えていって欲しいと思います。

㉖ **実習生** そうですよね。今できていなかったとしても、精神障害者と高齢者では全然かかわり方が違うと思いますし……。

㉗ **阪井** そう？　相手は一人ひとり違った個性をもつ人間ですよ。それぞれ違う人生を歩んできてる。ここでも、あるメンバーにうまく通じても、同じやり方がみんなに通じましたか？

㉘ **実習生** あ、そうでした。障害者、高齢者って分けて考えちゃダメですよね。目の前の人にも支援できなかったわけだし。

㉙ **阪井** できたこともありますよね。でも、現場に出たら苦手だろうとも声をかけるしかない時があります。真剣に相手のことを考えて踏み出したうえで失敗することもあるでしょう。でもいいんです。恐れずに、何度でもやり直していけば。一人ひとりのニーズにあった方法で支援できるように自分を磨いていくしかないから。私は今もそうしているつもりですよ。

⑤⑤そんなときこそ、周りを頼れるようになるといい。

⑤⑤ほかのスタッフに相談して、できるようになるのかな。

⑤⑥それは周りにいる私たち自身の反省点でもあるな。私たちも松原さんに声かけできていただろうか。

⑤⑦1人でしなきゃいけないことも多いと思うけどな……。

⑤⑧私たちはチームとして連携して支援することができる。そのことを押さえておこう。

⑤⑨確かに。困った時に支えてもらえれば心強いな。

⑥⓪自分を変えたい、か。この実習で自分を見つめて変えていきたいと思うことができたということなのだろうか。

⑥⓪そうだよなぁ。私、頼るのが下手なんだ。なんでやってみなかったんだろう……。実習生のうちに失敗するのはかまわないって言われてたのに。

⑥②勇気か。私は学生の頃に勇気をもってなんて考えることができなかった。松原さん、素晴らしいな。

⑥③ここでの実習は終わっちゃうから、もう試しようがない……。次の実習先かな。

⑥④今は答えが出なくても、きっと将来答えが見つかるはず。現場に出てからも学ぶ姿勢を持ち続けることについて伝えよう。

⑥⑤クライエントさんが教えてくれるのか、確かに岸さんには教えられたなあ。これからもできるのかしら？

⑥⑥障害うんぬんの前に、相手を１人の人としてとらえることが大切では？　松原さんはこれから専門職としてのスタートラインに立つのだから、エールを込めて考えてもらおう。

⑥⑦岸さんに教えられたことだ。障害者かどうかじゃなくて一人ひとりに対して何ができるかを考えなきゃいけない。

⑥⑧ちゃんと受け止めてくれている。ソーシャルワーカーとしてのかかわりについて、どう言ったらいいだろう。国家資格者としての責務だとか、「するべき」と言ってもなかなか腑に落ちないものだからなぁ。

⑥⑨働いてからも失敗していいのか……。でも、繰り返しちゃダメだろうな。そこはしっかり考えて成長していかなきゃ。

⑰ **実習生** 一人ひとりに合った方法ですか……。私にできるかなぁ。

⑱ **阪井** 新人の時は不安が大きいかもしれないけど、それができるかどうかでソーシャルワーカーとしての成長速度が違ってくると思いますよ。

⑲ **実習生** そうなんですね。わかりました。

⑳ **阪井** さて、改めて伺いますけど、松原さんは、この実習で何を学びましたか？　実習目標は達成できたでしょうか。

㉑ **実習生** そうですね……。岸さんには支援者としての態度を学び、隅っこでパソコンをしているメンバーさんには支援の難しさを教わったと思います。今はできていないけど、その人その場その状況に合わせて、考え行動できるようになりたいと思います。

㉒ **阪井** 松原さんの表現になりましたね。態度と行動力そして考え続けること、それがPSWにとっては大切だということですね。

㉓ **実習生** はい､岸さん､阪井さんに嫌っていうほど教えられました(笑)。

㉔ **阪井** 松原さんが学んだんですよ。現場に出ても忘れないでくださいね。考える前に行動して、行動しながら考える。できることを探し続けあきらめない。そんな芯の強いソーシャルワーカーになって欲しいな。

㉕ **実習生** はい。ありがとうございます。頑張ります。

㉖ **阪井** 実習課題は達成できましたか？

㉗ **実習生** そうですね……。コミュニケーションを取ることは、できていたりできていなかったりですが、現場に出てからどう学んだらいいかはしっかり学べたと思います。利用者さんの生活問題については把握しきれなかったかなと反省しています。

㉘ **阪井** そうですか。それではこの実習で発見した松原さんの強みと、今後も考え続けて欲しいことについて話しますね。

㉙ **実習生** はい……、お願いします……。

㉚ **阪井** 松原さんは、岸さんとのかかわりに限らずいろいろな人とのかかわりから自分の考え方をよい方向へ変えることができる人だと思います。それから、相手のよいところを見つけることに長けています。記録からも、きちんとメンバーの話を聞いていることがわかるし、それは強みです。そして、自分の弱さにも向き合おうとしている強さがあり、それを行動に移そうとする意志があります。

⑰ちょっと熱くなりすぎたかな、でも松原さんに、考え続けてもらえたら……。

⑰阪井さんも努力してるんだな。

⑫さて、実習目標の達成度を確認していこう。何を伝えると自信を強められるだろうか。松原さんに語ってもらってそのなかから一緒に考えていこうか。

⑬目標は精神保健福祉士の業務を学ぶってことだったけど、態度とかかかわりとか、基本的なことを学んだな。

⑭松原さんの等身大の言葉だ。大切にして欲しいな。

⑮素直に感じていることを言っただけだけど、認めてもらえた。

⑯いや、松原さんに自分で考える力があるということだ。

⑰ソーシャルワーカーであり続けるために必要な素質。身についている力をこれからも伸ばしていって欲しい。

⑰でも、考えるのは、しばらくお休みしたいところだけどなぁ。

⑲よし、課題の達成度を聞こう。

⑲実習課題は、コミュニケーションを取ることと、生活問題の把握だった。ちょっと不十分だったかなぁ。

⑳コミュニケーションを取りやすい現場を実習先に選んだのでそれは十分に経験してもらえたはず。でも、生活問題の把握については実習SVとしても不十分だったかな。それは反省しつつ、これまでの実習の総括として、松原さんの強さや弱さについて話しておこう。

(81)あれ？　阪井さんの声のトーンが変わった。何を言われるんだろう……。

(83)自分の意見がないとか言われるのかと不安だったけど、違った。記録のこともちゃんと見てくれてたんだ。こんなに励まされるとは思ってなかった。

⑭ **実習生** なんか照れますね。

⑮ **阪井** ただ、自分が周りからどう見られているかをあまり意識していないようですね。自分の発した言葉を相手がどう受け取るか、どう思うかということには注意を払ったほうがいいでしょう。

⑯ **実習生** そうですよね。私、なれなれしいところや、人の話を聞いているようで聞いていないところもあるから気をつけます。

⑰ **阪井** それと、自分にとって苦手なクライエントの特徴も学びましたね。この実習ではかかわることができなかったけど、次の実習ではもう一度チャレンジして欲しいですね。自分を変えてかかわる勇気をもとうとしていたからできると思いますよ。

⑱ **実習生** それができるかどうかで、専門職と言えるかどうか、決まるんですよね。

⑲ **阪井** もちろん、それだけではないですが、ソーシャルワーカーとしては受け身だけでなく、主体的にかかわる姿勢をもつことが必要だと思っています。

⑳ **実習生** はい。苦手な人だからかかわらない、では済まないってことですよね。

㉑ **阪井** ええ。さらには、利用者から学び続けることの大切さや、１人で頑張りすぎず同僚や仲間を頼ること、SV の重要性についても学んだんじゃないかと思います。

㉒ **実習生** そうですね。迷ったり悩んだりしたときに SV があって助かりました。

㉓ **阪井** いろんな気づきがあったようですもんね。

㉔ **実習生** はい。精神障害者にかかわる不安があったし、実習に来て苦しいことも多かったけど、就職したらどう考えて行動すればいいかを学んだと思います。いろいろとご指導いただき、ありがとうございました。

㉕ **阪井** 実習、お疲れさまでした。次はぜひ、お互いソーシャルワーカーとしてお会いしたいですね。どんな人に対しても笑顔で接している松原さんが想像できます。期待していますよ。

㉖ **実習生** はい。皆さんにがっかりされないようなソーシャルワーカーになって、またお会いしたいと思います。ありがとうございました。

㉔嬉しそうだ。でもここからは課題も伝えておこう。成長の糧にしてくれるかな。

㉕確かに。言いすぎには注意しなきゃいけない。

㉖ちゃんと自覚できているんだな。

㉗そうだ。就職したらできるようにならなきゃいけないし、次こそちゃんと試そう。

㉘そう単純なものではないけど、簡単に自分に限界設定しないで欲しいな。

㉙待ってるだけじゃダメなんだな。それに苦手意識を持たないようにしなきゃいけないってことだ。

㉚うん、ちゃんと受け止めてくれている。

㉛１人で小さくまとまらないでSV等を活用して打ち破って欲しいな。実習SVの意義を感じてくれたらいいな。

㉛何かしてあげればいいって思っていたけど、利用者さんから教わる姿勢が大事なんだな。これだけはちゃんと理解できた気がする。

㉜よし、実習SVは松原さんにとって、よい体験として残ったみたいだ。

㉝精神保健福祉士として働こうとは思っていなかったけど、実習に来てちょっと視野が広がった気がする。

㉞これからも苦い経験をするだろうけど、そんな時は岸さんやメンバーさんたちの言葉や姿を思い出して欲しいな。

㉟今後も意義ある出会いができるような現場であり続けたい。そして、将来にわたって、クライエントから学び続けられるプロフェッショナルなソーシャルワーカーを育てていきたい。

㊱何かあったらこれからも阪井さんに相談したいな。

解説

●実習終了時には総括のためのスーパービジョンを行う

実習指導を実習SVとしてとらえると、実習終了時に行う総括は、SV契約に基づき課題の達成度や、実習SVへの取り組みについて相互に評価するための機会としてとらえることができます。そこで、実習目標と課題に沿って、両者で評価し合い、成果と今後の課題などを話し合います。また、当初の目標設定にはなかったことであっても、実習中に見出された実習生の力を伸ばせるよう、また実習後の養成校における学習へつなげることができるように総括します。

●実習生をエンパワメントする視点をもって支える

阪井PSWは、松原さんがクライエントや実習指導者の発言を素直に受け取り、自分の考えを修正できることを徐々に把握していきました。この特性について「自分の意見がない」のではなく「自分の意見が柔軟に変えられる」と評しています。そして、松原さんがその柔軟性を発揮できるよう、質問に即応せず、松原さんが自ら考えたり実習中にあれこれ試しながら変わっていくことを妨げないようにしています。試行するには勇気がいります。阪井PSWは、松原さんの行動力を大いに評価し、実習中の行動や言動を見守っていました。このように実習生の特性や能力を見きわめ、その能力を伸ばすためには問題を指摘するよりも、うまくできないことに直面した経験をどう学びに結び付けていくか、という視点で実習SVを行っています。

●就職後も学び続ける姿勢をスーパーバイザーが見せる

実習生にできることは限られています。クライエントと支援契約はなく、実習指導者と同等の考えや動き方、責任を求めても学びにはつながりません。実習の目的の1つは理論と実践の検証で、実習生が養成校で学んできたことが現場でどのように実践されているかを観察、体験しながら考えることです。

阪井PSWは、松原さんが苦手なタイプの利用者とのコミュニケーションを避けていたことについて、やや厳しい言葉を使い、支援者としての覚悟を喚起しました。松原さんの課題は未達成ですが、これを失敗体験とするのではなく、現場に就いた時の実践にどのように活かすかという学びに変えることで学習意欲につなげます。松原さんは、阪井PSWのサポートを受け、このようなSVの意義を体感したことでしょう。現任者になってからこそ学び続ける必要性を私たちソーシャルワーカーが自覚し、実習生に伝えていく必要があるのです。

実習後の経過

最終日の実習 SV では松原さんに実習の自己評価を提案し、1 週間後に再度来所してもらい、両者で評価表を突き合わせて各評価の根拠を説明しあった。松原さんの自己評価は総じて低く、できていないことに着目しがちであったが、阪井 PSW は、できていることに着目して期待値を込め、不十分な点は今後の学習課題として丁寧に伝えた。概要は以下の通りである。

○松原さんのストレングス（強み）

- ・メンバーとの関係をうまくつくれる
- ・クライエントの発言をしっかり聞き、実習記録に逐語で丁寧に書いている
- ・指摘や指導を自分に引き付けて考え、態度や行動を変えることができる
- ・自分の考えや思いを正直に語れる
- ・メンバーのストレングスをたくさん見つけられる

△今後の学習課題

- ・自分の発言や態度を周りの人がどう見ているかに無頓着
- ・コミュニケーションを取りにくい人にかかわれない

数か月後、大学から社会福祉士・精神保健福祉士実習報告会の案内が届き、阪井 PSW は業務を調整して出席した。大学の実習教育方針の再説明に続き、学生による「実習内容と実習で学んだこと」の報告が行われた。各実習生の報告を簡潔にまとめた冊子が配られ、松原さんの報告では、実習での学びに加えて実習終了後に自己洞察をしたことに触れられていた。そこには「実習指導者がどういう視点で評価をしているのかを丁寧に説明してもらったことで、実習後にどのような学習をするべきかわかり、次の実習先では自信をもって取り組むことができた。自分もいつか学生に希望を与えられるような実習指導をできるようになりたい」と書かれていた。報告会後、松原さんと久しぶりの再会を喜び、報告会の感想を伝え、近況を語りあった。

第2章 契約から終結にいたる8か月間のスーパービジョンプロセス

職場外で実施する個人スーパービジョン１事例について「スーパーバイザーとスーパーバイジーの出会いとオリエンテーション」「スーパービジョン経過①②③④」「相互評価」の６節に分け、契約から終結までのスーパービジョン経過全体を網羅している。
セッションの回を追うごとに、会話の内容からスーパービジョン関係が深まっている様子がみられ、またスーパーバイジーの言動や行動が変化しゴール達成に向かっていく様子をみることができる。

［スーパービジョン契約前］

第1節 オリエンテーション

スーパーバイザー

白浜PSW。PSW経験30年。現在は、リワーク支援を中心とする精神科クリニックに勤務。専門職団体の認定スーパーバイザー（以下、SVR）で、SVR養成研修の企画者や講師も務めている。

スーパーバイジー

松坂PSW。30歳、女性。新卒で精神科病院に精神保健福祉士として6年間勤務したが、地域での仕事をしてみたいと考え、ダブルライセンスの社会福祉士の資格を活かして地域包括支援センターに転職して2年目。実家を離れて一人暮らしをしている。

スーパービジョンの構造

職能団体のWEBサイトで認定SVRの紹介が掲載されており、スーパーバイジー（以下、SVE）はそのなかから精神科病院に勤務経験のある同性のPSWを選んだ。所属先が自分の居住地から新幹線でのアクセスのよいS県であることや、「一緒に考えることが好きです。お互いに元気が出るスーパービジョンを目指します」と書かれている点に魅力を感じたのが白浜PSWをSVRに選んだ主な理由である。個人スーパービジョン（以下、SV）は1回5000円と明記してあり、費用がはっきりしていて安心でき、他職種のSVに比べて安いとも感じた。そしてE-mailでコンタクトをとり、後日オリエンテーションのためSVRの職場に出向いた。

スーパービジョンの場面

お互いに面識がないため、E-mail と電話のやり取りを経て、松坂さんは白浜PSW の職場の面接室で出会い、あいさつをしたのちオリエンテーションを受けた。

SV契約前の逐語

白浜 SV の進め方などを説明する前に、お互いの自己紹介をしましょう。私は PSW 経験30年目です。精神科病院、相談支援事業所を経て、今のクリニックです。PSW になりたての頃は、職場に1人だけいた先輩とあまり仲良くできず、仕事を教えてもらうことができませんでした。3年目の時に先輩が辞めて私が相談室長になり、それからは後輩 PSW が入ってきて一緒に学んだり、徐々に年の離れた後輩が増えると教える立場になって、それで職能団体の研修を受けて認定 SVR になりました。

SVE 私は大学で社会福祉士の資格取得を目指していましたが、途中で精神保健福祉士のことを知り、せっかくだから両方取ろうと思って。4年生で精神科病院に実習に行ったことがきっかけで、そこの病院に就職しました。

白浜 社会福祉士を目指している途中で希望が変わったのですか？

SVE はい。というか、はじめは心理学に興味があったり、漠然と福祉系の仕事をしたいと考えていて社会福祉士の資格を取っておこうと思って福祉学科に入りました。3年生の時に児童養護施設に実習に行きましたが、なんか思っていたことはできなくて、精神科病院の実習のほうがおもしろかったから……。

白浜 どんなところにおもしろさを感じたの？

SVE 実習だったからかもしれませんが、入院患者さんとたくさんコミュニケーションをとって考えさせられることが多かったんです。コミュニケーションをとるのが仕事じゃないけど、すごくかかわりを大事にするんだなと思って。

白浜 松坂さんは人とかかわることが好きなんですね？

SVE そうですね。何か人の役に立ちたいって思いが強いほうだと思います。

白浜 人の役に立つ仕事はたくさんあるけれど、福祉的にということですか？

SVE え？　あぁ、そうですね。福祉的に。かな……。

白浜 それでは、SVを受けようと思った理由を聞かせていただけますか。

SVE はい。病院に就職してしばらくは大学のゼミの先生が、卒業生向けに勉強会を開いてくれてたので、そこに参加してグループスーパービジョン（以下、GSV）ってことで受けていました。でも、仕事も忙しくなったりだんだん仕事に慣れて、迷うこともなくなってきて行かなくなって。

白浜 GSVの経験があるとメールに書いてあったのは、そのことなんですね。

SVE はい。3か月に1回くらいだったけど、同期や近い年代の人たちが集まっていたので気楽に出てました。あれはあれで勉強になったと思ってます。

白浜 迷うことがなくなってGSVに行かなくなった、と言われましたね。病院ではどんなお仕事をしていたのかな、もちろんいろいろあるとは思うけど……。

SVE PSWと心理が一緒の部署で、個別面接が中心でした。上司がもともと心理の人だったからか、地域に出ていく事はあんまりなくて、予診もとるしインテーク面接はもちろん、外来で家族との定期的な面接とか。

白浜 全部で何人のPSWがいたの？

SVE ええと、元心理の上司と、もう1人先輩PSWがいて、私の3人です。

白浜 地域が違うので、私も全然知らなくてお聞きするけれど、病院は、どんな特徴の病院だったの？

SVE 200床くらいで、パーソナリティ障害とか思春期とか若めの人が結構いました。院長がアディクションも結構診てたんで、内科合併症病棟もありました。

白浜 そこに6年、でしたっけ？

SVE はい。居心地はよかったけど、もう少し地域のことも知りたいと思ったし、実家を離れて別の地域でやってみたいなと思ったのがきっかけです。といっても隣の県ですけど。

白浜 バイタリティありますねぇ。住居と仕事を一度に変えて。私は6年目でそんなこと、まったく考えなかったと思うわ、ずいぶん前のことだけど。

SVE なんとなく、若いうちに自分を試そうと思ったのと、同居していた祖母が亡くなって、なんか高齢者にかかわる仕事もいいなと思ったりして。

白浜 病院では高齢者は少なかったんですかね、今どきの精神科では珍しい気がしますね。

SVE あ、はい。高齢者とか、合併症病棟にはいました。けど、普通に長期化した人は、どっちかっていうと関連病院に移して入院を短期化してたから。

白浜 なるほど。関連病院に転院していただくのですね。そういう調整はPSW？

SVE いえ、それはベッドコントロールナースがやっていました。

白浜 じゃあ、今の職場とはずいぶん違う業務だったのでしょうね。

SVE はい、そうですね。

白浜 で、高齢者にかかわる仕事は、どんなイメージで転職先を決めたの？

SVE それが……、地域包括支援センター（以下、包括）を選んだのは偶然で、だって本当は精神保健福祉士として働きたいと思っていたんで。でも包括だと社会福祉士しかダメだし、ちょうど私はどっちももってたから、社会福祉士として採用されました。

白浜 そうでしょうね。高齢領域で精神保健福祉士を活かすとなると……。

SVE ケアマネジャー（以下、CM）になって介護事業所とか、認知症疾患医療センターや認知症治療病棟なんかがある病院ですよね。あとは、グループホームですかね。

白浜 私はあまり詳しくないけれど、今は認知症初期集中支援チームの一員として活躍しているPSWもいると聞きますね。

SVE はい。認知症はやっぱりPSWの領域だと思います。

白浜 そう。私は認知症の方の支援にやりがいを感じられる経験がなくて。松坂さんからいろいろとお聞きできたら私の視野が広がるかもしれません。

SVE あ……、でも今の職場では、なんというか、やりがいをどうやって見出せばいいのか……、ちょっと行き詰まってて……。

白浜 それがSVの志望動機につながるのかしら？

SVE えぇ、まあそうなると思います。っていうか、今の職場での立ち位置がまだつかめないんです。地域をとらえるっていうのも漠然としているし。

白浜 どんな職場か聞かせてもらえますか。

SVE 市の委託を受けている福祉法人で、昔は在宅介護支援センターでした。一緒に働いている主任CMは元介護職で、あとは老人病院で長年看護師だった人がいます。2人は、もう10年以上一緒にやってます。

白浜 ということは松坂さんとはかなり年齢差があるのね。

SVE はい。それに2人とも地元の人なんで、私より地域事情にも詳しいです。

白浜 どんな地域なのかしら、その包括の管轄は。

SVE そうですね……、ええと……、どんなっていうと……。

白浜 例えば、高齢化率とか生活保護率、交通の便や、産業とか住民の経済的な層だとか精神科病床数なんかも。遠方だから私には想像できないの。

SVE あぁ、そういうことですね（と、わかる範囲で説明）。
ちょっとまだ把握しきれてなくて……。でも特徴をおさえておくのは大事ですよね。

白浜 ありがとう。松坂さんは、あえて遠方でのSVを希望してこちらを選んだと言っていたけれど、その理由はなんだったのかしら？

SVE 主任CMも看護師も地元で人脈があるから、そこに繋がっていないSVRさんがいいなと思ったんです。何かで伝わると嫌だなって。

白浜 SVRには守秘義務があるから、SVで話されることを口外しませんよ。

SVE あ、そうなんですね。……、でも、なんとなく「○○さんのところにいるワーカーさんね」なんて見られたくなくて。

白浜 そう。私は認知症には詳しくないし、松坂さんのいる地域の特性はまったく知りません。でもご一緒にPSW、ソーシャルワーカーとして大事なことを考えることはできると思っています。そういうスタンスでいいですか？

SVE はい。それはわかってて希望したので。

白浜 わかりました。SVをお引き受けする場合、目的とゴール、何を目指すかを設定します。松坂さんの考えはどうですか？

SVE はい。さっきから話しながら思ってたんですけど、今の職場でのソーシャルワーカーの役割を明確にして、自分がそれをできるようになりたいです。

白浜 地域包括では精神保健福祉士は必置ではなく、松坂さんも社会福祉士として採用されたのでしたね。もちろんどちらもソーシャルワーカーだから、そういう意味で「ソーシャルワーカーの役割の明確化」なんですね？

SVE っていうか精神保健福祉士の価値や経験を活かしたいと思ってます。

白浜 先ほどのお話で、高齢者にかかわりたいということ、「地域」のとらえ方が漠然としていること、そして、同僚である他職種との関係性や立ち位置に関する戸惑い、やりがいを見出せず行き詰まりを感じている、といったことがわかりました。どれも松坂さんの課題として、ご一緒に考えたいですね。

SVE くどいようですけど、私は精神保健福祉士の視点を活かして地域の高齢者の方々とかかわりたいです。ただ、自分の役割がいまだにはっきりつかめなくて。っていうか、役割をそんなに分けるべきなのかどうかとか、逆にソーシャルワーカーだからできることをしっかりやりたいんです。

白浜 とても意欲的にお仕事しようという心意気が伝わってきますね。実際、わざわざ自分の休みを使って新幹線に乗ってまでSVを受けたいっていうくらいだから、並大抵の気持ちじゃないと思います。

SVE 私、もっと自信をもって主任CMや看護師と対等に仕事をしたいんです。でも……、「地域」の高齢者を相手にするって漠然としてて。

白浜 自信をもって他職種と対等に話し合えるように、PSWの視点を活かして、地域の高齢者にかかわるソーシャルワーカーの役割をご一緒に考えていきたいですね。

SVE はい、そういう感じです。

白浜 SVの進め方は、レポートを持ってきていただいて1回90分程度で検討します。事例をレポートに書く場合は、個人が特定できないように加工していただきたいのと、必要ならレポートは終了後に持ち帰ってください。置いていかれる場合は私も厳重に管理します。

SVE はい。わかりました。

白浜 場所は、次回以降もここの面接室を使うので、ほかの人に聞かれる心配はないし、さっきも言いましたが、ここでの話は口外しません。松坂さんは、SVで当事者のことを私に話すことになるので、ご本人には事前に必ず了承を得てくださいね。おわかりだと思いますが、これはSVの時に限らず、ソーシャルワーカーとして必要な倫理的配慮ですね。

SVE あ、そうですよね。気をつけます。

白浜 お願いしますね。では、オリエンテーションとしてお伝えすることは以上です。今この場で決める必要はないので、いったん帰って考えてからSV契約するかお返事ください。

その後、松坂PSWは正式にSVを依頼し、契約は、8月から2か月に1回で年度末まで計4回の実施とし、目的は「地域包括支援センターにおけるソーシャルワーカーの役割を果たすため」で、ゴールは「PSWの視点を活かし、自信をもって主任CMや看護師に自分の意見を述べられるようになること」とした。

松坂PSWは、SVを受けることについて、上司には今は伝えたくないが、利用者には個別に同意を得て事例レポートを持参することを約束した。

以上を書面に記載し、双方が1部ずつ保管することでSV契約が成立した。

［スーパービジョン第1回目］

第2節 「虐待の疑われるケースへの自己決定支援について」

スーパーバイジーのレポート概要

70歳代後半の男性Aさんは、妻に先立たれ、独身の40代の長男との二人世帯。長男から「父を施設に入れたい」と相談され支援を開始。主任CMとともに自宅へ訪問して話を聞くも、Aさんは「家がいい」という。SVEは何度か訪問を重ね、Aさんのこの気持ちを大切にしたいと考え、在宅での支援策を検討していたところ、近県に住む50代の長女より「父が弟に虐待されているのではないか」との電話相談が入り、主任CMや看護師はAさんを施設に入所させたほうがいいと言い出し、長男長女の希望にそって施設探しを始めた。

包括は高齢者の権利擁護の一環として、虐待防止を重要な役割としているため、長男から引き離して施設入所を支援するのがよいのか、それともAさんの「家がいい」という気持ちを大事にし続けるべきか悩んでいる。

事例提出にあたり、Aさん本人には訪問時に同意を得た。

スーパービジョンの場面

SVEより事例の説明があり、SVRは不明な点を質問する。

家は一軒家で、Aさんは要介護認定を受けておらず、訪問した様子からは要支援程度と思われること、認知症は疑われないが年相応の物忘れはあること、風邪などの際にかかる診療所はあるが、特段の持病はないことなどを確認。また、Aさんは、地元の郵便局に勤め、定年後は自宅で庭いじりなどをして過ごしてきており、地域社会とのつながりは希薄であること、長男は会社員、長女は隣県に嫁いでおり義父の介護をしていることなどを確認した。

逐語は松坂PSWが持参したSVの課題の検討に入る場面からである。

逐語

①白浜 A さんはどんな人なんですか？

② SVE やせ型で背が高くて、身なりには構わないのかいつも古びた服装ですが、私たちが訪問すると愛想よく迎えてくださって性格は社交的だと思います。

③白浜 松坂さんから見て、A さんはご長男からの虐待を受けているような印象はあるの？

④ SVE うーん、なんとも言えません。私たちが訪問するときに息子さんは会社へ行っていてお会いしませんし、A さんは特に何もおっしゃらないので。

⑤白浜 そうですか。松坂さんから A さんに、ご長男に対する感情などを尋ねてみたことはありますか？

⑥ SVE はい。たいしたことは言っていませんでした。いつも仕事で遅くなるとか…。息子さんは神経質そうな人で、経理の仕事だと聞いています。同居しているものの、平日はあまり顔を合わさないんじゃないかと思います。

⑦白浜 それでどうしてご長男は施設入所をご希望なんでしょうね。松坂さんの話を聴いていると A さんは身辺自立で要介護でもないし、日中１人で過ごせているようだし。

⑧ SVE そうですね、最初は父の物忘れがひどくなり、日中自宅で１人なのが心配だと言われて……。食事とか食べさせるのも大変だって、あ、息子さんが朝、A さんの昼食を用意してから出かけるそうです。といっても簡単なものみたいですけど。

⑨白浜 その程度で施設入所って、あり得るのかしら？　在宅での支援は検討したのですか。

⑩ SVE ええ、要介護認定の話とヘルパー派遣やデイサービス利用も説明しました。息子さんもそのあたりのサービスについては知っているようでした。A さんが「家がいい」とおっしゃっていますし、私も在宅支援でいけるんじゃないかと思っていたんです。そこへ娘さんからの電話で、弟が父を虐待しているようだっていう話があって主任 CM は慌てた感じでした。

SVRの思考

①やせ型というのは栄養不足の疑いはないのか。古びた服装からはネグレクトの心配もあるかもしれないが、SVEは虐待防止の観点でこれらをどう見ているのだろう。

④Aさんに対して長男のことをどう思っているかは聞けていないのか。SVEとAさんの関係性はどの程度だと自覚しているのだろう。面接風景がまだ見えてこないな。

⑥あまりAさんと話していないような印象だ。長男がAさんの施設入所を希望した理由は何だったのだろう。それとAさんにそのことを話したのか、だとしたらどんな伝え方をしたのだろうか。

⑧物忘れについて、SVEは課題としてとらえているようには見えない。SVEは長男の言葉を鵜呑みにしているわけではないからAさんの入所先を探すことには消極的なようだが、かといって現状で何を支援課題にしているのだろう。

⑩在宅支援の方策は検討しているようだ。SVEは、Aさんの「家がいい」という言葉を何度も述べている。自己決定の尊重を大事にしたいのだろう。けれどちょっと深まりがないような印象だな。

SVEの思考

④実は虐待防止って何をしたらいいか、まだよくわからないんだよなぁ。

⑥実際、どうだったかな、あんまり息子さんのことって聞いてないかも。でも一度くらい聞いたかな。

⑧そうだ、息子さんは父親の世話をするのが大変だってことで施設に入れたいと言ってきたのかな。出勤前に食事のしたくって大変だろうな。でも長年独身だから家事はできるのかな。これまでどんな分担でやってきたんだろう。あ、お母さんが生きてた時は違うな。Aさんの奥さんって何年前に亡くなったんだっけ?

⑩認定やヘルパーの説明は私じゃなくて主任CMがしたことだけど。主任CMも最初は在宅サービスって言ってたんだ。娘さんの電話で急に施設入所の方向になった気がするなあ。でもAさんが「家がいい」って言ってるのに主任CMも短絡的なんだよなあ。

⑪ **白浜** なるほど。松坂さんはご長女の話は直接聞いたの？

⑫ SVE いいえ。電話対応は主任 CM がしています。

⑬ **白浜** 主任 CM から聞いた印象で松坂さんも施設入所のほうがいいと？

⑭ SVE ……。そこが悩みどころなんです。主任 CM は娘さんとか息子さんの言うことを中心にして考えていて、A さんの意思をあんまり尊重していないように思えてしまって。

⑮ **白浜** なんでそう思えるのかしら？

⑯ SVE ええ、主任 CM はまだ A さんに一度しか会っていないんです。それも息子さんがいるときに訪問して、主に息子さんと話をしてて、A さんとはあいさつ程度っていうか、はなっから施設入所を前提に息子さんの話を受け入れて、A さんにはその意向確認くらいの感じでした。私としてはもう少し A さんの暮らしぶりを見たり、A さんとじっくり話してほしい気がするんですよね。

⑰ **白浜** それは大事な発想ですよね。だって A さんの居場所を決めるのだから。

⑱ SVE そう！ そうなんです。でも私、まだ 2 年目だし主任 CM はもうベテランで看護師とも長年一緒にやってきてるから、2 人が虐待防止だ、施設探そう、って言っているのを見ているとあまり口をはさめない気がしてしまって…。

⑲ **白浜** 気が引けるってことですか？

⑳ SVE そうですねぇ。なんか、まだ職員間で対等に意見を言い合える雰囲気ではないですね……。

㉑ **白浜** でも、A さんに関してはその方針でいいのかな、って疑問に感じているのよね。

㉒ SVE はい。だって A さんは「家がいい」って何度か言ってましたから。

㉓ **白浜** どんな時にそういう言葉を聞いたの？

⑫電話は主任CMの役割なのだろうか。SVEは転職2年目だが30代の中堅だ。相手が年上とはいえ、どんなチームワークなんだろう。

⑭主任CMのアセスメントには不満なのかもしれない。「本人の意思の尊重」というSVEの価値にひっかかりがありそうだ。

⑯やっぱり主任CMには信頼感がない様子。口調に力が入ってきた。ここがSVEの一番大事にしているところのようだ。

⑰ここはPSWとして支持的にしっかり強めておきたい。

⑱職場内でのヒエラルキーもあるようだ。SVEはPSW経験からいったら十分に中堅だが転職2年目ということで、他職種からの見られ方も意識しているのか。それが自分の発言や態度に影響していることは自覚しているのだろうか。

⑳チーム内の連携の課題があるのかもしれない。ここをSVEが乗り越えていくためには何が必要だろう？　そこを一緒に考えられるとよさそうだ。

㉒ここが、ちょっとSVEの説得力に欠けるところのような気がする。もう少し根拠はないのかな。

⑫私もほんとは娘さんの話を聞きたいんだけど。こういう業務分担の話もしていいのかしら。

⑭PSWとしてはやっぱり自己決定の尊重だもの。白浜さんだったら共感してくれるはずだ。

⑯うーん、ほんとにそうだったかなあ。在宅支援でいけると言ってた時もあったよなあ。娘さんの電話が大きいな。
でもどっちにしてもAさんの意向確認はなんかおざなりで気に入らなかったなあ。生活者の視点って主任CMはもっていないのかなぁ。元が施設の介護職だから無理なのかなあ。

⑱やっぱりね！　本人中心だもん。SVRさんに認めてもらえた！
2人は長年一緒にやってきてて意気投合してるし、私が一番年下だからな。でも本人とのかかわりだったら私のほうがよくやれているけどね。

㉔ SVE　お庭でAさんが土いじりをしてて、そこに訪問したんで一緒に屈んで話したんです。Aさんが「このクリスマスローズはうちのかあちゃんが気に入ってたんだ」とか「このハナミズキは息子が生まれたときに植えたんだ」とか教えてくださって。昼間1人で不便じゃないですか？　って尋ねても「慣れてるよ。ずっと住んでるし。家が一番いいよ」ってくり返されて。

㉕ 白浜　まぁ、素敵な面接風景。Aさんがお家に愛着を感じていらっしゃる様子を松坂さんは受け止めたんですね。

㉖ SVE　ええ…そうなんです！

㉗ SVE　それを子どもたちの意見に乗せて、引きはがしちゃっていいのかなって疑問だし、第一、施設に行くほどかなあって。

㉘ 白浜　そうですねえ。今のお話を聞いている限り、あんまり施設入所って印象は受けないですよね。あとは「虐待」っていうことの根拠というのか、事実確認はどうなんでしょう。それにご長男とご長女は施設に入所させたいという意見は一致しているようだけど、それぞれ理由が違いそうですよね。

㉙ SVE　あ、そうですね。たしかに。なんか“虐待”って言葉に引きずられ過ぎちゃってたかも。そもそもは同居している息子さんも施設に入れたいって言って、いろいろ調べたりもしてるわけだから、なんか理由があるんですよね。あんまりそこを重視していなかったかも。虐待って感じとは違うのかな。

㉚ 白浜　そこはもう少し情報が欲しいような気もしますね。

㉛ SVE　ええと、どんな情報があればいいでしょうか？

㉜ 白浜　そうですねえ。私だったら虐待っていわれると焦ってしまうけど、クライエントというか被虐待の可能性のある人の様子から緊急性の度合いを考えたり、サポートできる方策には何があるだろうって検討するかしら。高齢者だと季節的に夏場とか冬場は特に健康面でも怖い気がしますしね。

㉔ SVE は生活場面面接の発想をもってかかわっている。このあたりから共感的な理解を得て「家がいい」という A さんの思いを大事にしようとしているんだな。

㉔ A さんはあの家でずっと暮らしたいんだろうなあ。なのに主任 CM も娘さんたちの言いなりで施設探すとか言ってて、どうにかならないかな。SV でいい答えがもらえるといいけど。

㉕ 私も SVE の思いをしっかり受け止めたことを伝えよう。

㉖ やっぱり私、間違ってないな。同じ PSW の SVR だからよくわかってもらえる！　勇気がわくなあ。

㉘ SVE にとって、クライエントはあくまで A さんのようだ。でも、施設入所の要否については客観的判断も必要ではないだろうか。このあたり、SVE のアセスメントの程度や PSW の視点をもっと詰めるべきだろう。

㉙ SVE も「虐待防止」に気をとられたり、「本人の意思の尊重」の発想ばかりが先だって、確かなアセスメントをしていないことに気づいたようだ。

㉙ あれ、私も虐待ってことを否定する発想しかなかったのかな。そもそも息子さんが施設に入れたいって相談に来たし、それなりにサービスについて調べていたし。ネグレクトってわけでもないんだよなあ。

㉛ ここはどうやって自分で考えてもらったらよいだろう。事例にそって私が教えてしまうより、SVE の経験年数など考えると、もう少し自分の力で知識や経験の引き出しを開けてほしい。

㉛ 何をしたらいいか教えてもらおう。今日はここを聞いて帰らなくちゃ。

㉜ 虐待が疑われるなら身体面の状況把握にはやはりかかりつけ医がよいのだろう。包括の割に他機関連携の程度が低いのだろうか。主任 CM や看護師はどのような観点で虐待防止策をもっているのか SVE は把握できているだろうか。

㉝ SVE　そっか。かかりつけ医がありますけど、情報得られるかな。栄養状態とか、体にケガがないかとかですよね。

㉞ **白浜** うーん、そういうのもあるし、在宅の高齢者虐待ってどんなケースが考えられるのかしら。私はあまり経験がないけれど、前任の社会福祉士さんも含めて、センターでこれまで支援した事例だとどうなんでしょう？

㉟ SVE　そうですねえ。きっと過去にもありますよね。そこらへんで主任CMたちは慌てているのかなあ。

㊱ **白浜** よくわからないけれど、Aさんに対する虐待があるのかどうかが1つのポイントかしらねえ。看護師さんも訪問してて健康チェックとかしてないのかしら？

㊲ SVE　そういえば、そうですね。血圧測ったり食事の内容を尋ねたりしていました。そういうところからもわかりますよね！

㊳ **白浜** で、どうですか？

㊴ SVE　ああ…私は看護師さんに任せてて聞いてませんでした。それじゃダメですよね。

㊵ **白浜** というか、せっかく多職種がいるわけだからお互いに活用できると力は増すでしょうね。

㊶ SVE　もう少し話し合ったほうがいいかもしれないですね。なんか遠慮しすぎてたかなあ。

㊷ **白浜** もし、そう気づいたんだったら明日から少し違う動きも出てきそう？

㊸ SVE　そうですね。Aさんについてはお互いに見てることとか考えてるところがあるのを、もっと話し合うべきですね。それに息子さんがなんで「父を施設に入れたい」って言ってるのか、ちゃんと理解しないといけないですね。

㉝SVEはセンターとしての蓄積を活用していないようだ。それにどこか他職種への目線が他人事っぽいなあ。

㉞センターから看護師も訪問しているはずだが情報共有とか検討していないのかな。前任の社会福祉士がどうしていたかも過去の記録を読めばわかるんじゃないだろうか。少し具体的に動くヒントを提供してみよう。

㉝なるほど。Aさんはやせてるけどあれは元からなのかな。ご飯どきに訪ねたことはなかったけどちゃんと食べてるのかしら。息子さんについてももう少しどんな人かとか、聞いてみたらいいのかもしれないな。かかりつけ医は近所だって言ってたけど、いつ頃受診したのかなあ。

㉟他職種とチームを組むには、相手の知識や技術に対するリスペクトが表現されることも大事だ。SVEは気遅れや不信感が先だって話し合いを避けているようだから、ここらへんからきっかけを得られるといいかもしれない。

㉟そうか、あんなに「虐待防止」って過敏になってるのは包括の役目だからかと思っていたけど、これまでに失敗とか、それとも成功事例とかがあってもおかしくないな。過去の月報とか見たらわかるかな。

㊲訪問時の様子を思い出せたようだ。何か気づくことがあるだろうか。

㊴体のことは看護師の仕事、って割り切って私の範疇から外しちゃってたな。病院ではそういうことも病棟カンファレンスで情報を得ていたのに、センターに来てから私は「生活面」って勝手に割り切りすぎだったかも。

㊶本当に遠慮だけだろうか。発想が欠けていた面にも気づいたのではないだろうか。

㊶遠慮っていうか、私、あの主任CMをあんまり信頼できていないのかも。

㊷ちょっと励まして意欲を引き出しておきたい。

㊸Aさん世帯をアセスメントする発想にたどり着いた。SVEはまだ若いから高齢の親を介護する子の発想については想像の域を出ないだろう。少し自分の話もしてみようかな。まだまだSVEと打ち解ける必要もあるし。

㊸私なりの意見も伝えて、それに主任CMや看護師の意見も根拠を含めてちゃんと聞かなきゃいけない。考えてみたら、クライエントはAさんだけではないのだから。病院の入院相談でも、家族との面談を重ねるだけで状

㊹ **白浜** うん。独身で、仕事も忙しくて、1人で高齢になってきた父親と暮らすのは不安があってもおかしくないよね。私も実家の母が高齢になってきたから、なんとなく感じるなぁ。うちの場合は妹が同居してくれているけど、やっぱり昼間は母が1人だし。妹だけに世話をしてもらうのも悪いから、どっかでいつかは施設かな、なんて思っちゃうことも出てくるかも。

㊺ SVE なるほど。うちはまだ両親が働いていますからね…。息子さんも、それに、離れてる娘さんもAさんのことを心配して施設って言っているとも考えられるんですね。なんか私はAさんが「家がいい」って言ってるのに、勝手に施設へ入れようとしている子どもたちって見方をしすぎたかも。なんとなく「病院PSW癖」かもしれないですね（笑）。

㊻ SVE 普通の家族だったら、いきなり本人の意向を無視して施設に入れるなんて考えませんよね。

㊼ **白浜** という面もあると思うし、まだわからないことが多いですね。でも「病院PSW癖」っていうのは面白い発想。たしかに家族を敵視しちゃったりすることが病院PSWにはときどきあるかもね。私も経験あるからわかります〜。気をつけなきゃですね。でもAさん世帯に関しては、どんな親子なのか、もう少し紐解いていけたらいいですよね。

㊽ SVE はい、自分でもわかってないこととか、一面しか見えてないことにちょっと気づけました。主任CMや看護師と話すの、避けてたからなあ。もっとチームに入っていかないと、ですね。

㊾ **白浜** これから一緒にチームを組んでいく人たちですもんね。松坂さんのソーシャルワーカーとしての力を発揮したら、聞くところは聞く耳をもってくれるんじゃないかしら。私はそれを応援したいですね。

㊿ SVE はい。ありがとうございました。

㊹「自己決定の尊重」に対するSVEのこだわりは、大事な反面、それに固執しすぎると見落としてしまうことがあるのかもしれない。

況が変わっていくことがあった。私は自己決定の尊重といいながら、最初の来談者をおざなりにしちゃってたんだ。

㊺「病院PSW癖」とは面白い発想だ。たしかに過去の職歴や経験に影響を受けて、知らず知らず、先入観で目が曇ることもあるなあ。そのことにSVEが気づけたのはよかったし、私も気づかされた気がする。

㊺相談に来た家族の意向だけで入院を受け入れたりしないようにっていつも意識してきて、その癖が残っているのかもしれない。

㊼さて、Aさん世帯へのかかわりについて、展望できただろうか。

㊽PSWとしてのこだわりへの気づきとともに、この職場でのチーム連携の課題がSVEにはあるということも発見できた。松坂さんが本領を発揮してより厚みのあるチームをつくって欲しいな。

㊽包括での役割分担とか「社会福祉士」の役割がイマイチわかっていなかったのかも。考えてみたら同じソーシャルワーカーなんだし、病院でやっていたようにチームで支援するとか、医療情報も活用することがやっぱり必要なんだ。私がAさんについて感じていることもちゃんと伝えて、もう少し積極的に主任CMや看護師とも意見交換するべきだな。

解説　SVの初期段階の課題：波長合わせ

●スーパービジョン方法を確立する

お互いに専門性を共有できているとしても、初対面に近い状態では、SVEの実際の価値観や実践力、また職場環境や業務内容がSVRにはわかりません。事例レポートを用いながらも、事例検討ではなくSVEのソーシャルワーカーとしての実践の把握を目的として白浜PSWは質問を重ねます。この対話の蓄積により、SVEはSVの進め方、つまり「尋ねられて考える」「考えて発言しフィードバックを受ける」といった往還による気づきの意義を体験的に理解していきます。

●SVEの実践の振り返りを支え、支援課題を掘り下げる

松坂PSWの発言からは、Aさんの虐待に対する危機感が感じられず、また施設入所を要する状態像も見えてこないため、白浜PSWは松坂PSWが何を支援課題としているのかを掘り下げる必要性を感じています。そこで、Aさんとどのような支援関係を築き、そのことをどのように省察しているのか、支援展開を振り返ることができるように問いかけています。このことは、SVEが今回のSVで何を検討しようとしているのかという核心に通じていきます。

●職場や業務内容などSVEが自身の環境を俯瞰する

白浜PSWは、松坂PSWがソーシャルワーカーとして機能する「場」を含めてSVEのありようをとらえようとしています。職場外SVでは一度や二度で見えてこない面もありますが、大切なことは、自分の所属機関における立ち位置や他職種との関係性をSVEが客観的にとらえることを支え、職場環境が及ぼす影響に関するSVE自身の再認識を促進することです。

●支持的な表現でSVEの語りと内省を促す

松坂PSWの発言からは「自己決定の尊重」を重視しつつも、実践に不全感を抱えていることが伝わってきます。そこで白浜PSWは、松坂PSWの価値観を理解して受け止めたことをあえて言葉で返し、PSWとして大切に共有する姿勢を表現しています。これによりSVEはSVRに一層こころを開き、安心して語れるようになります。この安心感を基盤に据え、白浜PSWは松坂PSWがどのようにAさんの自己決定の尊重を実行できるかを一緒に考えようとしています。

[スーパービジョン第2回目]

第3節 「死亡退院ケースにPSWができることはあるのか」

●スーパーバイジーのレポート概要

精神科病院でかかわったＢさん（60代）。（※既に死亡しており、自分も退職後なので誰の了解も得ていない。そのため個人情報の匿名化には特に注意した。）

Ｂさんは、同県内の精神科Ｑ病院から内科的な治療のために転院後、死亡退院した末期ガンの患者。Ｑ病院に長期入院しており、身体状態の悪化による転院相談は成年後見人（司法書士）からのものだった。「Ｑ病院のソーシャルワーカーから、転院先を探すように言われた」と困惑した電話相談を受け、松坂PSWが院内調整し、緩和ケアを目的として内科合併症病棟に入院した。成年後見人が手配した救急車で転院してきたＢさんは、体が汚れて悪臭を放ち、げっそりやせて脱水もみられた。Ｑ病院は、同県内だが遠方のため日常的な連携はなかったが、主治医や看護師はＱ病院ではどんな治療をしていたのかと呆れていた。

身体状態の改善や緩和ケア中心となり、SVEにはできることがなかった。ただ成年後見人と医療費や自己負担に関する費用の件や、身寄りのないＢさんの死亡時の対応について、成年後見人がどこまで担ってくれるかを確認するなどに終始した。２週間後にはＢさんの看取りをむかえたため、SVEは「自分にできることがほとんどなかった」との不全感が強く残った。

スーパービジョンの場面

前回の事例の経過が簡単に語られ、また動きがあったら提出したいとのこと。その後、持参したレポートについて話す。Ｂさんとは、SVEが病院を退職する１年ほど前に入院相談からかかわったものの、やれることは少なかったこと、病棟ではＱ病院での治療に対する疑問の声を何度も聞いたこと、Ｂさんと接するうちにＱ病院に対するマイナス感情が強まっていったことなどが語られた。

逐語は死亡退院ケースにPSWができることはあったのかについてを話し合う場面からである。

逐　語

①**白浜** 転職前のことで年月も経過しているのに、細かいことまでよく覚えていますね。

② SVE はい。誰のことでもってわけじゃなくて、Bさんについてはずっと心にひっかかっているんで。

③**白浜** そうなんですね。ここまでのお話では、松坂さんは何度もBさんのベッドサイドに訪ねていたようだし、できることがなかった、と言われていたけどほんとにそうなんでしょうか。

④ SVE だって、転院時のBさんは既に身体的に相当弱っていましたし、だからQ病院が退院させたわけですし。

⑤**白浜** そこでちょっと聞いていいですか。成年後見人からの電話相談で、Bさんの意思は確認できたんですか？

⑥ SVE いえ、後見人さんからは、Bさんはあまりお話ができないし、Q病院のワーカーさんから早く転院先を探すように催促されたそうで、とにかく病院探しをしている感じだったので。

⑦**白浜** そう、ちょっと意外ですね。前回のSVで松坂さんは利用者さんの自己決定が一番大事って言ってご家族や他職種のありようにも批判的だったけれど……。

⑧ SVE あ、はい。確かにそうなんです。後見人さんには、ご本人はどう思っているんですかと尋ねました。電話相談ではいつもそうしています。ただ……（うつむく）。

⑨**白浜** ただ？　ゆっくり話してくれていいですよ。

⑩ SVE Q病院って、県内でも評判が悪いというか入退院も少なくて閉鎖的なんです。で、病院から転院の話が出る少し前に後見人さんが面会に行ったとき、既にBさんは要介護状態だったそうなんですが、その……、ひどい有様で介護されているのを見て、できれば老人ホームとかに移してあげたいと思っていた矢先のことだったんだそうです。だから後見人さんも早くあの病院から脱出させたい思いが強かったようです。

SVRの思考

①前回に比べてSVEの描写が細かい印象だ。相当に思い入れがあったのだろう。それがSVテーマと関連しているかもしれない。

②やはり、引っかかりを語りたいようだ。レポートにもある「不全感」に通じるのだろう。ここを詳しく聞いてみたい。

③SVEは泣き出しそうな表情をしている。Bさんの様子に相当心を痛めたのだろう。それにしてもQ病院ってどんな病院なんだろう。PSWもいるだろうに県内の横のつながりもないのだろうか。

⑥SVEは、入院相談の際に本人の意思確認を重視しないんだろうか。前回のSVではあんなに自己決定にこだわっていたんだし、少し突っ込んで聞いておきたい。

⑧やはり、ここはSVEの姿勢として一貫しているところだ。とすると何か特別な状況だったのだろうか。

⑨ゆっくり考えながら話してもらおう。少し沈黙があってもいいし。

⑩なるほど、そういう病院はまだあるんだな。この地域でいえば昔のX病院みたいな感じか。といってもあそこは院長が代替わりしたり県の監査の指摘が続いて今はずいぶん変わった。

「脱出」か。SVEは後見人の思いに同調したのかもしれない。それとも後見人が本人

SVEの思考

①忘れるわけにはいかない状況だったから。でも今日どこまで話せるかな……。気持ち的なことだけかもしれないし。

③だいたい病気で弱ったから退院というのも私は納得していなかった。Bさんはもっと早くに退院できたはずじゃないかとずっと気になっていた。あんな状態での転院で私にできることはなかった。この怒りは白浜さんに言ってもいいんだろうか。

⑤あの時はBさんの意思というよりも早く助けてあげたい気持ちになったんだった。確かに意思確認となると少し曖昧だったけど……。

⑦ほんとは尋ねたと言ってもベッド調整したあとで後見人さんに念押ししたんだ。それはやっぱりPSWとしての基本を外れたことだったのかな。

⑪ **白浜** 「脱出」なのね。それで松坂さんも急いで院内調整を？

⑫ SVE　はい。だってベッド上に拘束されたBさんは、下半身裸のままビニールシートの上で排泄させられていたそうです。

⑬ **白浜** え？！　そんなひどい状況ってあるの……。

⑭ SVE　私も信じられませんでした。そんな状況だから後見人さんも転院させたいと言われるし、ご本人にとって少しでもいい治療環境を提供したいというのはすごく共感できましたし。

⑮ **白浜** うーん。Bさんの意思に反する転院とは思えないってことよね。それで入院時には意思確認されたの？

⑯ SVE　はい。やっぱり気になって入院時診察に私も同席していました。Bさん弱々しかったけど、ちゃんと意思の疎通はとれて、先生が「入院してお体を少しでも楽にさせましょうか」って声をかけたら「お、願い、します」とかすれ声で言われました。同意書は後見人さんが代筆したけど任意でした。

⑰ **白浜** そういう一つひとつの行動がBさんを1人の人間扱いしているっていうメッセージになりますよね。

⑱ SVE　あ……、そうですか、そうですよね。

⑲ **白浜** 私にはそう思えますよ。温かい診察風景ですよね。

⑳ SVE　………。

㉑ SVE　Bさんに、お水を飲みますか？　って看護師が聞いたら「いいの？」って聞くんです。もちろんよ、なんで？　と返すと「おしっこ出ちゃうよ」って。後見人さんが言うには、Q病院では排泄を減らすために水分摂取も制限されていたらしくて……。それもビニールシートに垂れ流しの状態で。看護師は「どんどん飲んでたくさんおしっこしていいよ」「オムツが濡れたらちゃんと替えてあげるから」って言ってくれていました。

㉒ **白浜** 松坂さんは看護師さんの言葉に安心したんでしょうね。

㉓ SVE　あ、はい。私にはしてあげられることがないけど、合併症病棟の看護師は特にいい人が多かったからほっとしました。

㉔ **白浜** Bさんもほっとしたかしら？

㉕ SVE　そう……、ですね。Bさんは徐々に「お水、欲しい」って言うようになって……、安心してもらえたのかもしれません。

㉖ **白浜** きっとそうですよね。Bさんの「安心」は松坂さんのいた

の意思を代理していると考えたのか？
それはPSWとしては問題だな。

⑫なんと！　そこまで劣悪な病院は、この地域にはさすがにない気がする。地域格差だろうか。SVEが急いで院内調整をして入院受け入れに向けたのもわかるなあ。

⑮でもやっぱりご本人の意思確認はすべきではないか。

⑯なるほど、「脱出」後とはいえ、SVEは初診時にちゃんと同席してBさんの意思確認を見届けたんだな。

⑰ひどい扱われ方だったBさんを、SVEの病院では丁寧に迎えている様子が目に浮かぶな。

⑱ちょっと涙ぐんでいるように見える。こみ上げる思いがあるんだろうか。

㉑SVEの表情が怒りに変わったように見える。夢中でしゃべっている。SVEの感情が表されているようだ。
「言ってくれて」か。SVEはBさんに感情移入しているんだな。

㉒そのことに気づいているかな。

㉓最初にも、私にはできることがなかったと言っていた。この思いがSVEの心に引っかかっているのだろうか。

㉕SVEは病室にもBさんを訪ねて様子を見ていたようだ。

㉖Bさんが安心できたとしたら、そのことを

⑪脱出ってちょっと変な言い方だったかなぁ。率直にあの時はそういう気持ちだったから思わず口から出てしまった。

⑬依頼を受けた時点で私は感情的になったのかもしれない。いつもよりご本人の自己決定の尊重って発想は出てこなかった。でも当然の支援かなと思っていた。

⑮あの時のBさんにノーと言えるはずはなかったけど、でも転院してきてよかったことは間違いないと思う。ただ、やっぱり意思確認は慎重にするのが正解なんだろう。

⑱Bさん、Q病院では人間扱いされていなかった、ほんとにひどい。うちの病院に来て少しは安心してもらえたのかな。

⑳こんな風に言ってもらえたのは初めてだ。うれしい。

㉓私はほんとに無力だったな。でもいい看護師が多くてほんとによかった。

㉕そうだった。Bさんは少しずつ要求を言えるようになっていったんだった。

病院に転院できたおかげですよね。違う？

㉗ SVE そうです。うちの病院に来てＢさんはきっと少しは体も楽になったし、快適とはいえなくても、Ｑ病院よりはずっとマシな看護を受けられたと思います。

㉘ 白浜 それは松坂さんが、後見人からの入院相談に危機的な状況を察知して、速やかに入院受け入れの調整をしたことが始まりだと私は思います。松坂さんの正義感とか思いやりみたいなものが原動力だと思うけどどうですか？

㉙ SVE ありがとうございます。確かにそうです。でも……、それだけです、私がＢさんにできたことって。

㉚ 白浜 それだけ、ではダメなの？　Ｂさんにかかわったことにならないの？

㉛ SVE Ｂさんのことはずっと気になってましたし、そもそも転院先の紹介もしないＱ病院のPSWに疑問を感じて何度か問い合わせました。Ｂさんは長期入院だったので過去の経過とかも。でも、いつも「調べて返事します」と言ったきり返答はなかったんです。

㉜ 白浜 それは……、心が痛くなるお話ね。知っているPSW？

㉝ SVE 県の精神保健課の連絡会議には来てましたけど県のPSW協会とかには入ってないと思います。何人かいるようですが…。

㉞ 白浜 そのPSWたちのことも私としてはすごく気になるけど、話を続けて。ほかにはＢさんにどんなかかわりを？

㉟ SVE かかわりっていってもＢさんはガンの末期だったし、内科的な処置が中心で、それも積極治療というよりは緩和ケアで看取る感じです。Ｂさんはお金があって個室だったので、後見人さんがラジカセを持ち込んで音楽とかかけてて、私は時々病室に行ってＢさんに話しかけるくらいでした。

㊱ 白浜 どんな会話ですか？　覚えてたら聞かせてもらえます？

㊲ SVE はい。いつも他愛のない会話です。それにＢさんはほんとに末期だったからあんまり長く話せないし、何度もあったわけでもないんですけど。「ご気分いかがですか」って尋ねたり。「お水飲んだ」ってＢさんが言うから「そうですか。お口から飲めてよかったです」って返したり。一度、「プリン、食べた」って言うから「おいしかった？」って聞いたら、首をこっくりと頷い

SVEはどう評価しているんだろう。

㉗転院したことについてSVEは高評価しているんだ。でも直接できる支援はなかったことが心残りなのだろうか。

㉘私なりの見方を伝えてみよう。

㉙即答だ。SVEもそう感じているんだ。でもそれでは満足しないということか。

㉙白浜さんが励ましてくれるのはありがたいけど、でもBさんにもっと早くできることがあったはずなのに。

㉚もう少しBさんへの支援内容を聞いてみよう。

㉛ああ、私でもそうするだろうな。同じPSWとして一体どうなってるの？　と聞きたい思いもあるし。でもQ病院のPSWから誠実な対応は得られなかったのか。それも心が痛むなあ。

㉛あの人たちにPSWを名乗ってほしくない。それは今も変わらない私の思いだ。白浜さんはどう思っているだろう。

㉞この話はあとで時間があったらすることにして、SVEとBさんのかかわりを紐解いていこう。

㉞確かにいまQ病院のPSWの話をしてもしかたないな。

㉟こうなるとPSWにできることは確かに少ないだろうな。私にも経験がある。病室に足を向けるだけでも時間の捻出やなんかで苦労したんじゃないだろうか。

㉟あの時もPSWの無力さを実感したなあ。なにしろお水を飲ませてあげることだって私にはできなくて。身体的に重症な人にPSWができることってあるんだろうか。

㊲SVEの表情が和らいでいる。
また涙ぐみそうな感じだな。温かい会話の風景で感動するなあ。

㊲なんか、泣きそう。私、Bさんに感情移入しすぎていたと思われちゃうかなあ。実際そうだったかもしれないけど。

て「ありがとう」なんて返ってきて。Bさん、いい人だなあと思いました。「欲しいものがあったら何でも言ってください」って思わず言ったら、また「ありが、と」って。それから目をつむって眠って……。

㊳ **白浜** 聞いててじーんときますね。Bさんの最期の日々は穏やかだったんですね。

㊴ SVE はい。先生が、薬の調整がうまくいって痛みはあまり感じてないはずと言ってましたし、うとうとしていることが多くて穏やかでした。主治医も看護師も本当によくやってくれました。

㊵ **白浜** そして松坂さんも。私は、Bさんと他愛ない会話をする人って、きっと松坂さんしかいなかったんじゃないかなと思いますよ。個室って快適かもしれないけど、ずっと1人でしょ。廊下の外で働く人の物音が聞こえたり、主治医や看護師さんは入ってきて何かと体のことを世話してくださるけど、なんてことない人と人との会話って、意外と少ないような気がするの。

㊶ SVE たしかにBさんには家族がいないし、面会は後見人さんくらいだけど入退院時しか来なかったし。そうですね。

㊷ **白浜** だから松坂さんは松坂さんにしかできないBさんとの時間の過ごし方をしたんじゃないかな。

㊸ SVE うぅ……（涙）。

㊹ SVE でも私はもっと早くBさんに出会いたかったです。あんな性格もよくて穏やかなBさんが、Q病院で下半身裸の垂れ流し状態にされたり、その前も、もっと前に退院だってできたかもしれません。後見人がつくほどのお金もあるんだし。

㊺ **白浜** そう、そういう意味で「何もできなかった」ということだったのね。悔しいね。

㊻（しばらく沈黙）

㊼ **白浜** Bさんの退院支援を考えると出会うのが遅すぎたっていうこと……。私も似たような思いをした経験があるけど、その時に先輩から「仲間のPSWを信じなさいよ。あなた1人でできないことを、各地のPSWがやっている。PSW皆で全体の質を上げればいいじゃない」って。

㊽ SVE でもQ病院のPSWなんか信頼できませんよっ！

㊳Bさんと他愛ない会話をする人は、SVEしかいなかったんじゃないだろうか。

㊳白浜さんも共感してくれたみたい。人に話すのは初めてだけど話してよかった。

㊴いいスタッフがいる病院だったんだな。関係性もよくて今のSVEの職場とは雰囲気が違っているようだ。でもまた他職種の働きの話だ。

㊵BさんにとってのSVEとの会話の価値を感じ直してほしいな。私もホスピスでのスピリチュアルケア実習や、父を看取った時のことを思い出すなあ。でもこの話をするのはやめておこう。今日はSVEの思いをしっかり聞いて受け止めることが重要だ。

㊵なるほど、そういう見方をしたことはなかったな。Bさんはひたすら「末期の重症患者さん」として扱われていたし。

㊷このことをSVEはどう受け止めてくれるだろう。

㊷そう言ってもらえれば報われる気がする。でも私にできることを必死に探したけど、やっぱり何もできなかったと同じなんじゃないかな。

㊸涙だ。どんな意味をもつ涙だろう。

㊹SVEの正義感みたいなものが表れている。PSWとしてBさんの退院支援を考えたんだ。

㊺無念だ。PSWとして私も無念だ。

㊼1人でできることには限界があるし、PSWなら皆が同じ責務を自覚してそれぞれの職場で働くことができないとな。私の先輩に言われた話をちょっとだけ紹介しよう。

㊼だってそのPSWがちっともアテにならないんだから！　白浜さんは何を言ってるんだろう。

㊾ 白浜 同感。少なくとも松坂さんの話から判断する限り、Q 病院の PSW はひどいわね。そのことはどうします？　会ったことはあるんでしたよね？

㊿ SVE そのこと、ずっと考えています。実は、今の包括では、前の職場の時よりも、Q 病院と連携する可能性があるんです。うちの管轄地域から県境に住んでいる高齢者が入院することはあり得るので。Q 病院の PSW がちゃんと PSW の働きをしないと、多くの利用者への未来の権利侵害を食い止めることはできません。第一 PSW を名乗ってほしくないです。

51 白浜 正義感が伝わってくるなあ。今日は、B さんへの心残りを感傷的に振り返るだけじゃなくて、今後の松坂さんの連携先に対する、PSW としての権利擁護の視点の再確認もあったのね。

52 SVE そんなはっきり意識したわけじゃないけど、話してたらそういうことかなって整理できてきました。ありがとうございます。

53 白浜 いいえ。お礼をいうのは私のほうです。温かい気持ちにもさせてもらったし、1 人のクライエントを、最期まで人として大切にする価値を再確認できたし。それと、PSW 全体の質を上げる使命感も！　松坂さんと共有できる気がします。

54 SVE ありがとうございます。なんか、少しだけ気が楽になりました。

55 白浜 ええ。松坂さん、肩の力が抜けたように見えますね。

56 SVE はい。B さんに感謝したいです。

57 白浜 そうですね、ありがとうございました。

（終了後、持参したレポートを SVE が回収）

㊾SVEがBさんに「できることがなかった」と言っているのは、今後につなげることができる課題なのかもしれない。

㊿なるほど、SVEは転職してもBさんの事例をここにもってきたのは、単に気持ちを整理するための振り返りだけではなく、現職場での今後の他機関（Q病院）との連携や、PSW間の信用失墜なども念頭に置いてのことなのか。しっかりしているな。

51 SVEには権利擁護の視点が備わっている。そのことを強めて伝えよう。

53 今後もPSWが力をつけていくために何をすべきか私も責任をもって考えよう。このSVEとも一緒に考えることができそうだ。

57 Bさん、安らかにお眠りください……。

㊾そこは共感してもらえるんだ。当然だとは思うけど。

㊿信頼できないからうちの包括から紹介は絶対したくないけど、隣接する地域の大きな病院だから連携することはあるはず……、その時私は冷静でいられるか心配なんだ。

51 あ、言われてみれば権利擁護の視点って、その通りかも。

56 そうだ、Bさんに出会えたこと、こうしてSVの場に持ち出させてもらったこと、ずっと忘れずに感謝して今後の仕事にちゃんと活かそう。

解説　SVの序盤の課題：SVEの語りの促進

●支持的なコメントの伝え方

白浜SVRは、冒頭からSVEの発言や態度に前回との違いを感じ、Bさんへの支援にSVEが強い「引っかかり」を覚えていることを察知しています。口ごもったり自責的な発言を繰り返すSVEに発言を促し、さらに自身の支援を客観的に再検討できるように、白浜SVRはSVEの発言を傾聴し、またよく観察したうえで、あえて支持的な言葉を多用しています。たとえば、⑰、⑲はSVEの話をよく聞き、語られている場面を想像しなくてはできない表現です。㉒、㉔、㉖は、当時のSVEの気持ちを汲み取り、応答する言葉を短く伝えています。こうしたSVRの受容的態度に支えられ、SVEは涙で感情表出しつつ、自身の不全感を乗り越え、客観的に実践を振り返ることができていきます。

●課題の発見や未来の実践へのつなげ方

スーパービジョンがケア会議と異なることの1つには、本事例のように過去の実践を振り返ってソーシャルワーカーとしての知識や技術、価値を再検討することができる点です。「あのときどうすればよかったのか」に加えて、同様の事態に遭遇したらどうすべきか。さらに、同じ状況を回避するために今からできることは何かという観点に立てるよう、白浜SVRは松坂PSWの思考展開を支えています。松坂PSWは、答えを得たわけではありませんが、自分の不全感の基にあるPSWとしての価値をSVRが共有してくれたことで勇気を得て、Bさんとの出会いにも新たな意味づけをしたことで気持ちに変化が生じているのです。

●過去の実践を振り返る際の事例の取り扱い方

既に「終結」した実践を振り返ることはスーパービジョンではよく行われます。事例の当事者の同意を得ることが難しい反面、SVEにとっては印象深く心に残っていたり、腑に落ちないままひきずっている思いを言語化する重要な機会といえます。一方で、SVEのレポートやSV中の対話において、個人が特定されないように特段の注意を払う必要があります。SVの終了後、松坂PSWがレポートを回収していますが、こうした対応も不可欠です。

関係性が構築できずに難航している支援中の事例においても、SVEがクライエントの同意を得られないことはありますが、その場合も同様にします。

［スーパービジョン第3回目］

第4節 「“高齢者の地域生活を支援する”とは」

●スーパーバイジーのレポート概要

前回のSV後の経過：センター内のケア会議で、看護師と主任CMにSVE自身の意見（Aさんが自宅で暮らしたいと言っていること、それを尊重したい気持ちであること）を伝え、自分もAさんの息子や娘の話を改めて聞いてみたいことを伝えた。看護師からは不満を言われたが、主任CMは賛同してくれる面もあり、改めて主任CMとSVEが一緒に訪問してAさんの話を聞いたり、息子にセンターへ来てもらって施設入所を希望する理由について再確認した。

息子のAさんに対する思いやおかれている状況を丁寧に聞く過程で、高齢者本人だけでなく世帯員を含めたアセスメントや支援の重要性を再認識できた。

SVEはAさんの娘とはまだ話せていないが、主任CMだけでなく自分からも家族に連絡をとっていいということがセンター内で確認できた。現在は、Aさんの要介護認定の申請について支援中。Aさんの日々の暮らしは平穏ではあるが、介護サービスのニーズ把握はまだで、サービス内容は未定。地域包括の立場で、高齢者の地域での生活を支援することはどこまでできるのだろうか。

スーパービジョンの場面

レポートを基に、前々回に提出された事例についてSVで得た気づきを踏まえてSVEがどのような動きをしたか説明があり、SVRからも状況確認のためにいくつかの質問をして現状について理解した。

今回のSVのテーマは、かなり漠然としたタイトルがつけられておりSVRはSVEが何を検討したいのか、まだ掴み切れない。前々回のやり取りも思い返しながらSVEの語る経過を聞いていった。

逐語は“高齢者の地域生活を支援する”ことについて、具体的な検討に入る場面からである。

逐語

①**白浜** Aさんへのかかわりについて、世帯全体を支援対象としてとらえ直したことで松坂さんの動きも変化したようですね。

② SVE あ、はい。そうなんです。本人中心っていう発想が強すぎて、家族も支援対象として見ることを忘れてました。

③**白浜**「忘れて」いたの？

④ SVE はい。考えてみれば病院で働いていた時に家族支援もかなりやっていたし、精神障害者を抱えた家族の苦労とか生活への影響も理解していたつもりだったのに、なんか今回はAさんの意向しか聞こうとしていなかった自分に気づいたんです。

⑤**白浜** 私が聞いてて思ったのは、看護師さんや主任CMさんとの役割分担というか、チームの協働のありようにも何か戸惑いや遠慮があったのではないかということでした。

⑥ SVE たしかに……、そうです。2人は前からずっと一緒にやってるから、暗黙の了解みたいな空気で、家族に電話するのも主任CMの役割って感じだし口をはさみにくいんですよね。

⑦**白浜** でも、今回は少し思い切って意見を言ってみたのね？さっきレポートを聞いてて松坂さん、頑張ったなと思ったのよ。

⑧ SVE はい！ この前のSVで、自分の発想が間違っていないって思えたのと、そう思っているのに遠慮して意見を言わないのは、結局クライエントであるAさんや息子さんたちに対して誠実じゃないなと。そんなふうに考えられるようなったから。

⑨**白浜** クライエントに対して誠実であることって、時には自分の感情を脇へ置いて頑張ることでもあるものね。そして、今回はそこから展開して、ご家族へのかかわりを松坂さんも主体的に行うことに繋がって、結果的にはAさんの「家がいい」というご希望に沿って今は支援しているってことですね。

⑩ SVE はい。でも……、実際には息子さんの気持ちを詳しく聞いてからは、Aさんの今の生活を維持するだけでいいのかなと新たな疑問もわいています。

⑪**白浜** そのことと、今日のテーマはどう関係するのかしら。

⑫ SVE ええと、そうですね。息子さんの気持ちは複雑で、たぶん

SVRの思考

①前回は、SVEはひたすら「本人の自己決定の尊重」と言っているだけで、実際には家族のアセスメントが不十分だったと気づいて帰っていった。その気づきによって、支援対象のとらえ直しができたようだ。
③中堅といえる経験年数のSVEが忘れるようなことだろうか。

⑤Aさんの意向しか聞かなかったのは、家族とのかかわりを主任CMがするという役割分担も一因ではないだろうか。そこにSVEは気づいているのかな。
⑥やはり口出ししにくかったんだな。そんななかで今回は頑張ったということか。
⑦だったら肯定的なフィードバックをして励ましておこう。
⑧なるほど、PSWとしての「クライエントに対する責務」をSVEは自覚できて、その結果の行動だったんだ。

⑨SVEが責務に誠実な行動をできた結果、Aさんの意思も尊重できている、この関連性を整理して認識しておいてほしいな。

⑩なるほど、長男の話を聞いて、今度は長男がクライエントになったというわけか。でもテーマは「高齢者の地域生活支援」だからあくまでAさん中心の検討かな。
⑫なんだか情報が整理されていないようだ。

SVEの思考

②Aさんの事例は初めてのSVだったから意気込んで来たわりに、中身が薄くて恥ずかしかったなあ。でも大事なことに気づけてよかった。

⑤そうそう、職場の雰囲気になかなか溶け込めてなかった。それが自分の仕事の質にも影響していたとは思ってなかったな。SVで気づかせてもらった。

⑦あ、がんばったことを認めてもらえた！

⑨さらっと言われるけど「自分の感情を脇へ置く」って、さじ加減が難しそう。

⑫なんか言ってることが自分でも

Aさんと、もっと普通の親子関係になりたいようにも思えるし、今のままじゃいけないって感じがあります。それに、業績が悪いと職場をリストラされそうで焦っていて、もっと仕事に打ち込みたいのかなと。で、独身の息子さんには相談相手があんまりいないようで思い詰めてるし。Aさんの娘さん、つまり息子さんからみてお姉さんですけど、Aさんはこの娘さんのほうを昔から可愛がっていたってことで、何かと複雑な親子関係があるんです。

⑬ **白浜** ちょっと話についていけないので、整理していいかしら。ご長男から、感情面の話もかなり聞きだしたようですね。それで松坂さんのご長男に対する見方が変化したのね？

⑭ SVE そうです。苦労してお父さんの面倒をみようとしているのかな、って。でもイライラしてお父さんに怒鳴ったりしてしまったそうです。それが姉から「虐待」といわれたみたいで。

⑮ **白浜** なるほど。で、そのご長男の気持ちを大事にすることと、高齢者の地域生活支援を考えることの両立が課題なの？

⑯ SVE あ……、うーん……。そう聞こえましたか？

⑰ **白浜** さあ、私には話がよく見えてないけれど、前回はひたすらAさんの自己決定を大事にして子どもたちからの施設入所依頼には否定的だったわね。今の松坂さんの話は、ご長男のお気持ちに寄り添いたいっていう表現のように聞こえるから、何をここで一緒に考えたらいいのかなって、少し迷っているの。

⑱ SVE そうですよね……。なんだろ。息子さんは、お父さんがお姉さんと電話で話してるときに、自分の悪口を言っていて、それがショックだったと悔しそうに言ってました。

⑲ **白浜** そう聞いて松坂さんはどう思ってどんな応答をしたの？

⑳ SVE それは腹が立ちますよね、って。だって、お仕事しながらお父さんの昼食の用意もして、家事もしてるのに。

㉑ **白浜** ご長男は、松坂さんに共感してもらえてホッとしたかしら。

㉒ SVE そうですね。そこからずいぶん打ち解けた話しぶりになっていったので。

㉓ **白浜** 高齢者を介護しているご家族の孤立とかストレスってかなりあるんでしょうし、独身で会社勤めされている男性だと愚痴を言える相手はたしかに少ないかもしれないわね。

㉔ SVE はい。そこは精神障害者の家族と似てますよね。周囲に話

それに聞いてると、どうも長男がSVEの支援の中心になっているような印象を受ける。高齢者領域にありがちな、家族の意向を基にした支援に傾いているのではないか。それじゃあSVEがこだわっていた「本人中心」からは逸れてしまう。どういうことなんだろう。

よくわからなくなってきた。これ、伝わってるかな。

⑬あ、やっぱり伝わってない。
でも、そうそう。息子さんに対する私の見方は変わったと思う。

⑭虐待の話はここからきていたのか。それにしてもSVEはAさんのことを「お父さん」と言い出した。これはますます支援対象が長男のほうに移っている感じだ。

⑮今日のテーマを再確認しよう。

⑮「両立」って言われちゃうと、どうなんだろう。あんまり関係ないかも。

⑰ここは、私にも何が課題かわからないことを率直に開示して、一緒に今日のゴールを設定し直そう。

⑰確かに白浜さんの言う通り、私のスタンスが前回と違うんだ。それは息子さんの話をしっかり聞いたから。それに今日のテーマは漠然とつけちゃったからな。

⑱SVEは長男に感情移入しているのだろうか。事例検討にならないように話を進める必要があるな。

⑲SVEを主語にして尋ねることにしよう。

⑳あの時は私も息子さんに感情移入していたかもしれないな。

㉑SVEのかかわりの結果を考察してもらおう。

㉑「共感」って白浜さんが言ってくれてるから悪いことではないのかな。

㉒長男の相談に真摯にのったんだな。打ち解けて話した結果どうなんだろう。

㉓少し考えるヒントを出してみよう。

㉓うん、わかってもらえてるみたい。

㉔なるほど、病院勤務の頃の体験から考えて

㉔あれぇ、でも高EEは息子さん

せずに１人で抱えてストレスが上がったり、それで高 EE になったりしてかえって悪影響になる。

㉕ **白浜** ええ。家族間では遠慮がないし、感情的にすれ違うこともあるし、実生活は善意やきれいごとだけで済まないものね。ご長男が報われていない感じをもったとしても不思議はないわね。

㉖ SVE そう、そうです！　息子さんが報われてない感じ、です。

㉗ **白浜** 松坂さんは、そう受け止めたということ？

㉘ SVE あ、ええ、はい。そうです。

㉙ **白浜** それで？

㉚ SVE えっと……。それで、息子さんの努力も実らせてあげたいし、A さんは家がいいって言うからそれも大事にしたい。

㉛ **白浜** ご長男は今でも A さんの施設入所をご希望だと思う？

㉜ SVE そこなんですよね。息子さんもこの前は「姉に自分のことを愚痴られたり、リストラの危機で仕事に集中したくて父を施設に入れてほしいと言ったけど無理ですよね」と言ってました。

㉝ **白浜** それで？　ご長男の意向をどうアセスメントしたの？

㉞ SVE ほんとは A さんに施設へ入ってほしいというよりは、面倒がなければ今まで通りの二人暮らしを続けたいんだと思います。経済的にもそのほうが、ロスがないし。

㉟ **白浜** なるほど。ご長男の本音トークを受け止めた松坂さんの見立てだから、そうなんでしょうね。で、面倒というのは？

㊱ SVE ええ、そこがまだよくわからなくて。包括って病院の入院患者さんと違って利用者とピンポイントでしかかかわれないから、なかなかつかめなくって。まだるっこいんです。

㊲ **白浜** たしかに在宅での暮らしが継続していて、そこに入っていかないと見えないこともあるのでしょうね。私も病院の頃と比べて、相談支援事業所やクリニックでは、より能動的なかかわりをしないと課題が発見できないと感じるわ。で、A さんについてご長男は何が面倒なのかしら？

㊳ SVE A さん、多少物忘れがあるのかなと思ったりします。あと、年のせいかもしれないけど、お部屋の中が散らかってて、大事なものとそうでないものの区別がつかないみたいで。

㊴ **白浜** 加齢に伴う物忘れ程度なのか、それとも認知症のはじまりなのかといった診断はまだ？

いるようだ。高齢者の介護家族にも EE の考え方は当てはまるのかなぁ。

じゃなくて、もしかしたらＡさんのほうかな？

㉕もう少し家族支援の話を深めてみよう。

㉕そうだ！「報われてない感じ」ってぴったりな言葉。

㉖それで SVE はどうしたいかを考えることができてきたかな。

㉗うん？　なんで聞き返されるんだろう。

㉙もっと考えてみて。

㉚A さんの意向の尊重に、話が戻ってきた。

㉙そっか、私の考えを言わなきゃダメなんだ。

㉛長男の意向についてはどうアセスメントしたんだろう。

㉛鋭い質問。私もここが引っかかってる。

㉝アセスメントが聞きたい。

㉞やっと SVE の考えを言い始めた。要は、長男も父親の施設入所を求めていないだろうという見立てか。

㉞これは間違いないと思う。問題は、どう暮らすか、なんだろうなあ。

㉟ここで、SVE が A さんの長男の気持ちをしっかり受け止めたことを支持しよう。

㉟やっぱり突っ込まれた。息子さんがＡさんの介護の何に一番苦労してるのか、まだよくわからないんだなあ。

㊱そうかもしれない。地域包括では 1 世帯にどのくらい時間を割けるのだろう。それはともかく、SVE は長男の苦労を軽減する方策を考えたいんだろうな。

㊲能動的、たしかにその通りだ。待ってても課題発見できないしセンターまで話をもってこられる人ばかりじゃないし。

㊳よし、視点が「A さん」に戻った。でも、物忘れについて、SVE は病的なものを見立てているのだろうか。

㊳ほんとは診断がつけば話は早いんだけどなあ。

㊵ SVE 今支援を進めているところです。息子さんには受診先として近場の医療機関を情報提供したんですけど……。

㊶ **白浜** そう。意外とゆったりペースなのかしら。

㊷ SVE Aさんが受診したがらないそうで、息子さんもなかなか仕事を休めないからタイミングもとりづらいみたいで。

㊸ **白浜** まだ、ということ？

㊹ SVE はい。息子さんの緊急性もわかりにくくて。

㊺ **白浜** というと？

㊻ SVE 普通さっさと連れていくんじゃないかと思うけど、お父さんの意思を尊重してるのか、ちっとも受診予約もしなくて。

㊼ **白浜** さっさと？　Aさんの意思を尊重するのは大事なことではないの？　松坂さんも前回そう言っていたはずだけれど。

㊽ SVE あ、もちろんそうです。ただ、息子さんはお父さんが認知症かもしれないことを認めたくないのかなって雰囲気で。

㊾ **白浜** そのこと、ご長男にはお尋ねしてみたの？

㊿ SVE あ……いえ。今話しててそんな気がしてきたって感じで。そっか、これ息子さんに一度確認したほうがいいですね。

51 **白浜** 松坂さんがそう思うなら、そうしたほうがいいよね。

52 SVE ですね！

53 **白浜** ここで今話しながら気づいたり、してみようと思うことが浮かんできたと思うけど、どうですか？

54 SVE なんか、面接も似てますよね。クライエントさんって、面接しながら発見とか思いつくことがあって、私たちPSWが答えを教えるんじゃなく、一緒に考える役割だから。

55 **白浜** ええ。私は一緒に考えるとか、SVEさんが考えるお手伝いの役割。で、松坂さんが何かに気づいたりもっとできることがありそうって思えてちょっと元気が出ることを大事にしてるの。

56 SVE 私も息子さんに、もうちょっと元気になってもらいたいな。

57 **白浜** ご長男だけかしら？

58 SVE あ、もちろんAさんの意思を尊重した生活を大事にしながらです。なんか、今日は少し視界が開けた気がします。

59 **白浜** 今日話し合いたかったことは話せた？

60 SVE そうですね、話し合いたかったことがはっきりしていなかったんですけど、Aさん世帯の地域生活を支援したいし、そ

㊶最初にAさんのレポートをSVにもってきてからもう4か月くらい経っているはず。ずいぶんスローペースじゃないだろうか。

㊻「さっさと」っていう表現は引っかかるなあ。それに本人の意思を尊重した受診勧奨は大事なことなのに。

㊽長男の気持ちの揺れをSVEは受け止めているということだろうか。

㊿なるほど、ここで考えながら気づいたのか。だったらSVEの次の行動は自ずと決まってくるかな。

(53)SVEの気づきがあったかどうか確認しよう。

(54)SVのパラレルプロセスみたいだな。意識的にSVの特質について少し話しておこう。

(56)それも包括の役目の1つなんだろうな。

(58)家族への支援とご本人にとっての最善を両立させるように頑張ってほしいな。

(60)たしかに今日のSVEの話はまとまらない感じだったけれど、話しながら考えてもら

㊹息子さんに受診先の情報を提供してから動きが鈍ったんだよなあ。

㊼ちょっと雑な言い方だったな。言いたいのは息子さんのペースダウンのことなんだけど。

㊿そうだ、あの息子さんの動きが鈍いのにはきっと理由があるはずだ、もう少し聞きださないと。

(53)うん、うん、たしかに。いろいろ気づいた。面接みたいだ。

(55)たしかにやる気が出てきた。早く戻って仕事したいなあ。

(58)そうか、SVって話しながら自分の考えを整理したり、新しい発見があったりするんだな。

(60)忙しくてできるかわからないけど、家族関係に介入するってい

のためにもう少し父子関係に介入するというか、老いていく親を息子さんがどう支えていけるかを考えられたら……というか。

⑥① 白浜 ええ、きっと A さんのお宅はその意味では過渡期なのかもしれませんね。もしかすると包括って、そういう方にかかわることが多いのかしら。

⑥② SVE そういう方、っていうのは？

⑥③ 白浜 その……、よくわからないけれど、順調に暮らせていた住民が加齢とともに心身の変化を来して、それにつれて家族内での役割の変化とか関係性が変化していったりするのかな、って。A さんの事例を松坂さんから聞いてた印象ね。

⑥④ SVE あ、たしかにそうですね。認知症の場合もあれば、老化や病気のせいで介護を要するようになることもありますけど。

⑥⑤ 白浜 そうした変化をご自身やご家族が受け止めながら、新しい生活スタイルを創り上げる過程にかかわるのかな、包括は。

⑥⑥ SVE そういう面が大きいかもしれませんね。普通に要介護認定されてケアマネさんがついてルーティンのサービス提供になれば私たちの手を離れますし。

⑥⑦ 白浜 過渡的にかかわってバトンタッチするってこと？

⑥⑧ SVE たしかに多いです。A さんの場合はまだそこまでいってないですけど。

⑥⑨ 白浜 ええ、要介護度にもよるでしょうし。さて、次回で契約した SV は最終回ですね。目標は達成できてきているかしら？

⑦⓪ SVE ええと、自信がついたっていうわけじゃないけど、PSW に戻れてきてる気がします。

⑦① 白浜 なんだか、すてきな表現ね。次回はそういう話もできるといいですね。最終回なので事例レポートの検討だけでなく、これまでの SV を振り返ってお互いに評価したいと思っています。

⑦② SVE わかりました。また次回、よろしくお願いします。

う機会は提供できたと思う。

⑥① A さんの事例から離れた話も振ってみよう。SV のゴールを意識しておきたい。

⑥③ この領域のことは SVE のほうが詳しいから私が教えてもらう立場だな。ちょっと恥ずかしいけど考えを話してみよう。

⑥⑥ 医療機関のように入院患者さんがいたり外来通院を待っている立場と違うし、SVE は転職後に自分のスタンスを見出せなくて苦労していたのかもしれない。

⑥⑨ 次回のことを少し予告しておこう。契約満了になるから相互評価も必要だ。

⑦① SVE は精神保健福祉士の視点を活かしたいと言っていた。それが実現しつつあるのかな。次回に確認しよう。

う発想はもっていたい気がする。

⑥③ なるほど。言われてみればそうだ。でも白浜さんは本当に包括のことを知らないのかな。

⑥⑤ そうだ、A さん自身も自分が老いてきたことをどれだけ受け止めているのか、そして息子さんにも聞いてみなくちゃ。

⑥⑧ A さんに適した介護事業所ってどこになるかなあ。

⑥⑨ 次でもう終わり。なんかあっという間の4回目って感じ。評価っていっても、そんなに成長できてないな。更新もあるって言ってたから次回聞いてみよう。

第5節 ［スーパービジョン第4回目］「高齢者の地域生活支援におけるPSWの専門性について」

●スーパーバイジーのレポート概要

前回のSV後の経過：長男に電話し、在宅の介護サービスを検討するため、改めて受診の必要性を説明した。長男はやはり父に認知症があることを突き付けられるのが怖いようだったが、私たちが責任をもって支援すると伝えて支えた。その後、総合病院の精神科に受診した結果、脳血管性の認知症が疑われるものの確定診断はつかなかったとのこと。現在、要介護認定の調査を終えて結果待ち。

Aさん宅に長女が来るタイミングに合わせてSVEが訪問し、Aさん、長男、長女と同時に面接をした。長女は「介護付き老人ホームで生活するほうがお父さんにとって楽だし私たちも安心」と主張したが、Aさんは拒否し、長男もそれに賛同するかたちとなった。なお、長男は、職場の年末査定でまずまずの評価を得てリストラの不安は軽減したが、仕事に集中したい思いは変わらないという。相変わらずAさんに対してイライラするとつい声を荒げてしまうことがあるらしい。

主任CMや看護師とは、要支援の場合でも使えるサービスを検討し始めているが、Aさんに適したものがあるのか、答えが出ていない。

このところ、管内で独居高齢者の孤立死が2件続き、高齢者が安心して暮らせる地域づくりについて考えている。

スーパービジョンの場面

本日は契約したSVの最終回であることを確認したうえで開始する。

レポートをもとにSVRより質問して現状を把握した後、本日のテーマについて、Aさん世帯への支援の話から離れて地域づくりについて検討したいのかどうか尋ねると、SVEはAさん世帯へのかかわりに関する検討も希望した。

そこで、Aさん世帯に対する2か月間のかかわりにおけるSVEのアセスメントや、その根拠についてSVRからの質問を重ね、対話をした。SVEが主体的にAさん世帯にかかわりながらセンターの他職種との協議もできてきていることについて、SVE自身が肯定的にとらえていることがわかってきた。

逐語は、状況確認が一段落し、SVの終結に向けた話を始めた場面からである。

解説　SVの中盤の課題：スーパービジョンプロセスの蓄積の活用

●スーパーバイジーの内省を深化させること

SVが順調に進むと、回を重ねるごとにSVEの発言は促進され、応答が活発化していきます。松坂PSWは、初回に提出した事例の「その後」を持参し、まだ整理のつかない考えを、まとまらないまま述べています。この背景には、白浜SVRとの間に「評価を受けたり、注意されたりしない」という安心感や、一緒に考える存在としてSVRを信頼できるようになったこと、つまりSV関係の深まりがあります。白浜SVRがSVEに対して⑪、⑬、⑰や㊾のように、SVEが話したいことの意図を突き詰めようとする率直な問いかけを行っているのも、この関係性の深まりの活用に拠っています。

●スーパーバイジーの価値観を踏まえて検討すること

今回のSVEの発言は、支援対象がAさんからAさんの長男に移ったように聞こえることから、白浜SVRは、Aさんの意思確認や自己決定の尊重がないがしろにされることを懸念しています。たとえば㊼でそのことを指摘する際、PSWとしての一般論ではなく、前回までのSVE自身の発言との齟齬を伝え、SVE自身が視点のズレを自覚できるように促しています。SVEの発言やその背後にある価値観を想起し、「今ここで」なされている発言と比較してSVEの実践について考えることができるのは、SVプロセスの蓄積によるものです。

●事例を検討するわけではないこと

SVのどの段階であっても事例レポートを用いていると、SVRもSVEも事例の中心、すなわちクライエントに目線が向きがちです。Aさんの夕飯はどうしているのか、Aさんの金銭管理能力や経済状況、長男の職種や職位など知りたいことも出てくるでしょう。しかし、SVRがソーシャルワーカーとして「知りたい」と思うことと、SVEがこれらをどう把握しアセスメントしているかを尋ねるのとでは、SVRの目線が異なります。白浜SVRが、目線をあくまでもSVEである松坂PSWに据え、㉙、㉛、㉝ではSVEの「考え＝アセスメント」をしつこいほど繰り返し尋ねているのはそのためです。SVRはSVEの実践の先を越す役割ではありません。そのことが㊺の発言によく表れています。

逐語

①白浜 さて、Aさん世帯へのかかわりを中心に話を聞きましたが、最終回なので、ゴールへの到達度合についても話しましょう。

② SVE はい。前回も終わりのところでちょっと考えたんですけど、SVを受けようと思い立ったときは、自分が病院でPSWとして積み上げてきたものが全然通用しないような気がして、なんか自信をなくしてたんだなと思いました。

③白浜 わかります。それで他職種のお2人に自信をもって意見が言えるようになりたいってゴール設定したのでしたね。

④ SVE 最近、Aさんに必要な介護サービス、って考えて……。

⑤白浜 はい？

⑥ SVE Aさんは要介護度が出るとは思えない、たぶん要支援かなって。あ、これは、看護師も言ってます。実際に自立度が高いから介護サービスってどの程度必要かしら、って。

⑦白浜 そういう話を看護師さんとも交わすようになったのね。

⑧ SVE いつの間にか、そうなんです。

⑨白浜 いつの間にか、ということは、構えすぎなくても松坂さんの日常の仕事風景になっているってことかな。

⑩ SVE はい、たぶん。

⑪白浜 何かきっかけが？

⑫ SVE 主任CMがAさんと息子さんに専門医への受診を促してもなかなか進まなかった頃、私が介入して話が進んだあとかな。

⑬白浜 ご長男の気持ちを確認して受け止めたり、医療機関の情報提供をしたのでしたね。

⑭ SVE ええ。やっぱりお父さんに認知症があるってはっきりさせるのが怖いと言ってて……、私が結構受け止めたと思うんです。障害受容の支援っていうか。

⑮白浜 なるほど。それでご長男は受診同行に踏み切ったんだ。

⑯ SVE はい。Aさんを説得してくれて。PSW経験が生きたというか、ソーシャルワーカーなら当然のことをしただけですけど。

⑰白浜 うん。当然だね。でも当然のことができてよかった！

⑱ SVE えへへ。そうなんです。なんかワーカーらしいなって。

SVRの思考

①前回予告しておいたし、ゴールの到達度について考えてきてくれたかしら。
②初回オリエンテーションの時には言語化できなかったことが言えるようになっている。

④あれ、Aさんの話に戻っている。支援に関する検討がまだ足りないのか。
⑥ああ、他職種との関係性の変化について話そうとしているのか。

⑦ここは肯定的にフィードバックしたい。

⑨さらに肯定的な表現にしよう。SVEが自信をもつように支援したい。

⑫前回のSVで、SVEが長男の気持ちについて考察した後のことだ。

⑭あのとき私はSVEが長男に感情移入しすぎていないかと懸念したが、SVEは冷静に客観的に考えながら行動したようだ。

⑯当然のことがいつもできるわけではない。こう言えるSVEの感覚は大事だな。ここはあえて言葉を使って強めておこう。

SVEの思考

①手応えは感じてるけど、まだこのSVを終わりにしたくない、どう言えばいいかな。

③そうだった。変なゴールだなと正直思ってたけど、結構当たってたんだ。

⑦言われてみればそうだな。最近は結構話してる。

⑨うん､気づかなかったけどそうだ。

⑫そういえば、前回のSVで気づいてすぐ動いたんだった。

⑭ちょっと自慢だな。でもあの時の面接はいいできだったし。

⑯Aさんは、あっさり同意したようだし、息子さんの抵抗のほうが大きかったんだな。

⑲ 白浜 それがきっかけで看護師と話すハードルが下がったのなら、その看護師さんはワーカーの役割を理解できているのね。

⑳ SVE たしかにそうですね。気づかなかったけど、そうだなぁ。

㉑ 白浜 で、職場で自信をもって発言できるようになってきた？

㉒ SVE １つのきっかけですね。でもまた別のことも考え始めて。

㉓ 白浜 どんなことかしら？

㉔ SVE Ａさんは、まだ時々息子さんのことを娘さんに電話で愚痴るそうです。それはＡさんの暮らしが狭い世界で完結してて、息子との二者関係で息が詰まっているとか、日中ほとんど１人で誰とも交流しないし、暮らしが楽しくないんじゃないかなと。

㉕ 白浜 その、Ａさんの暮らしに楽しみがないから、ご長男に対する不満が出やすいと考えたわけ？

㉖ SVE まぁ、そんなところです。

㉗ 白浜 なるほど。そういうことってあるかも。松坂さんにはそう考える根拠があるのでしょうね。聞かせてもらえる？

㉘ SVE ええ、まあ。Ａさんのお宅に何度か訪問してわかったんですが、日中なんにもしてないんです。誰ともしゃべらずお天気がいいと縁側に座って何時間も。テレビはつけっぱなしで。

㉙ 白浜 何度も訪問したことで日常の様子がわかってきたのね。

㉚ SVE ええ。それで息子さんは前より理解できてるけど、父親にはもう少ししっかりしてほしいと思うみたいで、イライラするみたいで。時々強い口調にもなっちゃうって。

㉛ 白浜 うーん。確かにお互いに遠慮がないのかも。

㉜ SVE それで、こういう親子関係には、介入するっていっても何をしたらいいかわからないし、上手に老いるってどんなことだろう、とか、使えるサービスは何かなって。

㉝ 白浜 松坂さんのもやもやが見えてきた気がするけど……、「上手に老いる」って介護サービスだけで埋められる課題かなぁ。

㉞ SVE やっぱりそう思います？　たぶん要支援になるＡさんに、どんなケアマネさんがついて、何のサービスがいいのかなあって。というか、なんか福祉とか介護ってなんだろう、って。

㉟ 白浜 大きな話になってきたわね。老いるプロセスにはそれまでの生き様が影響するでしょうし、加齢で失うものは多いから、一朝一夕に「生きがい」なんて提供できないものね。

⑲看護師も力量のある人だから協働できるのだろう。これも大事なことだ。

⑲なるほど。そうかもしれないな。ちょっと見直した。

㉑ゴールに到達しつつあると感じているかな。

㉔Aさんの生活の質について考えているんだ。

㉔Aさんは、庭のハナミズキも息子が生まれたときに植えたと話してくれてたし、息子さんを嫌ってるはずないと思う。

㉕たしかに、身近な家族には甘えて、つい当たってしまうこともあるしな。

㉗SVEは、前職場では個別面接が中心で分析的な面が強かったようだし、その発想を活用しているのかな。もう少し考えを聞いてみよう。

㉗やっぱり突っ込んできた。もっと自分の考えを言わなきゃ。話しながら私の考えも整理できるはずだし。

㉙実生活を見続けたことでのアセスメントのようだ。

㉚きっと息子さんはお父さんが老いていくのが辛いのかもしれない。それがうまく表現できなくて煮詰まっちゃうのかな。

㉜上手に老いる。観念的だけれど多くの人がぶつかる課題だ。自分の人生観も交えて話そうかな。

㉝そうそう、それ。介護サービスがあんまり必要ない高齢者ってどうやって支援したらいいのか……。

㉞SVEが言いたいのは、人としての幸せを満たすお手伝いのことみたい。福祉の究極の目標だ。サービスのあてはめではいい支援だと思っていない、いいセンスだな。話としては支援観みたいなものになるかな。

㉟そうか、生き様が影響するって、その通りかも。Aさんのこれまでの生き方、どんなだったのかな。

㊱ SVE　はい。高齢者の地域生活支援って言っても包括にできるのは介護予防とか権利擁護とかで。あとは要介護認定を受けてもらった後も介護サービスの組み合わせで、人の幸せって支援できることなのかなと。そんなことを考えてみたくなって。

㊲ **白浜** 私は、松坂さんがＡさんにとっての生きる楽しみ、みたいなことを考えようとする発想って、すごくいいなと思う。大事なことだと思う。サービスにつなげば生きる安心は増すけれど、それは「幸せ」とか「楽しみ」の提供そのものではないもの。もちろん介護サービスは必須の支援だけれど、ね。

㊳ SVE　ええ、包括って、ほんとはそういうことも考えるというか、せっかく地域単位であるんだから、高齢者全体の生活の質の改善だったり、なんかサロンでもやるとか、まあ安直ですけど。なんか考えられないかなあとか、頭をよぎったりして。

㊴ **白浜** いいわね！　管轄地域の特徴をつかめば考えられるでしょ。「地域」のとらえ方を考えるのはSVの目的に通じるわね。

㊵ SVE　たしかに。なんか少し考えが整理できました。最近、高齢者の孤立死が２件続いたし、地域にもっと目を向けないと。

㊶ **白浜** 「地域包括」だものね。障害分野でいえば、市町村の自立支援協議会みたいな場でそういう協議をしてるわね。

㊷ SVE　あぁ、そうですね。まず……、職場でこういうことも話して、それを包括の連絡会にもっていく提案、してみようかな。

㊸ **白浜** それはいいこと！　短い間にずいぶんと姿勢が変わったねぇ。看護師さんも主任CMさんも、松坂さんより長くこの地域の高齢者世帯をみてきたんだから、お考えがあるはずよ。

㊹ SVE　はい。今日みたいに話せたらいいなと思います。

㊺ **白浜** 松坂さんに初めてお会いしたときは不全感が大きそうだったけれど、この半年で活発になったように見えるわ。

㊻ SVE　はい。高齢者支援について制度とか社会資源の知識は勉強しないといけないけど、価値を大事にやっていけそうな気がします。ただ、もうしばらくこうやって白浜さんに一緒に考えてもらう時間が欲しいなと思って。PSWの価値を大事にしながら。

㊼ **白浜** ご希望なら継続しましょう。私ももうしばらく松坂さんと一緒にPSWの価値を大事に考えたいわ。契約更新しますか。

㊽ SVE　はい。よろしくお願いします。

㊱それで今日のテーマの立て方になったわけだ。同じソーシャルワーカーとして、こういう話をできるのはうれしいことだ。私も思いを伝えよう。

㊲PSW 同士だと話が早い。共感してくれてるし。こういう話を職場でもできたらいいなあ。

㊳A さんの事例や最近の出来事をとおして、ソーシャルワーカーの発想で地域課題をとらえ直して自職場の機能を考え始めたんだな。支持的に返そう。

㊳あれ、なんか口から出ちゃった感じ。私、そんなこと考えていたのか……。新発見だ。

㊴うちの地域は10年くらい前までは昔ながらの隣組とかも機能していたと聞いたけど、今は住人同士の結びつきも薄くなってるみたいだからな。

㊵こんな抽象的な話で考えが整理できたと言えるわけか。自分で考える癖がついてきたみたいだ。さて、他機関との連携などはどうなんだろう。

㊷おお、SVE 自らが職場で話したいとは！すごい変化だ。そのまま伝えよう。

㊸どんな話になるにしても、協議することは自分の意見を確かめるうえでも大事だし、SVE がそういう勇気をもてたことは SV の成果だろうな。

㊸A さんのことがきっかけで2人の態度が変わってきたし、話せそうな気がする。SV 受けてることも話そうかな。

㊺そうか、私も変わったのかな、元気になったっていうか、ちゃんと仕事してる感じだ。

㊻うん。ソーシャルワーカーの価値を大事にしたい、それこそ SV の本分だしこの SVE とともに私も考えさせてもらいたい。

㊻この SV でもう少し成長したいから続けさせてもらおう。今度は職場にも承認してもらって受けることにしよう。

［スーパービジョン第4回目］

第6節 相互評価と契約の終結

SVの相互評価時の逐語

白浜 さて、契約を更新するとしても、今回のSVについて振り返ってお互いにいったん評価しましょう。評価といっても、点数をつけるわけじゃないけれど。

SVE 初めからの振り返りですか。

白浜 ええ。松坂さんの動機があって、目的をもってゴール設定して4回のSVをしてきたので、目的の達成度合とかゴールにたどり着いたか、とか。よかったことや、もっとできたらいいなと思うことなどを話し合いたいと思います。

SVE さっき話してて気づいたんですけど、私、いつの間にか、っていうか最近は職場で主任CMとも看護師とも利用者さんのこと、普通に話してるなって。

白浜 自信をもって話せるようになった、ともいえる？

SVE 自信……、そうですね。2人と同じ意見じゃなくてもPSWとして大事だから言おう、とか。ここは私のテリトリーだな、とか思うと言えますね。

白浜 例えばどんなことが「テリトリー」になるの？

SVE 権利擁護、自己決定の尊重とか。それと家族関係への介入もかなあ。もちろん2人も考えているけどPSWの視点で。

白浜 それらは、SVを通して再確認してきたことですかね。

SVE はい。そう思います。話してるうちに考えが整理されて、あ、そうか。そう考えてるんだったらやったほうがいいな、とか。PSWとしてこの考えは間違ってないなって確認できたんですよね。

白浜 SVでは、PSW同士が共有できる、というか共有すべき「価値」を使って、実践を考え直す。松坂さんはそれで気づくことがあったものね。

SVE ありました！　はじめはコツがつかめなくて、なんか情けない話をしちゃったんですけど、でも話してると、あれ、そうか、みたいに気づいて。

白浜 それは、松坂さんのなかにちゃんと「PSW魂」みたいなものがあって、それが気づかせてくれるということだと思いますよ。

SVE なんとなくわかります。途中から、自分が積み上げてきたことが無駄じゃないんだな、って思ったり、前の病院での実践も活きるなと。でも、それは自分だけじゃ気づかなかったから、SVを受けてよかったです。

白浜 どのあたりがよかったかな、今後の参考にしたいので率直に教えてほしいの。それと、もっとこうして欲しかった、っていうこともあったら遠慮なく。

SVE そうですねぇ……。いろいろ質問をもらって、考える時間があって、それと「こういうこと？」って整理してもらったりしたことがよかったです。

白浜 意識的にそうしていたので、松坂さんの役に立てたならよかった。

SVE 役立ちましたよ。あと、案外、白浜さんの意見も、意見っていうのか、同じPSWだからわかってもらえるなあと感じたり、やっぱりそこにひっかかるんだなと、時々痛いところを突かれるけど、なんかホッとしますね。

白浜 言葉を磨きだす、みたいな作業をするからね。必死で考えてもらうし。私も一緒に考えてると尋ねたくなってね。

SVE ですよね。それがいい突っ込みだなと思うし。あ、たまに、その突っ込みの理由を教えてもらいたいなって感じたことはあったかも。

白浜 なるほど。質問の意図を知りたいってことですかね。

SVE はい。なんか、わかってて聞いてるのかな、試されてるのかなって勘ぐっちゃって。振り返ってみると質問のおかげで考えが整理できたんですけど。

白浜 はじめの頃は、それがわからないものね。参考になります。

でも松坂さんは考えていることがまとまっていなくても、伝えようとして話してくれていたから、私はやりやすかった気がします。

SVE そうですか。だんだん、かっこつけずにいこうって思ったからかな。

白浜 それがよかったんですよ。SVって「まな板の上に自分を載せる」みたいなものなのだけど、かっこつけてるとできないもの。松坂さんは率直に語ってくれて、そこから大事なものをたくさん見つけられて、私も考えさせられた。

SVE 白浜さんは責めないし、職場と違って日常的にお付き合いするわけじゃないから気楽に話せるってこともありますよね。勤務評価とか、されないし。

白浜 たしかに。でも職場の細かいことはわからないから、状況を把握するための質問も結構して、それで時間をとっちゃうけどね。

SVE ただ、話しながら自分でも気づいてなかったり、把握できてなかったことに気づけるから、見落としを発見できますよね。

白浜 そういうスタンスで質問を受け止めてくれるとありがたいわ。あと、松坂さんは「生活者の視点」がしっかりあるなあと思って。これもPSWとして大事にしていることだから、私も同じ発想で話し合うことができてうれしかった。

SVE そうですか！　これ、包括に限らずどこで働いてても必須ですよね。ソーシャルワーカーとしての視点で、あたりまえの暮らしを大事にすること。

白浜 Aさんや前の病院で看取った方へのかかわりにもよく表れていたわ。

SVE ああ、そうなんですね。ありがとうございます。この目を曇らせないためにも引き続きSVで点検していきたいです。今度は職場の承認も得てこようと思います。いまなら話せるから。

白浜 職場内のコミュニケーションはずいぶん変化したものね。

SVE はい。SVで自分に自信がもてるようになったから、もっと磨きをかけたいです。

白浜 そうね。松坂さんと一緒に私もPSWとしての新たな発見や再確認をさせてもらいたいと思います。では次の契約内容について決めておきましょう。

（その後、契約更新のための話し合いをする。）

解説　SVの終盤の課題：相互評価とSV契約の終結

●終結を意識して進行を管理する

契約時に設定したSVの目的やゴールは、最終回だけでなく毎回念頭においておく必要がありますが、特に契約の終結が近づくにつれ、意識的に話題に載せて達成具合をSVEとともに確認します。この事例では、2か月に1回、計4回で契約満了となるため、白浜SVRは第3回の時点で、次が最終回であり、振り返りをすることについて予告していました。今回のSVでは、そのための時間を確保する必要があることを冒頭に述べ、レポート事例に関する協議だけで終えてしまわないよう、SVEに意識喚起したうえで時間配分し、話題を振っています。

●スーパーバイジーが実践を検証することをサポートする

SVを終結するということは、SVRとともに歩んだ関係性からSVEがひとり立ちするという見方もできます。SVによって自信をもつことができたり、よい実践ができるようになったと感じているSVEのなかには、SVRから離れることへの不安を覚える人もいます。しかし、よいSVが展開できていれば、実践の質を向上させたのは、SVE自身の力にほかなりません。そのことに松坂PSWが気づき自信をもてるようにと考え、白浜SVRは204～206ページの⑨～⑮、㉑、㉙、㊸のように、あえて問いかけています。こうすることで、松坂PSWは、自分の発言や行動を再評価、再認識することができます。

●設定したゴールへの到達度を相互評価する

このSVは、Aさん世帯への支援経過を追いながら展開しましたが、契約のゴールは、この世帯への支援方法の答えを得ることではありません。SVEの今後の実践に、Aさん世帯への支援を通じてSVで考えたことが汎化されることで、ゴールに到達できるのです。特に㉟以降の発言で白浜SVRは、その到達度をSVEとともに評価しようと意図しています。

また、相互評価では初回からの積み上げを振り返り、全SVを通じて白浜SVRが受け止めたSVEのソーシャルワーカーとしての価値や支援傾向について言語化しています。それは、同じソーシャルワーカーとしての共感や、ともに考え続けたいという意思の表明になっており、優劣を審査するような評価ではないところもSVならではのSVRの姿勢といえます。

職場内外で展開するさまざまな形態のスーパービジョン

スーパービジョン契約に基づき一定期間行われるスーパービジョンのうち、各1セッション分を取り出したもので、4事例は「職場内・職場外」「個人スーパービジョン・グループスーパービジョン」に分けられる。
いずれのセッションにおいても、スーパーバイジーが自身の実践課題についてスーパーバイザーとの対話をもとに自己の思考や感情を吟味したり、気づきや示唆を得てモチベーションを高めている様子をみることができる。

事例 1

［職場外・個人］

波長合わせを目的としたスーパービジョンのオリエンテーション

スーパーバイザー

阪井 PSW。PSW 経験27年。精神科病院勤務を経て現在は法人の運営する障害福祉サービス事業所の管理者。生活訓練（宿泊型）事業所、就労継続支援 B 型事業所、相談支援事業所、地域活動支援センター、グループホーム（4か所）を展開している。日本精神保健福祉士協会認定 SVR として8年活動している。

スーパーバイジー

南田 PSW。阪井 PSW の元部下。相談支援事業所に3年間勤務したが、精神疾患・障害に関する知識不足を痛感し「どうしても医療機関で働いて経験を積みたい。若い頃にしかできない」と希望して退職し、同県内の精神科クリニックに転職した。クリニックのデイケアは看護師2名、作業療法士1名、先輩 PSW、公認心理師の多職種で構成され、ナイトケア、デイナイトケアもしている。デイケア配属となって3年で、PSW 経験は7年目を迎える中堅の PSW。県の PSW 協会の研修には積極的に参加し、研鑽に励んでいる。

スーパービジョンの構造および経過

南田 PSW は、デイケアメンバーの A さん（30代半ば）とのかかわりについて思い悩んでいた。半年前から復職のための相談にのるようになって個別面接を継続しており、支援関係を結べていると感じていたが、1か月ほど前から A さんが自分に対して「スタッフとしての役割を果たしていない」と責めるような発言をするようになった。デイケアのプログラム中に A さんからずっと見られているような感覚をもつようになり、どう対応していくべきかと思い悩むようになった。プライベートな時間にも A さんのことを思い返すことが多くなり、A さんをありのままの姿でとらえられず感情的に巻き込まれていることを自覚するようになっていた。

県 PSW 協会主催の研修会で、阪井 PSW は南田 PSW の表情が暗いことが気になり、研修会終了後に声をかけた。南田 PSW はいつもならあいさつだけで帰るところだったが、A さんのことを誰かに相談したいと思っていたこともあり、軽い気持ちで「悩んでるんですよね」と話した。阪井 PSW は、南田 PSW の様子がいつもと違うと感じとり、話しながら駅まで一緒に帰ろうと誘った。南田 PSW は、阪井 PSW の思いがけない一言に戸惑いながらも一緒に駅まで歩くことにした。

駅までの途上、南田 PSW はデイケアのあるメンバーとのかかわりがうまくいっていないことを愚痴っぽく一方的に吐き出すように話した。阪井 PSW は周囲に気を配りながら南田 PSW の話に耳を傾けた。駅に着き、さらに話の続きを促すと、南田 PSW は一層深く苦しい胸の内を語った。それは精神保健福祉士としての足元が揺らいでいるような不安や自信喪失のように思え、阪井 PSW はじっと聞いていたが、南田 PSW は急に話を切り上げるとその場から逃れるように改札へと走っていった。

阪井 PSW はなんとか南田 PSW の力になれないものかと思案したが、職場も異なり日々顔を合わせるわけでもないことから、話を聞く機会を得る方法もなく、このまま南田 PSW を案じているしかないことに無力感を覚えた。一方、南田 PSW は、阪井 PSW を相手に思いを吐き出したことで、自分の疲弊に気づき、このままでは仕事を辞めたいと思うようになるかもしれないと感じた。そして「なんとか自分を変えたい」と思い始めた。

2人が研修で会った1週間後、南田 PSW は阪井 PSW に電話をかけて、「スーパービジョン（以下、SV）を受けなきゃいけないと思ったんです。一度、説明を受けたいので時間をとっていただけますか」と依頼した。阪井 PSW は南田 PSW の依頼を快諾し、次の金曜日の18時に、阪井 PSW の事業所で会うことにした。

そして、SV 契約に至るまでの波長合わせの面接へとつながっていく。

逐　語

① SVE　今日は時間をとってもらってありがとうございます。

② 阪井　どうぞおかけになってください。さて、早速ですけど、私のSVを受けたいということでしたね。

③ SVE　はい。でも、SVについてまだよくわかっていないので、まずはSVについて説明を受けられたらなって思っています。

④ 阪井　ということは、SVを受けるのは初めてってことですね？

⑤ SVE　はい。初めてです。

⑥ 阪井　わかりました。まずは、SVを受けてみようと思った理由を聞かせてもらえますか？

⑦ SVE　ええ……、そうですね。研修会の後に声を掛けてもらって、思ってることが素直に話せた感覚があるんです。もともとSVを受けると何か変わるかなって漠然とした思いがあって、受けたほうがいいかなって前から思ってたんです。それに、阪井さんは知らない間柄じゃないし仕事ぶりも知っているし、だから阪井さんのようになれないかな、それにはSVはいいきっかけかなと……。

⑧ 阪井　迷いながら来たんですね。まだ漠然としてるみたいですね。

⑨ SVE　すみません。

⑩ 阪井　いえ、謝ることではありません。そうですね……。まずは、私のSVを受けたいというご希望ですか？

⑪ SVE　そう……ですね。阪井さん、一緒に働いていたときにはちょっと話しにくいなと思ってたんですけど……、この前はなんかスラスラと話せたんで……。

⑫ 阪井　確かに、十分素直に話せていますよ（笑）

⑬ SVE　あっ（笑）。

⑭ 阪井　以前なら上司部下という関係でしたが、今は別々の機関のソーシャルワーカー同士という関係ですからね。

⑮ SVE　はい。だから、阪井さんにSVをお願いしたいです。でも、SVってどう受けたらいいか……、それも教えてもらえればと

SVRの思考

②ここは単刀直入に聞いてみよう。南田さんがSVに対してどんなことを感じているかがわかるだろうから。

③受けてみたいとは言っても、不安もあるようだ。まずはSVについて知りたいということだな。

⑤この前の話が関係しているのだろうけど、なぜSVを受けてみようと思ったのか。動機を確認しながら、南田さんのSVに関する知識を確認していこう。

⑦まとまっていない感じだけど、何かを変えたいという思いがあるんだ。今日はSVの目的をしっかり理解してもらうことや、枠組みをつくる必要があることを知ってもらいたい。

⑨念のため、元上司の私がスーパーバイザー（以下、SVR）でいいのか確認しておこう。

⑪SVは同じソーシャルワーカー同士なら誰とでもできることだが、お互いの関係性も大事ということをどこかで伝えておきたいな。

⑭私が元上司であることでの評価や関係性については気にならないようだ。

⑮南田さんも経験を積み重ねているソーシャルワーカーだし、これなら契約に向け

SVEの思考

②少しSVについて勉強してきたけど、ちゃんと理解はできてない。SVの受け方も知りたいな。

⑥理由……。あのメンバーさんとの関係、自分がPSWという専門職に向いているか、SVを受けたらそれがわかるかな。

⑩誰にでも話せるってもんじゃないと思う。知らない人よりは、知ってる人のほうがいいし、職場の上司だとやっぱり素直に話せないし。

⑭本当は相手が初めての人でも相談できるようにならないと。メンバーさんとの関係もだけど、私の弱いところかな。

思っています。

⑯ **阪井** わかりました。では、もう少しSVを受けてみたい理由について伺いますね。南田さんはSVでどんなことを取り上げたいと思っていますか？　先日話してたこの仕事に向いてないかもということと関係してきますか？

⑰ SVE そうなんです。メンバーさんのことを愚痴っぽく話してしまう自分が嫌で、それをなんとか改善したいって思ってるんです。

⑱ **阪井** 愚痴を言う自分のことが嫌で、改善したい、ですか。

⑲ SVE はい。先日思い切って話をしてみたものの、やっぱりモヤモヤした気持ちが残ったんで、それをSVを受けることで払拭できないかと。

⑳ **阪井** モヤモヤした気持ちって？

㉑ SVE うまく言えないんですけど、7年もソーシャルワーカーとして仕事をしてきてるのに、私、ソーシャルワーカーなのかなぁって思うんです。愚痴ってばかりの自分も嫌ですし、メンバーさんとのかかわりも、面接での受け答えも、なんか全部ダメなように思えてきて……。

㉒ **阪井**「ソーシャルワーカーなのかなぁ」って具体的には？

㉓ SVE ……、この前話したメンバーさんとの関係ですね。そのメンバーさんがデイケアに来てたら嫌だなって思っちゃうところとか。

㉔ **阪井** ソーシャルワーカーなのだから、嫌だなって思っちゃいけないってこと？

㉕ SVE はい。そんな気持ちのまま面接しているとそのメンバーさんの話をまともに聞けなくなって、うまく受け答えしなきゃってことばかり考えてしまうんです。阪井さんみたいにベテランだと、こんな気持ちはパパッとなんとかしちゃうんでしょうけど、私なんかまだまだ経験不足だし。ソーシャルワーカーとして誰に対しても分け隔てなく自信をもってかかわれるようになりたいんです。

㉖ **阪井** 面接中も悩むんですね。そのメンバーさんとの面接の受け答えに自信をもちたいということですか。

㉗ SVE そう……、ですねぇ……。うーん……。

㉘ **阪井** おや？　そうではないですか？

て話を進めることができるだろう。

⑯もう少しSV希望の理由について深めておこう。先日の話から入ってみようか。

⑯愚痴を言うのって専門職のすることじゃないように思うし。それをなんとか改善したい。

⑰本音を気兼ねなく話してしまうと、ついつい言いすぎることがある。でも、愚痴を言えるのは相手を信頼しているともいえる。

⑲モヤモヤという表現はよく使われる言葉だが、人によって解釈が違うから、具体的に言語化していかないと。

⑲はっきり言えないけど、SVを受けたら何か変わらないかな。安易かな。

㉑愚痴、嫌、ダメなどのキーワードが出てきている。否定的な言葉が多いな。

㉑自分の悪いところを教えてもらって、改善していかなきゃ。SVでいろいろ教わろう。

㉓あまりうまく関係がもてないメンバーとのことか。ソーシャルワーカーとしてこうでなければいけないという思いが強そうだ。

㉓改まって聞かれると、言葉に詰まる。普段から考えているようで考えられてなかったんだな。

㉔対人援助職なんだから、そんな差別するようなことは思っちゃいけないでしょ。

㉕メンバーさんへのかかわり方や傾聴の態度がとりにくいということか。自信なさそうな受け答えをしているようだ。経験年数の問題にしてもらいたくはないが。

㉖面接技法のことなのか、もう少し焦点を絞ってみよう。

㉗何か考えている表情だ。

㉗うーん、面接場面のことだけでいいだろうか。自信はもちたい

㉙ SVE そうなると面接技法に関することになっちゃいそうで……、それってなんかSVとは違うような気がして。

㉚ **阪井** と言うと？

㉛ SVE かかわり方っていうよりは、かかわるなかで私が大切にしているものって何だろうとか、それをちゃんと自分の言葉で言えるかなぁ、言えるようにならなきゃいけないんじゃないかって以前から思ってて。これが大切ってはっきり言うことができない自分が、もどかしい時があるんですよね。

㉜ **阪井** なるほど。メンバーさんを分け隔てすることなく自信をもってかかわりたい、ソーシャルワーカーとして大切にしていることをきちんと言葉にしたい、という思いがあるんですね。

㉝ SVE そう、そうなんです。それを、どうやったらできるかを阪井さんに教えてもらおうと思って……。

㉞ **阪井** 確かに1人で考えるのは難しいですよね。でも、人からこうですよって教えられたとして、それで実践できることかな。

㉟ SVE ……。

㊱ **阪井** 私はそう簡単じゃないと思っています。だからこそSVを活用しながら自分で考え続けることが大事ではないでしょうか。

㊲ SVE 考え続ける……。やっぱり答えを自分で探すしかない……、ということですか。

㊳ **阪井** 自分で探すというより、SVを通して南田さんのなかにある考えや思いを整理して言語化して、かかわり方を考えて試して、ということですね。

㊴ SVE 私のなかにある考えや思いですか……。

㊵ **阪井** 私も南田さんのかかわりの振り返りをお手伝いしながら、ソーシャルワーカーとして大切にしていることを一緒に再確認できたらいいなと思います。自分の点検にもなるし。

㊶ SVE 阪井さんも一緒に考えてくれるんですね？

㊷ **阪井** そうです。南田さんのかかわりを通して、私もソーシャルワーカーとしての専門性を再点検して、一緒に成長できたらいいなと思っています。

㊸ SVE ソーシャルワーカーとしての成長……。SVを受けると成

㉙南田さんは、SVで何を取り上げたいと思っているのだろう。

けど、SVってもっと広い視点をもたないといけないんじゃ……。

㉛技法などのテクニックも大事だが、支援する意義やソーシャルワーカーの価値について考えることは、SVのテーマとしても大事なことだ。南田さんのSVの目的をまとめていこう。SVのイメージを合わせていこう。

㉛漠然としてる。大切にしているもの、うまく言えない……。

㉜あ、私そんなことを話してたのか。きれいに整理してもらえたみたい。でも、答えがない。

㉝SVは教えてもらうものととらえているのだろうか。少し厳しいかもしれないが、きちんと確認しておこう。

㉝阪井さん、教えてくれるかな。

㉟SVのなかで教わるものではないことが伝わっただろうか。とはいえ、私も南田さんと同じくらいの経験年数の時は、ずいぶん悩んだものだ。考え続けようということを伝えたい。

㉟鋭いなあ。その通りだ。言葉が返せない。

㊲ここはSVで何をするのかを伝えて考えてもらうことにしよう。

㊲やっぱり簡単に答えが出るはずないな……。

㊴SVRの役割を伝えていこう。SVを受けることにより、その先に自分の成長があるということを考えていきたい。

㊴私のなかにある考えか。さっきみたいに阪井さんが整理してくれるのかしら。

㊵阪井さんも一緒に点検するのか。レベルが違う気がするけど、どんな風にするんだろう。

㊶SVを通じてお互いがソーシャルワーカーとして成長していくということを確認しておこう。

㊷自分だけで考えても落ち込むだけだったし、成長できればいいな。

㊸南田さんに受け身になって欲しくない。

長できるっていうことですね。

㊹ 阪井 SVを受ければ自然と成長できるというものではないです。そこはスーパーバイジー(以下、SVE)とSVRがお互いに高め合って、お互いが成長できるように努力していくところに醍醐味を感じますね。

㊺ SVE そうなんですか……。私、SVを受けると阪井さんからいろいろとアドバイスをもらえて、かかわり方も教えてもらえるんだろうなぁって漠然と思ってました。

㊻ 阪井 そういうイメージだと一方通行ですよね。

㊼ SVE ええ。それに私の支援の傾向とか癖とかもいろいろと指摘されちゃうんじゃないかって、少し不安にも思ってました。

㊽ 阪井 初めてのSVだし不安ですよね。それでもSVを受けてみようと思ってこうして私の前に現れました。それってソーシャルワーカーだからできることじゃないですか。

㊾ SVE 私、ソーシャルワーカーなんですかね。だったら嬉しいんですけど。やっぱりSV受けてみたいと思います。

㊿ 阪井 それじゃあ、SVのゴール設定の話をしましょうか。

51 SVE SVのゴールって……、どういうことですか？

52 阪井 SVを受けた後にどうなっていたいかと言えばイメージできますかね。

53 SVE うーん、難しいです。何だろう……。

54 阪井 SVを受けると何か変わるかなって漠然と思っていることや、分け隔てなく公平にかかわれるようになりたいっておっしゃっていましたね。SVを受けて変えたいことはありますか？

55 SVE ……そうですね。うーん、メンバーさんのことを嫌だなって思う自分を変えたいです。ソーシャルワーカーとして大切にしていることをきちんと貫けるようになりたいなぁって思います。

56 阪井 その、ソーシャルワーカーとして大切にしていることをもう少し南田さん自身の言葉で表現できますか？

57 SVE いえ、まだできません。SVを通して、それを言葉にしていきたいです。

58 阪井 わかりました。それでは、ゴールを具体的に表現してみるとするとどうなりますか？

59 SVE 私は、ソーシャルワーカーとして大切にしていることをきちんと言葉にして、それを貫けるソーシャルワーカーになりたい

SVを受けて成長するにはお互いのソーシャルワーカーとしての実践や関係性が大切だということを確認しておこう。

㊹また……。安易な言い方しちゃった。もう少し慎重に言葉にした方がいいんだ。

㊺アドバイスを求めているんだ。やっぱり教えてもらいたいという思いがあるんだな。それは当然だけど、SVは双方向性のあるかかわりだと理解して欲しいな。

㊻一方通行じゃないってことか。確かにSVの本にはそう書いてあったな。

㊼確かに、私もこういう不安をもっていた。SVRにすべてをさらけ出すことは勇気がいる。よく南田さんはここまで来てくれたなぁ。その行動に対する敬意を伝えたい。

㊽こうやって励ましてもらえると勇気がわくな。

㊾SVについて理解してもらえたようだ。このままSVのゴール設定を考えていこう。

㊿できれば、どう変わりたいかを言葉にしてくれるといいが、どうだろう。

53 あくまでも、南田さんに考えてもらえるようにしたい。すでに南田さんが話したことから考えてもらおう。

53 私が話したいことがゴールってわけじゃなさそう。言葉にするのが難しい。

55 最初から南田さんが思っていたことだが、SVを受ける目的を考えたことにより、深い思考になっている。こうして自分の言葉で語ることの大切さが伝わるといいな。もう少し具体化できるだろうか。

55 そうだ。まとめて伝えてもらうとより意識できる。これが、自分の考えを整理して話すってことなのかな。

57 もう少しゴールを明確にしておくべきか？　波長合わせは大事だが、南田さんが自分で考えようとしている過程を大事にしよう。

57 そうだ、言葉にできていないけど、阪井さんに尋ねてもらいながら考えられたらいいな。

59 ここであまり私の考えを押し付けないようにしよう。SVのなかで一緒に考えてい

59 いろいろ質問してもらって考えればいいんだ。SVを受けて成長

第3章　事例①職場外・個人

です。SV を受けながらそれを考えて成長していきたいです。

⑥⓪ **阪井** いいですね。大切にしていること、私も確認したいですね。さて、SV について、まだ聞きたいことはありますか？

⑥① SVE ええと。漠然としたイメージだったけど、SV はソーシャルワーカーとして成長していくためのものだなって思いました。だから、やっぱり、阪井さんの SV を受けたいって思ったんですけど……、どうしたらいいですか？

⑥② **阪井** それでは、SV の枠組みについて説明しますね。そのうえで私との SV 契約をするか判断してもらえればと思います。

⑥③ SVE はい。

⑥④ **阪井** 原則毎月１回90分間の面接形式で、期間は１年間。私は個別 SV の場合、１回の謝礼は4000円いただいています。ほかに費用がかかる場合はその都度相談して決めます。SV で話される内容はここだけの話として、第三者に漏らすことはありません。ここまでで何か質問はありますか？

⑥⑤ SVE 期間は１年間なんですか？

⑥⑥ **阪井** そうですね。私の経験上１年くらいかけるとお互いの実践がより深くつかめるようになると感じています。SV の効果も実感できるかと。長く感じますか？

⑥⑦ SVE いえ。確かに１年くらいかけないと、見えてこないこともあるかなって思いました。

⑥⑧ **阪井** 契約の終盤には、設定した SV のゴールについて達成できたかどうか相互評価をします。必要に合わせて契約を更新することもできます。

⑥⑨ SVE わかりました。まだゴールに達してないと思ったら、延長できるんですね。

⑦⓪ **阪井** 逆に、契約の途中であっても解約することもできます。

⑦① SVE それは、どういう時ですか？

⑦② **阪井** お互いに SV 関係を続けることができない事情が発生することがあるかもしれないし、枠組みを決めた契約であればこそ解約を保証する必要があるからです。

⑦③ SVE 例えば、どんな事情ですか？

⑦④ **阪井** これまでにはありませんが、どうしてもソーシャルワークに対する見解の相違ができてしまうとか、転居や病気などもあり

ければいい。

⑥1 契約について確認しておかないといけない。時間や場所、費用など、私のこれまでの契約内容を説明して、南田さんに決めてもらおう。

⑥4 SVの原則に沿った枠組みだが、詳細は私のこれまでのやり方だ。希望に応じて変更できるところは変更しよう。これまでは半年から1年で設定しているが、ゴールがやや漠然としているから1年で提案してみよう。

⑥6 知り合いだから波長合わせは短くてもいい。6か月と設定してもいいところだが、私としてもしっかり応援したい気持ちがあるからな。

⑦0 今は勢いで希望している面もあるだろうけど、始めてみてイメージと違ったり、SVの場が苦痛になってはいけない。安心感をもってSVに臨んでほしい。

⑦4 SVはやはりお互いの関係性が大切。信頼を積み上げていけるようにしよう。

していきたいな。

⑥4 契約がないとSVじゃないっていうのは習ったことがある。どういう枠組みでSVをするかっていうことの確認ね。謝礼もしっかり払わないといけないけど、1年となるとそれなりの金額になるな。

⑥7 思ったより覚悟がいる長さだな。でも、やるならしっかりやったほうがきっと効果があるんだろう。

⑦1 解約ってどんな時にするのだろう。「やーめた」なんて簡単にできるものじゃないと思うけど……。お互いに責任をもつことが大事なんだろうな。

⑦4 確かに。解約できることを知っていることは大事な気がする。

得ますかね。

⑮ SVE　わかりました。そんなこと起きないようにしたいです。

⑯ **阪井** お互いに気を付けましょう。あとはSVを行う場所ですね。南田さんが安心して話せる場所を設定します。ご希望はありますか。

⑰ SVE　ダメじゃなければ、この事業所でSVさせてもらうことはできますか？

⑱ **阪井** そうですね。今日みたいな感じでやりましょうか。では最後の確認ですが、基本的に事例を用いたSVをしています。毎回レポートを作成してきて冒頭に説明をしてもらって、そのテーマに沿ってSVを進めているのですが、よろしいですか。

⑲ SVE　毎回レポート作成ですか？　どんな様式で、どれくらいの量にまとめたらいいんでしょう？

⑳ **阪井** 南田さんがSVに取り上げたい事例を決めて、その事例を通じてSVで考えたいテーマを設定して、A4で1枚くらいにまとめてください。出てきたものを採点するわけではありません。

㉑ SVE　わかりました。個人情報保護には気を付けたレポート作成をしないといけないですよね。

㉒ **阪井** その通り。ソーシャルワーカーですからね。メンバーさんの同意を取ることは必須だし、今勤めているクリニックにも個人情報を持ち出す許可が必要かどうか確認してくださいね。

㉓ SVE　大変ですね。やることがいっぱい。

㉔ **阪井** そう、SVは準備をするところから始まってるんですよね。説明は以上です。私はこんな契約内容でSVをしていますが、どうでしょう。考えて後日返事をくだされればいいですよ。

㉕ SVE　いえ、契約してSVを始めたいです。

㉖ **阪井** わかりました。それでは契約書を作成してE-mailで送りますので確認して何かあったら連絡ください。そのうえで初回SVの冒頭で契約書を交わしましょう。今日は今後の日程を決めて終わりにしましょうか。

㉗ SVE　はい。

㉘ **阪井** 南田さんが笑顔になれるよう、ソーシャルワーカーとして成長できるように努めさせていただきますね。

㉙ SVE　ありがとうございます！

⑯場所の設定も大事なポイントだ。今日も南田さんの希望でうちの事業所に来たわけだが、ここで安心できるのだろうか。

⑯自分の職場じゃないほうが安心だし、この前みたいに歩きながらってわけにはいかない。ここなら守秘義務も守れるし安心だな。

⑱さて、事例を基にすることは、ソーシャルワーカーとしての専門性を確認するには適していることを理解してもらって、方法も決めておこう。

⑱レポートのまとめ方がよくわからないな。書式とかあるのかな。

⑳レポートにまとめるところからSVは始まっている。まずはこうやって言語化してもらうことがやはり大事だな。

㉑守秘義務はしっかり認識しているようだ。日頃から研修にも出ているし、大事な知識が備わっているな。

⑳メンバーさんに同意をもらわなきゃいけないな。うまく話せるか心配だけどソーシャルワーカーなんだからやらなくちゃ。

㉒考えてなかった。うちのクリニックってどうしてるんだろう？確認しなきゃ。

㉔さて確認することは以上だが、契約するかどうかは南田さんが決めることだ。この場では断りにくいだろうから、猶予をもたせたほうがいいな。

㉖断りたい場合のことも考えて、いったんE-mailでのやり取りを入れることにしよう。

㉔準備をするところから始まるのか。まずは、あのメンバーさんとのかかわりについて考えてみよう。

㉖ついに始まる、初めてのSV。勉強したつもりだったけど、ちゃんと説明を受けてよかった。もっと、もっと、SVについても勉強しておこう。

㉘南田さんの成長を応援したい。南田さんが笑顔になれるようなSVをしていきたい。そして私も一緒に成長させてもらいたい。

㉘最近、クヨクヨして後ろ向きに考えてばかりいたけど元気が出た。まだやれることが見つかりそうだ。

解説

●スーパーバイジーが　スーパーバイザーを選択するところから始まる

SVRへのアクセス方法は、日本精神保健福祉士協会のウェブサイトから認定SVRを探して申し込むほか、所属する都道府県協会に問合せて紹介を受ける、卒業した養成校の教員に相談する、職場の上司や先輩の口コミで紹介してもらうなど、いくつかの方法があります。この事例のように、元々知っているPSWや先輩PSWに直接依頼する方法もあります。お互いの信頼関係が欠かせませんが、これは最初からあるものではなく、両者でつくり上げるものです。まずは南田PSWのようにSVEからSVR候補に連絡し、オリエンテーションを受けることから始めます。

●オリエンテーションの面接がスーパービジョン体験となる

阪井PSWは南田PSWのSVの目的を丁寧に聞き取っていきました。全体的な雰囲気づくりと面接の進め方に気を配り、要約や繰り返しの技法を使いながら、南田PSWの考えを一緒にまとめていきます。目的は、SVを行う動機でもありSVを継続していく際の指針なので、丁寧に確認して共通認識をもつことが大事です。そして、言葉による説明だけでなくオリエンテーション面接の過程そのものがSVになり、SVEがSVを理解できるように展開していきます。

SVEのSVに対するイメージは十人十色です。目の前に現れたSVEにSVの知識やイメージを確認して、「それではダメ。SVとは……」と高らかに説明するより、SVEがSVを求めた理由を受け止め、SVEがSVを体験的に理解していけるようかかわっていきます。SVRにすべてをさらけ出すことは勇気がいることです。その勇気をたたえ、信頼関係を結ぶ責任がSVRにはあるのです。

●スーパービジョンのゴールを設定する

阪井PSWは、南田PSWのSVの目的を確認し、SVを受ける意義について伝えています。そして、南田PSW自身がSVの目標（ゴール）を設定できるように、面接中に南田PSWが話した内容を要約して伝え、時折質問を挟んで考えることを促しています。SVはPSWとしての成長を目的の1つとしていますが、期間を決めてそのゴールを意識しながらSVEの速度で歩みます。漫然となれ合いの関係にするのではなく、SVE と SVR が同じ目標（ゴール）を意識して取り組むことで、振り返って成長を実感することも可能となります。

●スーパービジョンの実施場所に配慮する

SV では SVE に安心して語ってもらえる環境を保障する必要があります。SVE が語るなかには当事者の情報が多数含まれ、また所属機関や連携する人々に関する多様な話が守られた環境でできるようにするためです。職場外 SV の場合は、SVE の職場を使うことがよいかどうか吟味する必要があります。SV に対する認識や方針が不明な場合や、SVE が所属機関との間で緊張関係にある場合は SVE の職場を避けるべきです。阪井 PSW が、阪井 PSW の職場で SV を行うことにしたのもこうした理由からです。また両者の職場以外で行う場合は、喫茶店など周囲に第三者がいるような環境は避け、貸会議室のようにプライバシーを確保できる場所を選びます。

●スーパーバイジーの疑問や不安を解消し スーパービジョン契約を結ぶ

南田 PSW は SV の受け方に関する説明を希望したので、阪井 PSW は契約の説明をするなかで SV の受け方や留意点についても解説しました。南田 PSW は SV について事前に勉強したり、もともと自分にとって必要なことだという認識はありましたが、具体的な方法や期間、費用、場所などの枠組みを明確に示すことで安心でき、また覚悟して SV 契約に臨むことができます。

その後の経過

その後、阪井 PSW と南田 PSW は正式に SV 契約を結んだ。

初回の SV は、1か月後の金曜日。南田 PSW は A さんとのかかわりをレポートにまとめ、事業所に時間通りにやってきた。テーマは「A さんのことを嫌だなと思うのはなぜか」と書いてあり、A さんから同意もとったという。研修の帰りに駅までの道すがら阪井 PSW に愚痴った時とは違い、南田 PSW は自身のかかわりについて阪井 PSW のサポートを受けながら真摯に振り返ることができた。

事例 2

[職場外・個人]

利用者との信頼関係を再構築するための自信を取り戻すスーパービジョン

スーパーバイザーの紹介

茶富 PSW。医療法人の病院で５年、地域生活支援センターに９年勤務。その後、市役所に転職して障害福祉課にて13年目。認定スーパーバイザー（以下、SVR）として県協会にもかかわっている。

スーパーバイジーの経歴

王林 PSW。福祉系の大学を卒業し精神科病院に就職して５年目。１年間の研修後、精神科救急病棟２年、精神療養病棟２年目。職場には先輩２名、後輩３名で、王林 PSW を含む６人の精神保健福祉士が勤務し、所属部署ではいわゆる中堅となる。現在勤務している病棟は10年目の先輩と一緒に担当し、長期入院患者への退院支援において多職種連携での取り組みや後輩指導などについて悩み多い日々を過ごしている。

スーパービジョンの構造

職場の上司に業務上の相談をしていたが、上司よりスーパービジョン（以下、SV）を勧められ、県協会で知り合いの茶富 PSW が認定 SVR であることから紹介された。オリエンテーションのために面談した際「業務に自信がもてず、クライエントと向き合うことができてないのでは」「専門職として役割を果たせているのか」と常に不安と葛藤を抱えていることがわかり SV 依頼に至る。SV の目的は実践の振り返りで、ゴール設定は「PSW として“かかわる”ことを意識できるようになる」とした。場所は SVR の職場近くの貸会議室を使用し、年４回、１回90分、3000円で契約。

SV のルールを互いに確認し、特に事例提出の際は利用者に同意を得てレポート作成することを約束した。

今回は３回目。現在進行形の事例のためクライエントから承諾を得ることができないものの、かかわりに悩みSVを使いたいと考えたため、個人が特定されないようにレポートを加工。場所も今回に限り王林PSWの職場の会議室を使用し、終了後、レポートは回収することを確認して上司の承諾を得たうえで実施に至った。

スーパーバイジーのレポート概要

40代の男性Aさんは隣市で生まれ、2人兄弟の長男。母親は中学時代に他界、父親は自由な人で家にいたりいなかったり。Aさんはアルバイトで学費を稼ぎ高校を卒業。その後家出をして現職場で働きながら6歳下の弟の学費を払い卒業させ、その後弟と同居し家賃やさまざまな面倒をみていた。父親とは疎遠で居所不明。

半年前に交通事故を起こして働けなくなり自室に閉じこもる。不安と焦りから不眠となり弟や同僚が心配し訪室するも会いたがらず、周囲に被害的となり、自宅で弟を殴った後、会社に行って同僚にも暴力をふるい、警察、保健所の介入で受診し、統合失調感情障害で弟の同意による医療保護入院となった。

拒薬や腰痛などもあり、病状が安定しないまま3か月経過。この間、弟の面会なし。その後、転棟して王林PSWのかかわりが開始。前任PSWより「病状が安定し、弟の了解があれば自宅退院の方針」との申し送りがあった。

1か月後に「職場の人が来て退職手続きをとるように言われた」と落ち込んでいたが、なんと言葉をかければよいか考えてしまいうまく話せず。この日を境にAさんは王林PSWを避けるようになったと感じる。

王林PSWはAさんの希望通りの生活に戻れるよう多職種で検討する機会を設定し、Aさんに提案してみたが「あんたらと話しても意味がない」と言われ、それ以降しっかり話せず、自分が頼りないから避けられている、どうかかわっていけばよいかわからない」と悩んでいる。

スーパービジョンの経過

王林PSWの説明を聞き、茶富PSWより不明な点の事実確認。王林PSWのこれまでの支援経過について情報共有ができたところで、課題の検討に入る。

逐　語

①**茶富** 今日は自身で感じている「かかわる」ということをテーマに話を進めましょうか。新たな事例で、病棟で担当するクライエントとの関係がうまくいっていないということですね。では、クライエントについてもう少し聞きたいと思いますが、どんな感じの人なんでしょうか。

② SVE 背が高く、でっぷりとしていて、話し方はぶっきらぼうで見た目は少し怖い感じですが、話してみると見た目と違って真面目でやさしい男性です。

③**茶富** なるほどね。がっちりした感じね。なんとなく、いかついイメージを感じるけど、確かに見た目と違ってレポートからは弟思いのやさしい人という感じもしましたね。

④ SVE そうなんです。生活歴の聞き取りの時に生い立ちなどを確認しました。大変苦労されている弟思いのやさしい人なんです。

⑤**茶富** わかりますよ。ご苦労されて今の生活にたどり着いたのですね。今回の入院では生活面や今後のことでＡさんもですが、弟さんも心配しているでしょうね。

⑥ SVE はい、会社のこと、弟さんが面会に来ないこと、入院費、ローン等の支払いを心配していました。

⑦**茶富** 弟さんはなぜ面会に来ないのでしょうか？　何か理由などあるのでしょうか？　あと、会社の方とも話ができているのでしょうか？

⑧ SVE 弟さんに電話で確認したら「気持ちの整理ができたら面会に行きます」と言っていました。弟さんの気持ちも理解できるので待っています。会社については手当などの手続きで上司の方と話をしていますが、以前は「よくなったら現場復帰してもらいた

SVRの思考

①今日で3回目のSVだけど表情や声のトーンから以前より緊張してないようだ。さて、Aさんについての困りごとだけではなく、環境や状況のストレングスも含めた情報があるといいな。人物像を確認する感じで、どんな人か聞くことで王林さんのアセスメントの状況も少しわかるかもしれないな。聞いてみよう。

②見た目の感じは伝わってきた。

④大変な苦労をしている方だな。王林さんは生活歴の聞き取りからAさんを理解していったんだな。弟さんの学費を払い、社会人で30歳を超えているのに家賃や生活費など弟の面倒をすべてみていることは、どうとらえているんだろうか。弟が心配しているかを聞く感じで確認してみよう。

⑥弟さんが面会に来ない理由とか事情とかあるのかな。Aさんが心配している会社の方もどうなんだろう。

⑧なるほど。弟さんが自ら面会に来るのを待っているのか。本人や本人に関係する人、状況の整理、確認はされている印象をもてるな。職場復帰を強く考えるのは理解

SVEの思考

①前ほどではないけどやっぱり緊張するわ。精神保健福祉士としてのかかわりができていないと言われたらどうしよう。

③見た目は伝わったみたい。個人情報は加工したけどレポートでAさんの人柄は伝わっているようね。本当に弟思いのやさしい人で、尊敬できる人なんです。私にはまねできない人生だわ。

⑤伝わってよかった。そうね、生活費の不安は話していたわ。弟さんとは電話では話をしたけど会えていないのよね。

⑦信頼していた兄から暴力を振るわれたらショックだろうし面会に来づらいでしょうし、来てとも言いづらい。この状況なら茶富さんも想像できるのになんでこんなこと聞くのかな？　会社とは良好と感じていたんだけどなぁ。

い」と言っていたので関係は良好と思っていました。Aさんも、腰痛が改善したので退院後は職場復帰を強く望んでいました。

⑨ **茶富** ありがとうございます。では、本日の引っ掛かりポイントであるAさんが王林さんを避けていると感じるようになった点ですが、関係性がよさそうな会社の人と会ってからみたいですね。

⑩ SVE はい。Aさんから思いつめた感じで「話がある」と言ってきたので話を聞きました。職場の人が来て「職場復帰の見通しがなければ退職を考えて欲しい」と言われ、主治医に「退院したい」と伝えたが了解してもらえなかった。これからどうしようという内容でした。そこで、私は「うまく返す」ことができなくてただ受け止めようとすることしかできず、聞くことに徹しました……。

⑪ **茶富** その時王林さんはどこに焦点をあてて、Aさんの話をどのような思いをもって聞いてましたか。

⑫ SVE はい、Aさんの今置かれている状況から「会社を辞める」ということに焦点をあてました。なぜならAさんは家賃、ローンなどがあるので死活問題だと感じるはずです。ですので退院して職場復帰したいという気持ちは理解できます。しかし、そうはいっても主治医や担当看護師は、今はまだ退院は難しいということです。その辺をどのように折り合いをつけて伝えるか、悩みながら話を聞きました。

⑬ **茶富** 状況からAさんがどういう思いを抱えて「退院したい」と言ったか、ということを理解しているということですね。

⑭ SVE はい、そのつもりではいました。だから本人が安心できる言葉を伝えることが重要だと考えましたができませんでした。

⑮ **茶富** 普段から話をよくする王林さんだから、このような相談をしてくれたのですかね。

⑯ SVE 単に担当のPSWが私だから話をしたのだと思います。Aさんがせっかく相談してくれたのにうまく返せなかったから……、申し訳なく思っています。この後から態度がそっけなくなり、面接を拒否するようになったので、その時に信頼を失ったのかなと感じています。

できる。会社の人と会ってから荒れているみたいだけどどうしてだろう。

⑩なるほど、会社の最初の考えと違っている。これだと混乱するよ。主治医に退院は無理と言われ、絶望感に支配されているかもしれないと想像ができる場面だな。王林さんにとって「うまく返す」とはどういうことなんだろうか。この面接にはどのような思いで臨んだんだろう。

⑩面接で期待に応えられなかったのでこうなったと思っています。私にもっと技量があれば……、悔しい。

⑪鋭い質問、どこに焦点って……。Aさんに何を言われるのか緊張していたわ。焦点は会社を辞めると収入がなくなるので感情的になるだろうなと考えて聞いていた。あとは主治医や看護師の意見をどう伝えるか考えていた。

⑫状況の理解はしているし、本人の思いを焦点化しているからこそ返答に窮したことがわかるな。返答すること、思いに寄り添うことは別に考えたほうがよさそうだ。気付きを促したいな。

⑬退院したい気持ちはよくわかる。だって死活問題だから。助言がうまくできなかったことを指摘されると怖いなぁ。

⑭うまく返すとは「安心できる言葉」ということなのか。それは抽象的だなぁ。返答できなかったことが今の状況になったと結び付けて考えているみたいだな。今までのかかわりからAさんの思いを想像してもらおう。

⑮え、相談をしてくれたって、ただ担当だから話をしたんじゃないかと思うけど。

⑯なんて後ろ向きな。うまく返せなかったことが面接を拒む理由で、そのことで信頼を失ったと直結して考えているようだ。しかしそこにとらわれると身動きが取れなくなってしまう。できていたこと、やってい

⑰ **茶富** そう感じてしまうのですね。王林さんにとって「うまく返す」とは「安心できる言葉」ということみたいですが、具体的にはどういうことなのでしょうか。

⑱ SVE 私の考える「うまく返す」……。うーん（沈黙して考えこむ）。

⑲ **茶富** では、質問を変えますね。定期的に話はできていたのですよね。具体的にどんなかかわりをしていたのか教えてください。

⑳ SVE はい。週に1回話を聞いていました。Aさんの退院したい、職場復帰したいという思いは主治医をはじめスタッフと共有し、思いに応えられるようにプランを考えていました。定期的に話すなかでAさんからも今までの人生のことなども教えてくれるようになって、私のなかでもAさんの思いを実現させたいという思いは強くなった気がします。私が不調の時に気にかけてくれたりもしました。私の考えるうまく返すというのは……。そうですね、Aさんが安心できるような声かけをするということですかね。

㉑ **茶富** まさに二人三脚でAさんと歩んでいるような姿に見えますね。Aさんも自ら話をしているようだし、Aさんの思いを理解し、本人の考えをチームに伝え共有する取り組み、姿勢を感じます。王林さんのかかわるという思いは伝わっているんじゃないかな。

㉒ SVE え……、はい、そうだといいですけど……。面接では弟さんがちゃんと生活できているかとか、自分のせいで会社で孤立してないかとか、弟さんのことを本当に心配していました。そこで先日思い切って弟さんに私から電話をして、Aさんの思いを伝えました。その際、ローンの返済や自宅の維持管理は自分がしているので安心して欲しい、今までは何の疑いもなかったけど自分でやるようになって兄に感謝している、そのことと近いうちに面会に行くことを兄に伝えてくださいと言ってくださいました。

㉓ **茶富** そうなんだ。Aさんの思いに弟さんも応えているじゃない。Aさんには伝えたの。

㉔ SVE いいえ、まだなんです。面接を拒否されたので会いに行ったら余計に嫌な思いをさせてしまうような気がして……。その方

たことなども、なかったことになっているのかもしれないな。王林さんの考える「うまく返す」のイメージを確認してみたほうがよさそうだな。

⑰うまく返す……、難しいなぁ。どう表現すればよいかな、適当に言うわけにはいかないし、うまい言葉が浮かんでこない……。どうしよう、どうしよう。

⑱黙ってしまったな。定期的な面接の具体的な内容を教えてもらいながら、実践の振り返りから考えてみてもらった方が返答しやすいかな。質問を変えたほうがよさそうだ。

⑲今までの経過やそのなかで思っていたこと、考えたこと、感じていたことを伝えるしかないか。自信ないな。

⑳週1とは熱心にかかわり、計画性もあり、思い入れが強いな。そのために感情移入しているかもしれない。関係性は悪くないようには感じるな。言語化して伝えよう。

㉑そうであれば嬉しいな。だけど、どの部分から関係が悪くないと思ったのだろう。信頼を失ったと思うけどなぁ。前回の面接でダメになったのに茶富さんは何を言っているのだろう。

㉒自信なさげだ。だけど面接風景は感じ取れるな。最初の本人のニーズに応える素晴らしい実践じゃないか。できていることは整理して伝えてみよう。
弟の言葉をAさんに伝えたのかな。

㉒この弟さんの話を聞いたときは私も嬉しい気持ちになったわ。

㉔伝えていないんだ。残念。意識がかわることを期待し、Aさんと話すきっかけにも

㉔弟さんのエピソードは伝えたいけど、Aさんの信用を失った私

がAさんの気分を害さずよいのではないかと考えてしまいます。

㉕ 茶富 そうかな。王林さん、ずいぶんしょげてしまっているんですね。私だったらそんなよいニュースならすぐにでも届けに行きたくなっちゃうけど。ここで面接をためらうとは……。

㉖ SVE 一生懸命にかかわったつもりでしたが、Aさんから直接的に否定されることや拒否されること、嫌われることが怖いんだと思います。だけど、それではダメだと思うんです。

㉗ 茶富 わかりますよ。私だって怖いもの。逃げたくなる時はありますよ。ただ今回は、王林さんのことをAさんは信頼していると思えるし、もしかするとAさんも顔を合わせづらいと思っているかもしれない。

㉘ SVE そうですかね？ Aさんも言い出しづらいですかね。そうですね、自分のことばかり考えていました。Aさんのことを考えると自分から行かなきゃいけないですよね。会社のことも決定したことではないと思うのです。こちらの話はしていないので。そのことを会社やAさんに伝えたいです。

㉙ 茶富 会社のこととは？

㉚ SVE 会社からは「復帰の見込みがない場合」と言われたとありましたが、私は復帰の見込みがないなんて思っていません。今日明日すぐというわけではないですが、その点は主治医や担当看護師、私も含めカンファレンスで同意見でした。

㉛ 茶富 そこなんだけど、王林さんも実は会社の人のその発言を聞いて、ショックだったってことはない？

㉜ SVE あ……、確かに。Aさんと、どうやって職場復帰していくかを話し合っていたし、まさか会社からそんな言われ方をするとは思っていなかったんで、腹が立ちました。

㉝ 茶富 王林さん、すごくAさんに感情移入しているんだろうね。

㉞ SVE え、うん……。そうかもしれません。

なりそうだから、自分だったらどうするかを話してみよう。

㉖僕だってそういう場面では恐怖を感じることを素直に伝え、王林さんがAさんの不安な気持ちに最初に気づき、寄り添っていると感じ取れること、Aさんの性格や立場を考えるとAさんも王林さんと同じように歩み寄れず、気まずくてそのような態度を取っているのかもしれない。この考えを伝えてみよう。

㉘こちらの思いや考えが伝わって覚悟を決めてくれたみたい。背中を押して欲しかったのかな。会社の決定のこととは何だろう？

㉚会社の話は入院初期と違うし、調整などもしてきたのに、相談もなくいきなり「辞めろ」というのを乱暴だと思わなかったのかな。

㉜ショックだよね。自分のことのように腹が立ったっている感じ。感情移入するぐらいかかわっているということだな。そのことを意識できているか聞いてみよう。あと、Aさんに対してはどう思ったか確認しよう。

から話をしても、かえって「何勝手なことをしたんだ」と怒らせてしまうかも。今さら自分からは言いづらいよ。

㉕しょげますよ。なにより、Aさんとの関係はなくなることが嫌だし怖いです。PSWには向いてないと言われるのも怖い。

㉗茶富さんも怖いことがあるんだ。意外。自分が悪いと思っていたからAさんも同じ思いでいるかもとは想像してもいなかった。会社の人が言っていた話も確認する必要があるわ。

㉙Aさんは職場復帰する見込みがあることをチームで共有している。その点を見落としてた！ Aさんと会社に伝えたい。

㉛ショックというか真っ白というか、とにかく驚いたのと、イラっとした。こんな感情もったらいけないのかな。

㉝会社にはムカついた。今でも。一生懸命なAさんを切り捨てるなんて。話が違うし。あ、これが感情移入かな？

㉟ **茶富** そのあたりの気持ちを聞かせてもらえる？

㊱ SVE そうですね。こんなに弟思いでいろんなことを頑張ってきたAさんをあっさり切り捨てようとする職場への憎しみみたいなものかな。

㊲ **茶富** Aさんに対してはどう思った？

㊳ SVE それは、なんか申し訳ないような、っていうか。なんで私が申し訳なく思う必要があるのかわからないけど……。でも、何か、なんて言っていいかわからないけど、悔しくて悲しい気持ちが。

㊴ **茶富** Aさんの希望を絶つようなことをする会社に対してのマイナス感情みたいだね。私の経験でいうと、クライエントさんと一心同体みたいになって取り組んでいる時に、家族だったり地域社会の人が受け入れてくれない場面で、クライエントさん以上にこっちが怒っちゃったりすることがある。

㊵ SVE はぁ……。

㊶ **茶富** クライエントさんの憤りや悲しさに共感することは大事だけど、自分の感情になっちゃったりしてね。

㊷ SVE なるほど。私の場合もそうなのかな……。

㊸ **茶富** いえ、そこはわからない。ただ、よく考えてみて欲しいなと思って。いずれにしても、Aさんがその会社の人の発言を受け止めて、それに対してどう向かっていくかってところを支えるのがPSWの役目だよね。

㊹ SVE そうですね。でもAさんにとっては、思ってもみなかったことだと思うし、簡単には受け入れられないんじゃないかと……。

㊺ **茶富** そこだけどね、Aさんが王林さんを信頼しているからこそ、その受け入れがたい思いをぶつけてきたという見方はできない？ 王林さんはAさんを主体としてかかわっていて、Aさん本人が大事にしている会社、家族への配慮も忘れずに関係性を構築してきたでしょう。信頼関係は目に見えるものではないけど、私は今日の話を聞いていて、Aさんが王林さんというPSWを頼りにしているように感じます。ですから今回のAさんの感情表出を次のかかわりにつなげるアクションが重要になってくると

㉟心情を話していいのかな。変に思われないかな。だけど話したい、伝えたい。

㊳今までしてきたことが白紙になったり、クライエントに対して不利益なことがあった時に自分も同じような体験をした。そのことを話しながら、イメージがつくように伝えてみよう。共感することは大事だけど、境界線を意識することを伝えよう。

㊳怒ったり、落ち込んだりするAさんを見ていて悲しい気持ちになった。表現できないけど、なんでって感じで。でも感情的になっちゃいけないって自分に言い聞かせようとしていた。

㊶境界線があいまいになり、共感が強くなりすぎると、自分の感情かクライエントの感情かわからなくなる場合があるよね。

㊶そうなってたかも。自分の感情になっちゃうとどうなるんだろう。

㊷うまく伝わったかな。ワーカー・クライエント関係ではクライエントに共感しすぎると、クライエントの課題と支援者の感情がわからなくなる時があるので注意して欲しい。

㊹急に奈落に突き落とされたみたいな。Aさんには受け入れがたいと思いました。私自身もです。まさに青天の霹靂かな。

㊺王林さんがソーシャルワーカーとしてしっかり実践できていることを、本日確認できた具体的な内容に沿って支持的に伝えてみよう。クライエントの感情表出をかかわりのチャンスだと思って支援を続けて欲しい。あと、本人の発する言葉にどんな思いや背景があるのかを想像するためには本人と取り巻く状況を意識すること

㊺信頼しているから思いをぶつけてきたのか。そうだったら、うれしい一言いただきました。自分のかかわりの一部が認められてうれしい気持ちになる。
すぐ逃げようとするのは自分の悪い癖だ。かかわる姿勢だけではなく、実践でこれからのことをしっかり考え、行動しなけれ

考えますね。

㊻ SVE　A さんの気持ちに同調して、私の方が会社の人の発言にショックを受けていたんですかね。なのに A さんの表面的な言葉にとらわれ、嫌われた、避けられているからかかわれないといって、ソーシャルワーカーとしてすべきことをせずに目を背けようとしていたように思います。

相手の顔色を気にしすぎたり、嫌われたくないと思ったり、すぐ逃げようとするのは自分の癖みたいなものかもしれません。会社にも相談しつつ、A さんが現状からどうするかを一緒に考えたいです。覚悟をもって向き合っていくように、さっそく明日から取り組みたい気分です。

㊼ 茶富　今回の SV では「かかわる」ということを考えたいということでしたが、状況によって冷静な状況判断ができなくなったり、思い通りにいかないことで、自身の感情とクライエントの課題との境界線があいまいになり、自分でもわからなくなってしまうことがあります。人は状況や環境に影響されるので、その関連性から全体を見渡し、経過を振り返って次にどうするかを考えることが大切ではないでしょうか。

㊽ SVE　そうですね。自分の考え方の癖を意識して、感情移入しすぎないように注意していきたいと思います。

㊾ 茶富　自分の考え方の癖や傾向などを知ることは大切なことですよね。覚悟をもってという言葉、私は好きです。ただ空回りしないようにね(笑)。本人の思いに寄り添いたいという気持ちをもっている王林さんは素敵ですよ。A さんの思いを実現できるように 1 人で抱えず、チームの一員として、ソーシャルワーカーとしてかかわっていくことを応援しますよ。

㊿ SVE　ありがとうございました。

が大切であることは理解しているはずだけど、改めて意識して欲しい。

㊻王林さんが気づかないうちに王林さん自身の感情とAさんが取り組むべき課題との境界線があいまいになってしまっていたことで、冷静な判断ができなくなって苦しくなっていたかもしれないことを考えて欲しい。

ばいけない。喜んでばかりはいられないわ。早速明日にでもチームで相談しよう。

㊼臆病なのがばれたかな。感情や意識のセルフコントロールを考えよう。私は臆病だけど慎重でいいと思うようにしよう。かかわるって難しいな。これからは表面に現れていない部分をしっかり確認しよう。

㊽「自分の癖」か。面白い発想だな。だけどこの発想は自己覚知としてすごく大事なことなんだよな。ここは強調して伝えよう。嫌なことや苦手なことは誰でも避けたいと思うけれど、クライエント支援ではそうはいかないことも気づいてくれたようだ。誰しもできないこと、困難なことにぶつかると目を背けたくなる。だけど、そういう時は立ち止まり、振り返ることで次の展開のヒントがあることを体験できたことは、王林さんにとって貴重な体験になったと思う。これからも本人の思いを大事に、彼女らしい支援を展開して欲しい。

㊾SVの前は緊張したけど、茶富さんとのSVの後は元気になるなぁ。自分の癖にも気が付けてよかった。まずはできることから始めよう。本人と向き合う勇気、背中を押してもらったような気分だ。少しだけ自信をもって明日Aさんに会いに行こう。

解説

●本人の同意が得られない場合の職場外スーパービジョンの留意点

支援に行き詰っているからこそSVで検討したいというスーパーバイジー（以下、SVE）の要請に、茶富スーパーバイザー（以下、SVR）はSVEの職場へ出向いてSVを実施しました。レポート記載において個人が特定できないように加工したうえで、終了後にレポートをSVEが回収することに加え、SVEが個人情報を職場の外へ持ち出さないための工夫といえます。これらはAさんの見えないところで行われていますが、王林PSWのAさんに対する誠実な姿勢として表されています。

●「かかわる」「寄り添う」を支援経過から振り返り考える

王林さんは、担当するAさんとの支援において「ワーカー・クライエント関係の悪化」が顕著となり、支援の行き詰まり感のなかで自身ではどのようにしてよいか困り、これからの方向性を見出すために「自身のかかわりを整理したい」と今後について考えるSVを希望しました。緊張と期待が入り交じることを想像、想定し、SVEには配慮した声掛けや雰囲気づくりが大切になります。

●スーパーバイジーの認識について事実確認を含め丁寧に整理する

SVの課題を検討するにあたり、冒頭で今までのSVEのかかわりを時系列に沿って一緒に振り返ります。SVRもSVEの実際の支援場面やクライエント像を想像し、SVEと一緒に考えるための準備作業です。このなかでSVRが感じたこと、思ったことなどをSVEへ伝えてPSW同士で思いを共有します。この丁寧な経過の振り返りを通してSVE自身がクライエントとのかかわりを冷静に振り返るきっかけをつくります。また、自身のかかわりを言語化しSVRに説明することで、SVEの頭のなかで漠然としている「困りごと」が整理されていきます。

●スーパーバイジーが自身のできていることを正当に評価できるよう支える

SVEは行き詰まり感から、できていることまで、できていないかのようなマイナスの自己評価をする場合があります。SVE の性格や思考の癖なども影響しますが、茶富 SVR は、⑲㉑㉓で客観的にソーシャルワークワーク・プロセスに沿って王林 PSW のできていることに焦点化しながら、何に引っかかりや躓きを感じているのかを積極的に聞き取ります。茶富 SVR は、当初は SVE のアセスメント不足からくる思いの行き違いを考えましたが、かかわりを聞き取るなかで王林 PSW が丁寧にアセスメントし、本人主体の支援を実践しようとしていたことがわかりました。このことを肯定的な言葉で返す形で SVE の自己評価を支えています。

●ソーシャルワーカーとして、すべきことを再確認する

自身の面接のミスで A さんの信用を失ったと決めてかかり、A さんにとって有意な情報の伝達まで躊躇している王林 PSW に、茶富 SVR は本人不在になっているのではないかという違和感を覚えました。そこで、王林 PSW が本人の思いに応えるという発想にとらわれすぎていると考え、人と状況の全体関連性も含め全体を俯瞰する視点も持つことができるよう、支援プロセスに沿ってそのことを指摘しています。自分の感情にとらわれず、本人のニーズを出発点として、今 PSW としてすべきことを王林 PSW 自身が再確認できるように促しています。

●自分の思考、考え方の癖を理解し支援を展開する

ワーカー、クライエントの支援関係では、円滑に物事が進行することばかりではありません。クライエントにとって人生を左右する大事な選択や決定の局面に遭遇する場合、ソーシャルワーカー自身の感情も揺さぶられ自身の感情とクライエントの課題との境界線があいまいになってしまうことがあります。

王林 PSW は、茶富 SVR の支持的態度に安心して自身の思考の癖への気づきを言語化し、明日からできることを自ら再設定することができました。人が人を理解するということは容易ではありませんが、王林 PSW にとってこの事例との出会いは、ソーシャルワーカーとして自身を成長させる大きな意味をもつことになったでしょう。

［職場外・個人］

事例 3

所属機関の特性を踏まえて本人主体の支援と地域づくりをともに考えるスーパービジョン

スーパーバイザーの紹介

茶富 PSW。福祉系大学を卒業後、医療法人の精神科病院に初めて採用される精神保健福祉士として就職し、病院に３年、その後法人内の移動で病院敷地内の入所授産施設に１年、地域生活支援センターに９年勤務。その後、D 市役所で精神保健福祉士の募集があり転職。市役所では保護課で13年目となる。

スーパーバイジーの経歴

北斗 PSW。男性、32歳。福祉系大学を卒業し、就労継続支援 B 型事業所に７年勤務する。職場には不満はなかったが、D 市の精神保健福祉士の募集に応募し転職、救護施設に配属となり２年勤務。その後、障害福祉課へ異動して１年目。

スーパービジョンの構造

北斗 PSW が転職してすぐの頃、職場で思い悩んでいる時に参加した研修会で茶富 PSW がファシリテーターを務めるグループに入ったことで交流するようになった。民間から公務員へ転職した先駆者として、また、精神保健福祉士としてもクライエント主体で本人と向き合い、一緒に考え、悩みながらも粘り強く、時には体を張ってかかわる姿を見聞きして、行政機関の精神保健福祉士の手本にしたいと考えていた。

北斗 PSW は救護施設での定型業務から、市障害福祉課への異動でさまざまな機関とのやり取りが増えやりがいを感じている。ただ、公務員としてできることが増え安定したものの、一方で精神保健福祉士として何をすべきか、何しているのかわからなくなるときがあり、専門職としての役割機能を果たせているだろうかと自己点検の必要性を感じるようになっていた。先日、茶富 PSW が専門職団体の認定スーパーバイザー（以下、SVR）であることを知り、思い切ってスーパービジョン（以下、SV）を依頼しオリエンテーションを受けた。

目的は「現職場で自信をもってソーシャルワーカーとして機能する」とし、ゴールは「PSWとして専門的な受信、発信ができるようになること」とした。年6回（隔月）、1回90分、3000円、業務時間外に、場所は駅近くの貸会議室を使用。SVのルールは互いに確認し、事例を用いる場合には利用者には個別に同意を得てからレポートを持参することとした。契約は書面で交わし、両者で1部ずつ保管している。今回は3回目のSVである。

スーパーバイジーのレポート概要

長期入院者のEさん（男性、統合失調症、58歳、任意入院）の担当精神保健福祉士より「Eさんがグループホーム（以下、GH）への入所を希望。GHの現状と入所手続きなど、サービス利用までの案内について、毎月開かれる退院支援委員会（以下、委員会）で本人に詳しく説明して欲しい」と依頼を受けた。委員会にはEさん、Eさんの姉、主治医、担当看護師、精神保健福祉士が参加し、その場でEさんより「GHへ退院したい」という希望が出された。北斗PSWは市内の実情としてGHに空きがなく待機者もいるため、今すぐの入所は難しいことを伝えた。主治医、担当看護師から、GHの空きが出るまで入院継続して待機してはと提案され、Eさんと姉は了解した。委員会終了後、病院精神保健福祉士は、GH等に空きがあれば、ほかにも2～3人退院できそうな人がいる、市内のほかの精神科病院でも同様の話を聞いたことがあると言った。

Eさんへの退院支援の方向性について、また、長期入院者の現状を踏まえ、行政職として退院支援委員会に参加する立ち位置がわからず、Eさんの委員会参加での違和感について考えたい。方針を決めた時のEさんの寂しそうな顔を見て、なんとも言えない気持ちが残った。Eさんの同意を得ていないため個人情報は加工している。また、茶富PSWも同じ市役所職員であり、当市の課題としても一緒に考えて欲しい。

スーパービジョンの経過

北斗PSWの説明を聞き、不明な点を質問する。Eさんは幼少期に父を病気で亡くし母子家庭で育つ。10代で統合失調症を発症し入院。退院後は母と古い持ち家で暮らす。就労経験はなく、2人の年金で自由な生活を送っていたが、母が認知症になり施設入所したことで生活リズムが乱れ、怠薬等で再燃し入院という経緯を確認した。その後、この日の検討課題に入った。

逐　語

①**茶富** ではテーマに沿って検討に移りましょう。今日は「精神療養病棟での退院支援委員会に参加して」とまとめてくれたけど、参加して違和感があったみたいだね。どんなところに違和感を持ったのか教えてもらっていいですか。

② SVE　そうなんです。先日出席したEさんの委員会で「GHに空きが出るまで入院しながら待つ」という結果で終了したのですが、何か引っかかるというか、ほかによい方法がないか、引っかかりは何かなと考えてしまい、委員会を振り返りながら、Eさんのことを考えてみたいと思って。

③**茶富** そうなんですね。委員会にはGHの現状等について説明するために呼ばれたようですが。

④ SVE　はい。市内にあるGHの実情と、入所までの手続きに必要な説明や退院後に利用できる福祉サービスの案内をして欲しいと依頼され、お恥ずかしい話ですが初めてお声がかかり参加しました。

⑤**茶富** そうでしたか。初めてということは、それはそれで考える必要がありそうだけど。まず、委員会の主役であるEさんはどんな人なんでしょうか。

⑥ SVE　はい。坊主頭で中肉中背、眼鏡をかけ、音楽と煙草が好きで、1日ラジオやCD、自分で編集したカセットテープなどを聞いて過ごす大変温和な人です。

⑦**茶富** 委員会に呼ばれただけなのにずいぶん詳しいですね。カセットテープとは久々に聞いたねぇ。北斗さんが温和と言うんだからやさしそうな男性のイメージがもてるけど、Eさんと何かエピソードがあったりして。

⑧ SVE　実は前職場から知っていて、今回の委員会に参加したきっかけの1つでもあります。転職する1年前に、所属法人の会議で病院本部に行ったときにEさんが外来駐輪場でバイクのエンジンがかからなくなっていたところにたまたま通りかかり、施設で一緒に修理をしたことがあります。

⑨**茶富** そうだったんですか〜。なるほど。転職前から面識があっ

SVRの思考

①３回目のSVだ。委員会に参加した違和感か。どんな感じか聞いてみよう。今日も自分の体験や経験なども含め、一緒に考えるようにしたいな。

②GHに空きがなくて退院できないということに気持ちが引っかかっているみたいだな。そもそも委員会にはどんな役割意識をもって行ったのだろうか。

④初めてか。サービスの説明等で呼ばれたんだ。それだけで行くものかな。何か意図があったのかも。Eさんとはどんな人なんだろうか。人物像を確認しよう。

⑥人柄はやさしそうだな。それにしてもやけに詳しい、Eさんと何かあるのか少し関係性も交えて教えて欲しい。カセットか、関係ないけど懐かしいなあ。

⑧おお、以前に接点があったんだ。Eさんのバイクを一緒に直すなんてとてもいいエピソードだよ。運命の出会いみたい。

SVEの思考

①3回目だけどやっぱり緊張するな。この緊張感は伝わってないと思うけど。今回の内容はGHに空きがないから待機という結論で委員会が終わるなんて、なんだかモヤモヤするんだよな。このモヤモヤが気になるんだよな。

③市に転職して2年で恥ずかしいけど初めての参加。制度の説明とは聞いていたけど、正直勝手がわからなかった。

⑤Eさんのプロフィールからイメージがわくかな。温和でやさしい人なんです。

⑦そりゃあ詳しいですよ。以前から知っていますから。エピソード？　僕は委員会の結果がこれでよかったのかアドバイスが欲しいだけなのにな。まあいいや出会いのエピソードを伝えよう。

⑨確かになかなか運命的な出会い

たということだね。偶然、運命の出会いみたいで素敵ですね。

⑩ SVE　ええ。さらに続きがあって、修理した後にゲリラ豪雨に見舞われバイクでは危険な感じだったので、置いて帰るように促したのですが、Eさんはどうしても寄るところがあるからバイクで帰ると言って話を聞いてくれなかったんです。

⑪ **茶富** それは心配ですね。それでどうしたの。

⑫ SVE　はい。理由を聞いたら、お母さんの持病の薬が今日切れてしまうのでどうしても取りに行かなければならない、その際に母親が楽しみにしているおはぎを買って帰る約束をしているということでした。

⑬ **茶富** 母親への思いが強い人ですね。それからどうしたの？

⑭ SVE　理由に心打たれて、施設の上司に説明、説得し、どうにか了解をもらって、社用車にバイクを載せて、病院に寄り、買い物をしてから送り届けました。

⑮ **茶富** 瞬時に状況分析し、ニーズに基づく必要な支援として考えて上司を説得し、実施したということですかね。素敵な出会いと支援ですね。自分も固定概念にとらわれずに、周囲に理解を求めながら支援したことで、利用者との関係性が深まったことを思い出します。

⑯ SVE　ありがとうございます。それから親しくなり、自分が当時勤務する事業所に時々顔を出してくれるようになって交流はあったのですが、その後、自分は今の職場に転職したので、その後のことはよく知りませんでした。

⑰ **茶富** それで2年ぶりの再会が今回の委員会だったということですか。Eさんと久々に再会してどうでしたか？

⑱ SVE　はい、あたり前ですが前より年をとったなぁと感じましたが、受け答えもはっきりしていたし、足腰も元気でよかったと思いました。ただ、長期入院になっていてショックでした。

⑲ **茶富** そう、さっき委員会の結果に「引っかかる」と言っていたけど、それは具体的にどんなところでしょうか。

⑳ SVE　はい。GHが満室で利用できないことで、身近な支援者からの提案では「入院しながら待機」とあり、その提案に姉やE

だったな。実はこれには続きがあるんだよね。

⑩何やらその後もあったのね。続きを聞かせてもらおう。

⑩この時のＥさんはこちらの話が入らなかったな。しかしあの雨はやばかった。

⑪母親思いのいい話なんです。お母さんの薬がないと困ると思ったし、おはぎも食べてもらいたいと思った。でもSVでこんな話をしてていいのかな。

⑫なるほど本人にとって大事な用事があったんだ。母親思いのやさしい息子さんだな。それからどうしたんだろう。

⑬理屈ではなくて思いで動いて上司を説得したな。このような支援はダメだったかな。

⑭いい心意気だ。また面白いエピソードが聞けた。人として、専門職としていいかかわりだと思う。少し専門的に伝えてみよう。そのかかわり合いがあったから委員会に参加したのか。北斗さんの気持ちがわかってきた。

⑮そんなかっこいいものではないけど。茶富さんに言葉にしてもらうとPSWらしい動きのように聞こえるな。

⑯出会いとかかわりのエピソードについては理解できた。元気な時に出会って、それから２年ぶりか。再会しての感想を確認してみよう、どう感じたのかな。

⑯退職の時はＥさんに特にあいさつしなかった。委員会に呼ばれて思い出したんだよな。

⑰年はとっていたけど元気そうで安心した。なにより自分を覚えていてくれて嬉しかった。でも入院しちゃって長くなっていたとはショックだった。

⑲引っかかりについて感覚的に思ったのか、それとも全体を把握して感じたのか背景を探るために確認しよう。

⑳Ｅさんの思い、ほかの参加者からの期待、専門職としての使命、そして現実から引っ

⑲やっと本題に入ってくれた。待機でそのままでいいのかな。ここで納得していいものか。教えて欲しい。

さんは承知していました。ただ、その時のEさんが見せた残念そうな顔。空きがないからといって退院できないと思ってあきらめてしまうとすれば残念だと感じました。

㉑ **茶富** Eさんの表情から思いを汲み取って、何かできないかと考えようとしている姿勢や、多職種からの助言や意見にもしっかり耳を傾ける姿勢には大変好感がもてますよ。その時に北斗さんは何か発言や確認はしたのですか？

㉒ SVE いいえ。何も言ってません。いや、言えませんでした。

㉓ **茶富** 「残念だと思う」のにどうして。

㉔ SVE 本人や家族、周囲が同意、了解しているし、委員会で自分が求められている役割はGHの案内や説明で、それは伝えたので役割は果たしたと思いました。

㉕ **茶富** さきほど、Eさんは元気そうだったと言ってましたね。そもそも、そんな元気そうなEさんが自宅ではなくGHへの入居を希望しているということだけど、本人の意思で言っていたのかな。あと入院生活の状況はどうなんだろう。

㉖ SVE 担当精神保健福祉士や看護師が、Eさんは単身生活の経験がないので難しいのではないかと話していました。病棟生活ではADLは自立しているみたいですが、声かけすると一緒に行う程度だそうです。本人の意思……、本人に確認しているとは思いますけど……、思う、じゃまずいですね。

㉗ **茶富** そういうこと。スタッフが言っているからって本人の希望とは限らないもんね。生活スキルも入院していればスタッフがやってくれることが多いから程度はわからないよね？

㉘ SVE たしかに……。

㉙ **茶富** Eさんとの過去のかかわり合いから単身生活の力があると見立てることは可能でしょうか？　もちろん今支援している多職種の意見にも耳を傾け、参考にすることも大切ですけどね。EさんにかんしてPSWとしての意見を発言しないのは、北斗さんやEさんにとってももったいないことですね。

㉚ SVE Eさんの身近に専門職がいるので本人の意思が確認されていて、ADLなども身近な看護師さんが言うのだから、長期入院

かかるということかな。さまざまなことにアンテナを張れるのはよいことだ。言葉にして伝えよう。委員会ではどんな発言をしたのだろう。

㉑委員会では発言？　説明等はしたけど違和感に対しては発言しなかった。

㉒発言しなかった？　なぜ？　臆したのかな。ここは確認が必要だ。

㉓委員会に呼ばれた役割は果たしているし、本人も了解しているし。専門家が集まっての結果だから、それ以上自分の役割はないと思った。残念なのは自分の個人的な感情だし。

㉔本人の同意？　本当にそう感じているのか。役割を果たすのはマストだけど、思ったことを発言しないのはなぜだろう。GHへ入居したいという発言は元気に見えるEさん本人の意思なのか、スタッフの心配からくる提案なのか確認したのかな。そもそもどんな入院生活か聞いたのだろうか。

㉕Eさんの意思か。本人が言ってたけど、GHを希望する理由は聞いてないや。だけど病院での評価だから間違いないと思うけど。確認してないのはまずいな。

㉖なるほど、病院からの情報だけで本人には確認していないようだ。けれど情報のあいまいさに気づいたようだ。いいぞ。

㉗確かに、入院していると入院生活の多くを病院スタッフがやってくれたりする。入院前の生活からは単身生活の可能性はあると思うけど今はどうだろうか。

㉘過去のEさんの生活を思い出してみたらどうだろう。想像するとまた違う仮説が考えられるかな。あと周囲の意見から出発するのではなく、参考程度に受け取るべきだと気づいて欲しい。本人の思いを見立てて伝え、確認することが必要だったんじゃないだろうか。

㉙Eさんの意向を深く確認せずに支援者の話だけで納得したのはまずかった。確かに、以前の状況からは、単身生活は不可能ではない気がする。思ったことを発言できなかったことがやっぱり引っかかる。

㉚いい気づきだよ。疑うとかではなくて気づくことが大事。Eさんの人となりから想像

と加齢で生活スキルも低下してしまったんだと思って疑わなかった。Eさんの表情から感じたことをその場で発言する必要があったと思います。

㉛ **茶富** 疑うとかではなくて、本人がGHを希望したとしても、どのような背景で入所を希望したのかを本人の状況等から想像したりアセスメントすることも大事なことだと思うんです。

㉜ SVE 背景、状況ですか。そうですね……。確かにEさんの人柄では姉や支援者に気を遣っている可能性はあるかも。

㉝ **茶富** Eさんはやさしい温和な人という見立てがありましたよね。周囲がよかれと思って提案したことに対して、自身の置かれている状況から周囲を気遣って返答することも考えられる？

㉞ SVE そうか……。身近な人ばかりだと本音を言い出せないこともありますものね。本人の内なる思いと表面に現れている言葉が合致しているかどうか確かめる必要がありそうです。内なる思いによっては支援の展開が広がるかもしれません。

㉟ **茶富** 北斗さんは病院関係者ではなく、かつ入院前の生活を知っている支援者です。バイクに乗っていたり、母親に献身的な世話をしていた人が、日常的な生活スキルがないとは想像しづらいなあと思ったけどいかがですか。

㊱ SVE そうですよね。GH等の案内だけではなく、外部の支援者として内なる思いや考えを聞きやすい立場だし、委員会での自分にはそういう役割もあったのかなと思います。本人主体で考えたうえで役割、立場を理解して委員会に臨むべきでした。

㊲ **茶富** 本人主体という基本的なことだからこそ、自身で知り、確認する作業はしっかりするべきだと思います。そうしないと本人の本当の思いや考えの確認が抜ける場合があるのかもしれません。周囲を信用、信頼することも重要ですが、大切な部分の確認は自身で行うべきだと私は考えます。

㊳ SVE そうだったかもしれません。役割や周囲の意見に流され本人を置いてけぼりにしていたのかもしれません。

㊴ **茶富** そもそもEさんはGH入所で話が進んでいますが、GH以外の社会資源やそのほかの情報はEさんに届いているのでしょうか？　その点も考えておく必要があるのではないでしょうか。

㊵ SVE 病院にはPSWがいるから情報は届いていて、それで自身

することを考えてもらおう。

㉛背景か。やさしい人だから周囲に気を遣ってしまうこともありえるな。自分も同じ立場なら迷惑かけたくないと思って忖度するかも。

㉜いい予測だ。E さんの人となりに沿って考えることで、どのような返答や回答をするかを考えることの重要性を伝えてみよう。

㉝E さんの人柄を考えると本心じゃない可能性があるぞ。内なる思いがあるかもしれない。聞いていなかった……。それを確認したい。

㉞内なる思いか。いい表現。北斗さんは E さんが自己決定した本人の思いを想像したのだろうか。あと、母の面倒を見ていた E さんの生活スキルが急に落ちるものか不思議に思うけどなあ。

㉟病院関係者じゃないことの意味か。制度の説明はきっかけであり、委員会では PSW としての自分の役割を意識して挑むべきだった。役所の行政説明をすればいいってもんじゃないのに。

㊱促しから自身で気づいてくれたようだ。北斗さんは、素直でやさしい人だから周囲を信じることはいいことだけど、鵜呑みにするのは危険だ。本人主体で考えるのが基本だ。それを意識することこそ大事だと伝えよう。

㊲専門職が言っているとどうしても流されてしまうな。自分の悪い癖だ。自分だって専門職の PSW なのに。今回は E さんが GH を希望したからと疑いもせず、本人を置いてけぼりで進めていたのかもしれない。

㊳大切な視点に気づいてくれた。基本的なことを今一度確認してみよう。

㊴情報が届いているか……。確かにそうだ。届いているという前提で考えていた。E さんには確認していない……。

でGHを選択したはず……。でも、本人には確認していません。

㊶ 茶富 委員会に参加して「違和感があった」という点ですが、改めてどう思いますか。

㊷ SVE 今回の委員会参加にあたり、自分の役割はGH利用に関する情報を届ければ実際の支援の計画と実行は病院が中心的に行うから、あとは退院後に中心的にかかわればいいかなと安易に考えていたみたいです。違和感の原因は自分にあったのか。

㊸ 茶富 気づいたら修正することは今からも可能ですね。クライエントが主体ではありますが、PSWとして意味や意義をもって主体的に支援に参加することが大切ではないでしょうか。

㊹ SVE はい。10年もPSWをやっていて情けない……。人の人生にかかわる仕事であることの認識や、退院に向けて一緒に考える姿勢が欠けていました……。当たり前や前提で考えないで、まずはEさんに会いに行き、GH以外の選択がないのか、地域資源のことを知っていて利用しないのかなどを聞きたいです。

㊺ 茶富 情けないことなんてないよ。PSWだから違和感をもったし、こうしてすぐに気づけたのでしょう。あとは修正して動くこと。その力が北斗さんにはあると信じていますから。

㊻ SVE Eさんのこれからを病院のPSWや委員会に参加したメンバーに今一度確認して相談したいと思います。PSWとしてのこだわりや覚悟をもってEさんや委員会メンバーと向き合わないといけないと考えることができて少しスッキリしました。

㊼ 茶富 それはよかったです。前向きな発想や行動力は北斗さんの強みだし、ぜひ実行してください。あと、Eさんの入院する病院だけでも空きがあれば2～3人退院できそうな人がいるとありましたが、そのことはどうしましょうか。

㊽ SVE はい。実は委員会の後、モヤモヤしていたので前の職場の仲間に確認し、今の職場の同僚には相談してみました。

㊾ 茶富 動きが早いね。どんな話をしたのですか。

㊿ SVE 前の職場でもGHなどがあれば退院できそうな人が相当数いること、わが市ではGHがあれば退院できそうな人の実数を把握できていないことがわかりました。これではいつまで経っても長期入院問題は解決しません。GHに空きがないだけが理由では

㊶これまでのやり取りを踏まえ、委員会に参加した違和感について何を考えたか確認してみよう。

㊷しっかり振り返り、気づき、響いているようだ。PSW として意味や意義をもって、本人主体で委員会に参加することが大切であることを意識できたみたいだ。

㊶PSW としての役割を自覚せず委員会に挑んで、なにかゲストのような感じでいた。反省。委員会の結果とEさんを寂しそうな顔にしてしまったのは自分にも責任がある。違和感の原因は自分にあったのかもしれない。

㊸恥ずかしい。本人中心はわかっているつもりだったけどできていなかった。Eさんは、一人暮らしで利用できるサービスとか知っているだろうか。GH 以外の選択肢もあるかもしれない。

㊹気づかないで本人を置いてけぼりで突っ走るより全然いい。時には修正し次につなげることも支援には必要なこと。PSW としてのセンスが北斗さんにある。落ち込まず進んで欲しい。

㊺怒られると思った……。これからやれることをやるしかない。SV のおかげで気づけて背中を押されたみたい。否定されず力を信じてもらえると勇気が湧くな。

㊻前向きで素直な発想や行動力は北斗さんの強みだ。委員会や会議でも PSW としての役割、使命、自身の強みを発揮して活躍して欲しい。当たり前のことを意識して欲しい。当たり前だからこそ注意、相互確認が必要であることを考えて欲しい。もう一つはさらに発展した PSW の課題だ。そのことを確認してみよう。

㊼自分の強みも教えてもらえたし明日からさっそく動こう。GH の空きがないことでは少し考えたことがあるので伝えてみよう。

㊽周囲に相談できることも北斗さんの強みだ。どんな話をしたんだろう。

㊾実際に多くいるみたいだけど実態はわかっていない。長期入院者の実数の確認から手をつけようと思っているけどこの切り口ではダメかな。

㊿わからないこと、疑問に思ったこと、知りたいと思ったことを知るために現実的な話題で話をしたみたい。実情把握とはいい発想だ。具体的なプランがあるのか聞いて

ないと思いますが、今回の委員会に参加して痛感しました。
(51) **茶富** それで、どのようなアクションを考えますか。
(52) SVE はい。市役所の所属だからこそできることはないかと考えてみました。そのことを同僚にも相談して、GH が必要な実数を各医療機関等に確認して把握することを考えています。
(53) **茶富** その発想は素晴らしい。具体的にはどうするのかな。
(54) SVE 病院の実情や取り組みを聞きたいので、まずは普段の業務でなじみのある身近な病院の PSW に相談しようと思います。
(55) **茶富** 聞き取りのなかで、必要数がわかれば（自立支援）協議会などを活用して具体的に検討できるね。情報収集ができたらその結果を元にどうするか、また一緒に考えたいね。
(56) SVE お願いします。助かります。なんだかできそうなことが見えてきた気がします。

(57) **茶富** 私は以前独りよがりで物事を進め、気づいたら孤立して計画がとん挫したという失敗経験があります。それに対し北斗さんはわからないことや心配なことがあっても 1 人で抱え込まず、周囲に相談し、助けを求め、それらを参考にして実践につなげる力がありますね。これは北斗さんの強みだと思います。北斗さんの取り組みを丁寧に説明することで周囲に伝わり、協力者が増えるのではないでしょうか。もちろん私もいるしね。
(58) SVE はい！ 元気をいただきました。ありがとうございました。
（レポートを SVE が回収して終了）

みよう。

⑤1 否定されなかった。自分の発想を伝えてみよう。

⑤2 なるほど､同僚に相談して進めるみたいだ。1人で抱え込まず、周囲と協力して実践する力は北斗さんらしい。応援しよう。

⑤3 発想をほめられた。具体的な計画も伝えてみよう。

⑤4 身近なところで確実に行うとはいいところに目をつけている。聞き取りで具体的な数字があがってきて次につながるように後押ししてみよう。自分もPSWとして一緒に考えたいし。

⑤5 茶富さんも協力してくれるみたいで嬉しい。そうか（自立支援）協議会も利用できる。聞き取りだけで次を考えていなかったけど、以後の展開を一緒に考えてくれるみたいで心強い。いいヒントももらえた。

⑤6 語気が変わった。自身のモヤモヤが取り組むべき課題として整理されたことで、意気込みが出てきたのかな。北斗さんの強みを伝えて、自信をもってこれからも委員会や会議でPSWとしての役割・使命を果たして欲しい。自身の強みを武器にして活躍できるはずだ。

⑤7 茶富さんも失敗したことがあるんだ。先輩の失敗話を聞けるとなんか安心する。周囲に相談しながら進めることを支持されたし、これからも1人で抱え込まず周囲と相談しながら進めていこう。

解説

●事例提出の目的を確認することから始める

SVを事例検討にしないためには、スーパーバイジー（以下、SVE）に提出の意図を確認し、今回のSVで何を題材に取り上げていくのかを両者で共通認識することが重要です。最初にこれを明確にしておくと、途中で話がそれた場合も目的に戻って安心してSVを行うことができます。SVEである北斗PSWは、委員会での引っかかりを整理していきたいと話しています。そこで、茶冨SVRは、今日のSVテーマの検討を始めるにあたり、「違和感」をキーワードとして取り上げ、焦点化して北斗PSWの語りを促しています。北斗PSWがどのような認識で参加していたかなどの語りのなかから、委員会に参加した目的や経緯について把握し、それが中盤での気づきにつながっていきます。

●スーパーバイジーのクライエント理解を共有し、アセスメントを促進する

SVEがかかわっているクライエントについて理解しているかをSVRも共有するために、SVEより「クライエントの人となり」などを語ってもらいます。この語りでSVRが着目するのは、SVEとクライエントとの関係性やSVEによるクライエントのアセスメントの状況などです。内容が薄ければ語りを促すために質問しますが、SVE自身ができていないことを目の当たりにすることもあります。SVEの気づきにつなげ、もしアセスメントが不十分だとSVEが感じたら、SV後の動きに活かせるように支えることも必要です。

本事例では⑧以降レポートには書かれていないEさんと北斗PSWのかかわりのエピソードが語られましたが、それが北斗PSWの引っかかりの一因であることを示唆しています。茶冨SVRの問いかけから、北斗PSWはアセスメントのための重要な情報を見逃していたことに気づくことができました。

●精神保健福祉士としての役割や視点を見直す

委員会での北斗PSWの発言やその背景の思考を客観的に再検討したことで、北斗PSWのかかえる漠然としていた違和感が、次第にPSWとしての課題となって明らかになりました。茶冨SVRは「引っかかり」としてあげられていたGHへの入居待機という支援方針について、Eさんのニーズから出発していたのかど

うか、そのことに北斗PSWが注意を払っていたのかを鋭く点検しています。

北斗PSWは、⑳以降で茶富SVRの問いに答えながら、委員会での結論を専門職や周囲が主導し、本人不在になっていた可能性に気づくことができました。つまり、違和感の原因は、委員会での自身の役割を狭くとらえ過ぎ、Eさんの思いを考えるというPSWとしての発想が抜けていたことでした。そのことを察知した茶富SVRは、PSWとしての反省が次の実践に活かされるための仕掛けとして、㊶㊸や51 53では違和感を解消するための行動計画を尋ね、さらに北斗PSWに考える機会を提供しています。こうして、北斗PSWは違和感がPSWならではのものであることに勇気を得て、すぐにでも実践現場に戻って行動したくなっています。このようにSVでは、PSWとしての反省を、PSWとしての次の行動への力とすることができます。

●ストレングスに焦点を当てる

茶富SVRは、SV中の思考でSVEのストレングスにも着目し、それを言葉にして北斗PSWへ伝えています。以前からの知り合いで、このSVも3回目となるため、これまでのプロセスで見えてきた部分と今回新たに発見した側面があると思われます。いずれにしても、北斗PSWが自分の失敗に気づくとすぐにそれを言葉にすることができたり、後半では考えてきたアイデアを饒舌に語ることができているのは、茶富SVRに自分のよい面を認めてもらえているという安心感も手伝っていると考えられます。これはいずれSVが終結した後にも、北斗PSWの自信となり実践を支える力となります。

●精神保健福祉士として今後の取り組み目標を共有する

本事例では、同じ市役所の別部署のPSW同士でのSVのため、市内、市民の課題を公務員として共有する側面もありますが、同じ精神保健福祉士として課題意識を共有することができています。茶富SVRは北斗PSWの話を聞き、長期入院者に関する実態把握の不十分さや社会資源の不足について、自分にとっても取り組むべき課題としてとらえ、今後も一緒に考える姿勢を示しています。この関係性はPSW同士の連帯としてSV終了後も継続し、双方にとっての力となっていくでしょう。

［職場内・グループ］

事例 4

スーパーバイジー間の相互作用を促進し、法人内で取り組む若手グループのスーパービジョン

スーパーバイザーの紹介

白浜 PSW（精神保健福祉士・社会福祉士）。同一法人内の H 相談支援事業所から地域活動支援センター M（以下、地活 M）に異動後 3 年目の管理者。人事権は法人本部にある。職能団体の認定スーパーバイザー（以下、SVR）で、スーパービジョン（以下、SV）研修の講師を務めることもある。

スーパーバイジーの経歴

地活 M 4 名＋ H 相談支援事業所 2 名の 6 名グループ。

小寺（女性、精神保健福祉士）：福祉系大学 3 年次から地活 M でアルバイトをした縁で卒業後に就職した。就職 1 年目だがアルバイトを含む職歴は 3 年目。

B（女性、精神保健福祉士）：大学卒業と同時に就職して 2 年目（地活 M）。

C（男性、精神保健福祉士・社会福祉士）：大学院修士卒業後に H 相談支援事業所に就職。1 年勤務後に異動したため経験は 4 年目で地活 M が 3 年目。

D（男性、精神保健福祉士）：介護施設で 3 年間勤務した後に資格取得。就職して 5 年目（地活 M）。

E（女性、精神保健福祉士）：H 相談支援事業所に大卒で就職して 3 年目。

F（女性、精神保健福祉士・社会福祉士）：精神科病院に 3 年間勤務し、結婚して転居後に出産育児を経て、H 相談支援事業所に就職 2 年目。年齢は40代。

スーパービジョンの構造

同一法人の地活 M と H 相談支援事業所職員の合同での若手（入職 5 年未満）グループのSV。月 1 回ずつ定時後に職員研修として法人が実施しているためスーパーバイジー（以下、SVE）からの費用徴収はなく SV 報酬もないが、SVR のみ残業手当がつく。SVE の参加は、任意というよりは出席を推奨されており、業務時間外に行われ、残業手当や人事考課の対象にはならない。

グループは年度単位のクローズドで、初回はオリエンテーションと自己紹介、

2回目からSVEが順番に事例を提供、最終回は相互評価と振り返りをする。

スーパーバイジー（小寺PSW）のレポート概要

地活Mに半年前から来ている20代後半の女性（堤さん）。

堤さんは高校卒業後にアパレル関係の仕事につくが、気分の波が激しく出勤状況が安定しなかったことや、人間関係がうまくいかず1年ほどで退職。以後はアルバイトを転々としている。23歳のとき飲み屋で知り合った男性と結婚し子どもを産むが、翌年離婚。原因は、堤さんの気分の波が激しく、子どもに当たったり泣いているのにミルクを飲ませないなどネグレクトがみられたためで、夫の親も介入して離婚に至った。子どもは父親が引き取った。

その際、精神不安定となり夜間にマンションの隣人と口論したことがきっかけで措置入院歴があるものの、10日ほどで退院している。以後の通院は不定期だったようであるが、1年前よりXクリニックに通院し、主治医の勧めでデイケア（以下、DC）にも通い始めた。比較的安定して半年間経過し、DCから就労移行支援事業所への通所を勧められて就職を目指そうとしていたところ、同クリニックの年下の男性患者と親しくなり外泊するようになった。これに対して男性患者の親よりクリニックに苦情が入り、主治医からDC利用を禁止され、結果的に通院先もZ病院に移った。男性患者のほうはXクリニック通院とDCを継続中。

Z病院のPSWより、病院DCが満員のため堤さんが日中利用できる機関をいくつか紹介したなかに当地活も含まれていた。半年前に利用を開始し、このところ週に3～4回と来所の頻度が上がっている。カラオケや、気が向くと卓球などにも参加し、夕食サービスも利用。日頃は男性利用者の横に座っておしゃべりをしていることが多い。特に最近は牧さん（40代独身）との接近が目に付く。

● SVEの課題：「堤さんとの距離の取り方」について考えたい。

Z病院から紹介の電話を受けたことから自分が堤さんのインテークを担当した。当初から利用目的は不明瞭だったが、最近牧さんと一緒にいることが多くなり利用日数は増えている。ただ、Xクリニックでのエピソードを考えると、堤さんと牧さんの関係について気になっている。当地活に来るようになって半年経過し、当初は半年間程度の通所後はXクリニックで勧めていた就労移行支援事業所への紹介を考えていたが、どのように勧めればよいか検討したい。

スーパービジョンの経過

相談支援事業所に勤務するＥとＦも地活Ｍのスタッフが足りない夕食サービスに遅番で入るため、全員が堤さんや牧さんなどメンバーの顔と名前は一致している。ただ情報量は少ないこともあり、全員の理解を同程度とするため、冒頭で堤さんの生育歴や利用歴等について相互に質疑を行う。

全員の情報共有ができたところで、小寺 PSW の課題の検討に入る。

逐　語

① **小寺** 堤さんが最近よく来るのは、利用者の牧さん目当てに思えます。プログラムに参加することは少なく、喫煙スペースで牧さんとおしゃべりしているのをよく見かけます。そろそろ就労移行支援事業所を紹介してもいい時期だと思いますが、堤さんには話しづらくてどう切り出せばよいかわかりません。

② **E** え〜と、牧さん目当てに来るというのはどういうこと？

③ **小寺** 堤さんは異性関係が派手な方で、牧さんの傍に座って煙草を吸っていたり、牧さんが来てないと早々と帰宅してしまうのに、牧さんがいる日は夕食サービスまで残っているんです。

④ **E** うん？　牧さんと仲が良いことで、何か問題でも？

⑤ **小寺** それは……、Ｘクリニックの DC を出入り禁止になった理由も異性関係だし、その前に離婚歴と措置入院歴もあるので、異性関係と病状悪化が関係するのではないかと思うんです。

⑥ **B** たしかに牧さんはこれまであまり女性メンバーと仲良くすることはなかったように思うけど、最近は堤さんと一緒に過ごすことが増えてますね。

⑦ **小寺** はい。明らかに２人でいる姿を見かけることが多いです。夜も一緒に帰ったりしているのかも。

SVRの思考

①小寺 PSW は、バイトで勤務していた頃から牧さんのことを知っているし、堤さんのインテーク時に異性関係の課題があると Z 病院の PSW から聞いて、当センターでもトラブルを起こさなければいいが、と言っていたのだった。

②E は小寺 PSW のアセスメントを確認する質問をしてくれた。応答からは小寺 PSW が日頃よく観察していることがわかる。

④E の質問は利用者間の異性関係に関する小寺 PSW の問題意識を問うような感じだ。この辺りは参加者それぞれが自分の意見を述べてくれるといいだろう。

⑤小寺 PSW の発言にはステレオタイプな発想を感じる。もう少し深い考察を引き出したいところだ。

⑥B の発言は本題からちょっと逸れてしまっている。事例に引っ張られすぎだな。この辺りで介入すべきだろうか。

⑦堤さんと牧さんの交友関係を問題視しているようだ。その理由を問う必要があるな。

SVEの思考（小寺PSW）

①皆さんも、堤さんの様子は見ているはずだからわかってくれると思うけど。

②E さんは、地活 M には夕食サービスの遅番の時しか来ないから、昼間の様子は知らないのね。

⑤え？　だって異性関係のトラブルが多い人なんだから問題だと思うけど。「仲がよい」なんて言われると悪いことじゃないみたいに聞こえるなあ。

⑦堤さんが夕食サービスに残るのは牧さんがいる日ばかりだし、真っすぐ家に帰っているかどうかもわからないし。

⑧ C でも男女で親しくなることが通所のモチベーションになるなら、悪くないよね。

⑨ 小寺 でも……。

⑩ D たしかに。なかなか出てこられなかった人が生活リズムをつくったり、何よりも異性と会うのを楽しみに通ってくるなんて人間らしいと思いますね。

⑪ 小寺 でも堤さんは、そのことが原因でDCを出禁になったりしたわけですから……、いい方向に作用するとは思えません。

⑫ F そこなんですけどね、なんでXクリニックでは堤さんだけが出禁で相手の男性はおとがめなしなの？

⑬ 小寺 それは……。

⑭ **白浜** 皆さん、Xクリニックの対応より先にちょっとここで考えておきたいのですが。当センターでは、異性間交遊も含めて利用者同士のセンター外での交流には関与しないことにしていますよね。でも小寺さんは堤さんの過去のエピソードから、牧さんとの関係を問題視しているように聞こえます。もう少しこの辺りをしっかり話し合っておきませんか。

⑮ 全員 そうですね。はい。

⑯ **白浜** 小寺さんのテーマは堤さんとの距離の取り方だけれど、さっきから牧さんとの交友関係に関する懸念に終始してますね。牧さんとの関係が堤さんによい作用をすると思えないのはなぜか、もう少し詳しく話してもらえる？　ほかの皆さんも適宜意見をくださいね。

⑰ 小寺 はい。要するに、堤さんは牧さん目当てで通所しているだけで、先のことを考えている様子もないですし、またXクリニックの時と同じことが起きるのではないかと心配なんです。

⑱ **白浜** というと？

⑲ 小寺 ですから、牧さんとトラブルになることです。

⑳ C それも人生経験だよね。トラブルの中身にもよるけど。ここでは男女交際禁止ってわけじゃないし、制限はできないと思うけどなあ。

㉑ B でも牧さんが女性メンバーと親しくなるのって初めてですよね。本当は嫌だけど断れないとか、堤さんに押され気味ってこともありますかね。

⑧この発言が事例を一般化させる方向に働く可能性もあるな。皆の反応はどうだろう。

⑩Dも堤さんの事例に引きずられずに発言している。異性交流には寛大というか、まさに人間らしさのにじみ出る発言だな。

⑪小寺PSWは、あくまで堤さんの異性問題にこだわっているな。何を心配しているのだろう。

⑫Xクリニックの対応に関するFの疑問はもっともだ。Xクリニックは同じ地域で連携する機関でもあるので、後半に少し話題にできたらいいだろう。

⑭Xクリニックの対応について考える前に小寺PSWの思考を掘り下げておこう。彼女は熱心で主体的に面接相談なども展開しているが、少し独りよがりの傾向がみられる。ほかのSVEの発言にもあまり耳を貸していないように思える。

⑯Xクリニックと違って、当センターでは利用者の出禁対応をすることはない。ルールとして「ほかの利用者に迷惑をかける行為の禁止」はあるが、もし破ったとしても出禁にすることはない。小寺PSWは何を心配しているのだろう。

⑱牧さんのことを心配しているのだろうか。

⑳Cは「Here and Now」を心得た発言をするなあ。それに男女交際を制限しない地活のルールも併せて思い出させてくれている。対人関係のトラブルも人生経験のうちと考えて支援できるといいと私も思う。

㉑Bの口調は、牧さんへの悪影響をそれほど心配しているようでもない。さっきのCの発言と合わせて、小寺PSWにとって発想の広がりを導くだろうか。

⑨通所のモチベーションか……。たしかに来所は増えたけど……。

⑪モチベーションが上がってたくさん通ったとしても異性トラブルで出禁になったら元も子もないと思うけどな。

⑫それは確認してなかったなぁ。堤さんが振り回したのかしら。

⑭交流に関与しないって、そうだけど、それでいいのかなあ。

⑰そうそう、先のこと。だいたい堤さんは何のためにこのセンターに来ることになったのかしら。

⑲あれ？　でもXクリニックのとき、何がトラブルだったのか私はちゃんと把握していないな。

⑳なるほど。人生経験っていう見方があるのか。

㉑そうよね。私は堤さんから言い寄ったんだろうと思う。

㉒ C だから、それも含めて経験じゃないかな。ここでは今までの人生で経験できなかったことも体験してもらって、そのなかから自分らしさを見つけたり生活スキルを身につけてもらえればいいじゃない。

㉓ **白浜** C さんは、そういう発想で日々利用者の体験に付き合いながら支援しようとしているんですね。小寺さんは今の話を聞いて、どう思いました？

㉔ 小寺 はい……、C さんの言う通りかもしれません。でも堤さんは男性関係で失敗が多いから……。病状悪化も気になるし。

㉕ E 確かにね。小寺さんの心配もわかる気がする。だけど堤さんはそれだけ男性とのかかわりを求めているってことだよね。生育歴的にどうなんだっけ？　父親との関係とか、被虐待経験とか、何かあったっけ？

㉖ 小寺 さあ……、そこまでは把握していません。離婚歴があることは聞いてましたけど。

㉗ D 堤さんとは話してみたことあるの？　離婚についてもだし、X クリニックで親しかった男性のこととか。

㉘ 小寺 インテークの時に経過だけは聞きましたけど、それ以上のことは話していません。そっか、X クリニックでなぜ堤さんだけが出禁にされたのかとか、もう少し知っておく必要ありますよね。

㉙ **白浜** E さん、先ほど父親との関係や被虐待体験について発言してましたが、その理由を説明してもらえる？

㉚ E あ、はい。堤さんが男性との関係を求めている、きっとさみしい人ではないかと。そして、人との距離の取り方が下手なんだと思います。父親との関係が悪いとか希薄だったりして、男性に父親的な要素を求めるとか。それか、素直に自分の気持ちを表現することが苦手で、相手に執着して逆に嫌われたり自分をどこまで許してくれるか試す行為で自分への愛情をはかろうとしたり

㉒Cの支援観だな。たしかに地活では多様な体験とともに、そこでの課題を乗り越える支援を提供したり、利用者各自が自分を見つめてくれるといいと私も思う。

㉓小寺PSWは、利用者の失敗を未然に防ごうとしている。今のCの発言でそのことに気づいただろうか。

㉔Cの意見に一定の賛同はあるようだ。けれど堤さんの「失敗」は予防したいのかな。

㉕堤さんが男性とのかかわりを求め続けている人生であることはある程度想定できる。その要因をもう一つ奥まで探ろうというのがEの発想だ。さすがにいつもながら洞察が深いな。

㉖Eの言葉で考えるヒントを得ただろうか。把握というよりまずその発想があるかどうかだ。小寺PSWは気づいたかな。

㉗目立つエピソードの背景や、そのことを堤さん本人がどうとらえているかを知ることは大事だな。

㉘Dの質問は小寺PSWにとってもいいアドバイスとなっている。それにさっきFが質問したことにも触れてきた。堤さんの支援を考えるうえで、Xクリニックに一度は照会するとよい。ただし堤さんの了解を小寺PSWが得られるかどうか。

㉙少しEにも考えを語ってもらおう。私から「教える」よりもSVEメンバーの言葉の方がよい。

㉚Eの説明はわかりやすい。表面にあらわれる行動の背景には、その人の心理があり、本人さえ自覚していないレベルのものもある。またそれらのルーツを辿ろうとすれば、親子関係や生育歴にさかのぼって情報

㉒失敗も経験ってことなのか。

㉔そうなったら誰が責任取るんだろう。

㉕やっぱりそうですよね。やっと同意してくれる人がいた。
と思ったら……、え？　親子関係とか虐待とか、そんなことまで把握する必要あるの？

㉗たしかに、何がトラブルの元なのか知らないままなのは不十分だったかも。

㉙よかった。問い詰められてる感じがして辛いからほかの人に話を振ってもらえて助かった。

㉚すごい。Eさんは深いとこまで考えてるなあ。対人関係については病気の影響だけじゃなくて生育歴とかも関係あるんだ。堤さんは私のこともまだ新人だから試してるのかもしれない。

……。何かそういう人間関係の結び方になってしまうのかなと。

㉛ **白浜** ありがとう。Eさんは、そういう面からも利用者の行動を理解しようとしているのですね。

㉜ E いつもじゃありません。でも対人関係のトラブルは、やっぱり本人も辛さを抱えていると思うし、制限だけで解決できる問題ではないと思って。

㉝ B わたし、そこまで考えてませんでした……。

㉞ 小寺 私もです。そんなことまでセンターで把握したり考えたりするのって難しくないですか？

㉟ C Eさんも、いつもじゃないって言ってたし、利用者全員にってわけにはいかないでしょう。

㊱ **白浜** Cさんはどういうときに、こういう見方をしていますか？

㊲ C ええと……、インテークで利用目的を確認するときに対人関係の苦手意識とかを語られたり、あと他機関からの紹介を受けて何か引っかかったり。トラブルがあってミーティングする時も思うかな。

㊳ F さっきも言いましたけど、Xクリニックではなんで堤さんだけが出禁になったんでしょうね。そこに小寺さんは引っかからなかったの？

㊴ **白浜** FさんはXクリニックの対応への疑問を言い続けてますね。気になりますか？

㊵ F はい。まず出禁っていう対応自体が疑問です。そうした対人関係のトレーニングもDCの目的のはずで、地活などよりも専門的にすべきなのに利用を一方的に断ち切るなんて。

㊶ D あのクリニックは結構管理的な印象があるなあ。前に利用者から聞いた話では、患者さん同士が結婚したいって言ったけど主治医が許可してくれなかったって。変だよね、そんなの。

㊷ 小寺 それで結婚を諦めたんですか？

㊸ D いや。通院先を変えたって（笑）。

㊹ C 結婚は本人たちの自由だし権利だしね。堤さんにとっても「出禁」の前に、患者さん側が通院先や通所先を選べるのが本来のあり方ですよね。

が必要だ。小寺PSWはこの説明をどう受け取るだろう。もちろん、私たちは精神分析を行うわけではないから、そこまでの情報を必ずしも要しない。ただ、人を理解しようとするときには多面的に検討し、支援方針を考える必要があることは気づいてほしい。Eの説明で皆の視野も広がったのではないか。本人の辛さに焦点を当てることは支援方針を考えるうえでも重要だ。小寺PSWやBにも学び取ってほしい。

㉝Bは自己洞察している。

㉞小寺PSWは、自分にできるのか不安そうだ。少しずつ発想を取り入れていけば良いと伝えた方がいいか。

㉟Cのフォローはなかなかいい感じだ。もう少し具体的に発言してもらおう。

㊲なるほど、これだとほとんど堤さんの事例に当てはまる話だ。これを聞いて小寺PSWはどう思うだろう。
あとは堤さんの利用目的の話があるかな。

㊳Fは、さっきからXクリニックの対応を疑問視している。普段から正義感が強いからな。地域連携する機関のことでもあるし、そろそろ話題に乗せてもいいか……。

㊵地活よりも専門的とは、治療的な意味を込めているのだろうか。治療ではなく、日常的な交流のなかで対人関係のスキル獲得を目指すのは当センターでもあり得るが。

㊶Dの「生活者」の視点は明確だ。なんで結婚に主治医の許可が要るなんて発想になるのだろう。私なら主治医に意見してしまうところだ。

㊹Cの言う通りだ。医療機関を患者さんが選ぶ。それができることが望ましい。ただ、

㉜すごいなあ。そういう見方ができるようになりたいけどなあ。

㉞忙しくて、そこまでするのは無理じゃないかなあ。

㉟そうよね。時間もないし、たまにしか来ない人にまでそんな見方してられないし。

㊲ああ、たしかに堤さんのインテークの時に「なんで？」って思ったんだ。だけど出禁って聞いて要注意人物だと思って警戒しちゃったんだ。

㊳う！　引っかかったけど、なんか方向が違ってたような気が……。

㊵なるほど、Xクリニックに批判的なんだな。私はただ出禁になった人だから気を付けようって思っただけだった。

㊶それは変なことなんだろうか。そうだな。結婚に主治医の許可なんて。でも結婚して病状が悪くなったらどうするんだろう。

㊹たしかにそうだ。でもそれでトラブルになってもいいのかな。それも「経験」なのかなあ。

㊺ 白浜 私がその場にいたら、きっと主治医に生活者支援の視点から意見しちゃうわ。F さん。どう思います？

㊻ F ええ。私も同じ意見です。それにしても堤さんは出禁にされて、相手の男性はおとがめなしっていうのは納得がいかないですね。

㊼ 小寺 でも理由を私たちきちんと把握できていないですよね。それはやっぱりインテークを担当した私が不十分でした。

㊽ 白浜 小寺さん、じゃあ、どうする？ 何か考えは？

㊾ 小寺 はい。もう一度 X クリニックにいきさつを問い合わせてみたいです。でも……、堤さんが同意してくれるか心配です。

㊿ 白浜 堤さんの同意が要ること、忘れてなくてよかった～。さて今日は、堤さんとの距離の取り方が課題だったわね。小寺さんはかかわり辛さを感じてるのよね？

51 小寺 はい。なんか私、馬鹿にされてるような……。

52 B わかる、それ。年下の私たちには使いっ走りみたいな態度されるときがあって。

53 E 私たちより人生経験も豊富というか、波乱万丈だったみたいだしね。こっちはまだ若いからなぁ。

54 小寺 でも、なんとなく今日のみなさんの話を伺ってて、私はもう少し堤さんの立場になって考えるというか、気持ちに共感的な理解ができるようになるべきだと思いました。

55 白浜 じゃあ、少し違ったスタンスでかかわってみることができるかな？

56 小寺 はい、すぐに対応が変えられるわけじゃないけど、なんとなく自分の向き合い方というか、堤さんに対するときの自分の構えが変わるような気がしてきました。

57 白浜 小寺さんは堤さんに注目してこれまでも考えていたからよく観察したり疑問をもったりできたのよね。今日の GSV でさらに PSW として視点を広げることができたんじゃないかな。

58 小寺 そんな気がします。早く堤さんに会いたくなりました！

59（全員が小寺 PSW への労いと、今日のグループスーパービジョン（以下 GSV）での自身の学びについて述べて終了する。）

この地域では選択肢がまだ少ないのは残念なところだ。

㊺ここで自己開示をしておこう。

㊻Fは相手の男性への処遇にこだわっている。このことは現段階でこれ以上は深められないのに。

㊼小寺PSWは自分のインテークの仕方を振り返ることができたようだ。堤さんの異性関係を懸念するより、情報取集とアセスメントのやり直しができるだろうか。

㊾同意が要ることは認識できてて何よりだ。

㊿ここで距離の取り方の話に戻っていけるな。小寺PSWが堤さんとの距離の取り方をテーマにしたのは何故だろう。どのあたりで困っているのだろうか。ここまでの話からヒントは得られていないかしら。

53どうやら若い女性PSWはみんな堤さんとのかかわりに苦い思いをもっているようだ。何しろ彼女は酸いも甘いも噛み分けてる人のようだしね。BやEの共感的発言が小寺PSWへのサポートになる。

55小寺PSWは、堤さんを警戒する対象として見ていたようだが、当センターの機能として多様な体験を提供し、そこからスキルも獲得してもらうことも必要だと再確認できただろうか。

57これで距離の取り方という漠然としたテーマをある程度考察できたといっていいか。その労いを含めてみんなから感想を言ってもらおう。まず私から支持的コメントをして、その後みんなに振ろう。

㊺へえ。主治医に意見するってアリなんだなあ。

㊻うん、このことを堤さんはどう思っているのか、さっきDさんからも聞かれたけど、できたら堤さんの気持ちを聞いてみたい。だいたいその時の男性とは引き離されてしまったんだから気の毒かもしれない。でももう忘れて次は牧さんなのかなあ。

㊾心配だけど、なんとなく堤さんにもっと私から歩み寄るというか警戒しないでちゃんと理解したいっていう姿勢でいったらどうかな。

52苦手と思っているのは私だけじゃないんだ。

53なるほど。私は人生経験が豊富な人っていう見方はしてなかったな。警戒ばかりじゃ理解につながらないかも。こういう発想で堤さんのこと、もう一度考えてみたいな。なんとなく見方が変えられそうな気がする。

56思っていたのと違う流れだったけど、私が考えたいことはこういうことだったかもしれない。

58今までと少し違ったかかわりができるかも。なんだか堤さんと会うのが楽しみだな。

解説

●スーパーバイジー全員が同じ土壌に立つこと

本事例は、同一法人内の複数機関が合同でGSVを行うため、事例提供者と同職場かどうかによって、事例（利用者やSVEの所属機関）に関する情報量が異なることを勘案し、初めに質疑の時間を取り事例の詳細を確認し合っています。職場外のSVでも同様のプロセスを要します。こうして参加するSVE全員が情報を共有できた後に事例提供者となるSVEの課題の検討に入ります。

●レポート提出者にとってスーパービジョンの機会となること

GSVでは、SVRを除く参加者全員がSVEとなります。ただし、事例（グループでの検討課題のこと）を提供するメンバー（本事例では小寺PSW）にとって役立つ話し合いになることを重視するべきです。また、参加者の意識が提示された事例の当事者支援に向きすぎると、いわゆる事例検討会やケア会議のように、支援方法の具体策を考える場へと傾いてしまいます。白浜SVRは小寺PSW以外のメンバーの発言に注視し、事例検討に引きずられそうなときは適切に介入してグループの焦点を小寺PSWのソーシャルワーク実践に留めています。これによりグループでの検討のプロセスが、小寺PSWを自己のかかわりの省察に向かわせていることがわかります。

●参加者にとって自分の実践を振り返る機会となること

上記したように、事例提出者以外の参加メンバーもSVEであり、一人ひとりにとっても自己の実践を振り返る機会となることが目指されます。そのため、白浜SVRは事例提出者の小寺PSWの発言に注目するかたわらで、各メンバーの発言にも注意を払い、それぞれがどのような発想でこの場にいるのかを見極めようとしています。さらに、⑭、⑯の発言のように全参加者に考察と発言を促し、またときには㊴のように特定のメンバーの発言に対して質問を投げかけ、そのSVEが考察を深めることを促しています。GSVは、グループを活用しますがいわゆるグループワークとは異なり、全員が均等に発言できるようにするとか意見を集約することよりも、各メンバーがそれぞれにソーシャルワーカーとしての実践を省察できる機会とするためにSVRは関与します。

●参加者の発言を拾ってスーパーバイジーの洞察につなげること

GSVが、1対1の個人SVと大きく異なる点は、SVE同士の語り合いのなかからもSV効果を得られることです。ですが、参加者の発言を事例提供者であるSVEが聞き流してしまうこともあります。SVRはこうした発言を適時拾い、SVEに投げかけ、考える機会を提供し直します。

例えば、㉒のCさんの発言はBさんに向けて語っているように聞こえます。もちろん、全員がCさんの発言を受けてそれぞれに考えていると思われますが、この内容は、小寺PSWのテーマの核心にも触れるものであります。そこで、白浜SVRはBさんではなく、あえて小寺PSWに「聞いてどう思いましたか」と投げかけています。このように、参加者同士の対話をSVRが繰り返し仲介していると、やがてSVRが介在しなくともSVE間での応答が促進されるようになります。本事例でもいくつかそういう局面があります。㊼、54など、小寺PSWがほかの参加者の発言を受けて自己洞察していることがわかります。

●スーパーバイザーが自身の意見を述べ、自己開示すること

グループの進行を担うSVRは、しかし「司会者」ではありません。本事例では、ある程度GSVに慣れている者同士のため、SVRの発言回数は控えめです。軌道修正や質問のほか、㊺や㊿では、強調しておきたい事柄について率直な表現で参加者に印象付けたり自分の支援観や感想を素直に述べることで、SVRにとってもこの場がソーシャルワーカーとして考える機会となっていることが参加者に伝わります。それは、やがて参加者がSVRに進行を頼りすぎることなく、全員が目指すゴールに向けて共に歩む者であることの自覚を引き出してくれます。SVRとSVEが同じ方向を向いてともに歩む存在であることは、GSVにおいても同じなのです。

白浜 PSW が語る“スーパーバイザー”の醍醐味

◆純粋にソーシャルワーカーとしていられる

“スーパーバイザー”というと、「超」の付くすごいことをしなければいけないと構えがちですが、背伸びは禁物だと思います。管理者や研修講師は、それらしく見えることも大事だし準備しますが、SVR は、ソーシャルワーカーとしての SVE の世界をいかに共有させてもらえるかがカギなので、まっさらで臨み、SVE から目をそらさない。具体的には、語りに耳を傾け、そこから見えてくる姿を手掛かりにして SVE の悩みや葛藤、願いや目標を共感的に理解しようとします。そのために質問を重ねます。これは私もソーシャルワーカーだからこそできる質問です。職場や職域は違ってもアイデンティティや専門性が同じだから。つまり、純粋にソーシャルワーカーとして SVE とともにいられるんです。

◆スーパーバイジーとともに悩み・考え・学び・喜べる

悩みに共感したときなど、SVE と自分のソーシャルワーカー魂が触れ合い共振するとき、不思議な連帯感が生まれます。すぐ波長の合う人もいれば、回を重ねて徐々にという人もいます。グループだと輪が描かれていくような感じです。でも、同じように感じるとは限らず、私だったらこうだな、というソーシャルワーカーとしての違いも見えて、自身のあり様にも気づかされます。この「気づく」喜びは SVE にもあるんじゃないでしょうか。無理やり気づかせるのではなく、また SVR が意図する・しないにかかわらず、SVE もソーシャルワーカーとしての自分に気づくと思います。自分で発見できると新境地に立てて成長を感じますよね。それはうれしいことでしょ。だから、SV では SVE と SVR が一緒に喜ぶことが多いですね。あと、ともに嘆くとか怒ることもあります。それが互いの勇気づけにもなります。

◆事例を借りて「ここで、今」を大切に味わう

どの一瞬もそうですが、SV で対話する時間はかけがえのないものですから、大切に味わいたいと思います。ソーシャルワーカーとして、SVE と集中して対話していると、早く職場に戻って利用者さんと会いたい！　とか、目の前の仕事を精いっぱいしよう、と思えてきます。SV では事例検討をするわけではないけれど、この話題をもたらしてくださった事例の当事者の方々への感謝を、次の実践につなげる形で表現していきたい、と思います。

あとがき

実に息の長いプロジェクトでした。専門職団体として企画した本書シリーズの第1回の編集会議は、2015年7月。実践に悩みや不安を抱える精神保健福祉士の自己学習教材の制作を編集者から提案されたことがきっかけでした。それからちょうど5年目の2020年7月に第4巻の原稿も校了を迎えました。

人の暮らしや社会を相手にするソーシャルワーク実践は、常に的確な判断や柔軟な発想が求められます。迷いや困惑は後を絶ちません。そこで、この悩みを意味ある思考につなげ、プロとしての成長に役立てられたらと考えました。調査や研究に基づく記述と違い俗人的な面がありますが、長年はたらいてきた私たちのソーシャルワーカー観は、全4巻を通して貫くことができたと自負しています。

本シリーズは、中央法規出版編集部のみなさまの忍耐と期待、そして人々の幸福の実現に向けた志の支えがなければ発刊できませんでした。第1編集部の発案者の小宮さん、編集担当の柳川さん、宮本さん、寺田さん、バックアップしてくださった坂さん、飯田さん、全行程で助言いただいた松下さん、第2編集部で何度も校正してくださった岩崎さん、矢崎さん、佐藤さん、若原さん、そのほかお会いしたことのない髙野さんをはじめ多くの方々、私たち「思考過程チーム」の熱い思いやこだわりや粘りにお付き合いくださり、ありがとうございました。

なお、日本精神保健福祉士協会では、協会の英名表記を2020年6月の総会でPsychiatric Social Workersから国家資格名の直訳（Mental Health Social Workers／略称MHSW）に変更しました。そこには、無資格の頃から精神障害者の社会的復権と福祉のための専門的社会的活動を志してきた私たちPSWの思いを、より広範な領域で発揮したいという心意気が込められています。今後、MHSWと名乗る精神保健福祉士が増えていくと思いますが、本書においてはシリーズ発刊時からの一貫性を考慮し、精神保健福祉士の略称はPSWのままとしました。

最後に、深い「思考」を経験させてくださったすべてのクライエントのみなさま、同僚をはじめ仲間のPSW、とりわけ執筆者一同に感謝いたします。

2020年7月

公益社団法人日本精神保健福祉士協会
会長　田村綾子

著者紹介

■編集

公益社団法人日本精神保健福祉士協会

■編集・執筆

田村綾子（たむら・あやこ）▶ 序章、第１章　実習２、第２章、第３章　事例４

聖学院大学心理福祉学部教授、日立製作所健康管理センター非常勤。精神保健福祉士、社会福祉士。医療法人丹沢病院医療福祉相談室長、公益社団法人日本精神保健福祉士協会特命理事・研修センター長を経て現職。日本精神保健福祉士協会会長・認定スーパーバイザー。一般社団法人日本ソーシャルワーク教育学校連盟理事。

■執筆

上田幸輝（うえだ・こうき）▶ 第１章　実習７、第３章　事例１

公益財団法人浅香山病院サポートハウスアンダンテ管理者。精神保健福祉士。前身法人が運営する病院の医療福祉相談室、生活訓練施設、地域生活支援センター勤務を経て現職。公益社団法人日本精神保健福祉士協会研修企画運営委員・認定スーパーバイザー。

岡本秀行（おかもと・ひでゆき）▶ 第１章　実習１

川口市保健所疾病対策課。精神保健福祉士。医療法人財団厚生協会大泉病院にて医療相談室、精神科デイケア、グループホームほかに勤務。その後行政へ転身し、福祉部障害福祉課保健所準備室を経て現職。公益社団法人日本精神保健福祉士協会業務執行理事・認定スーパーバイザー、埼玉県精神保健福祉士協会副会長、全国精神保健福祉相談員会理事。

尾形多佳士（おがた・たかし）▶ 第１章　実習５

医療法人社団五風会さっぽろ香雪病院地域連携支援室室長、診療支援部副部長。精神保健福祉士、社会福祉士。医療法人社団慈藻会平松記念病院にて地域生活支援室、訪問看護部ほかに勤務。その後、医療法人社団五風会福住メンタルクリニックにてリワークデイケア勤務を経て現職。公益社団法人日本精神保健福祉士協会業務執行理事。

川口真知子（かわぐち・まちこ）▶ 第１章　実習４・実習６

公益財団法人井之頭病院連携相談センター長。精神保健福祉士。精神衛生法が精神保健法へ改正されるなどした精神科医療の変革期より、同病院相談室にて長期入院者の地域移行支援等へ従事、現在に至る。公益社団法人日本精神保健福祉士協会機関誌『精神保健福祉』編集委員を初代より務め、2010 ～ 2016 年に編集委員長。

水野拓二（みずの・たくじ）▶ 第１章　実習３、第３章　事例２・事例３

公益財団法人復康会鷹岡病院社会復帰部長補佐、医療相談課課長。精神保健福祉士。社会医療法人松平病院にてコメディカル室長、入所授産施設、精神障害者地域生活支援センター長を経て現職。公益社団法人日本精神保健福祉士協会副会長・認定スーパーバイザー。一般社団法人静岡県精神保健福祉士協会理事。

精神保健福祉士の実践知に学ぶソーシャルワーク４
実習指導とスーパービジョンにおける
思考過程

2020 年 9 月 10 日　発行

監修　公益社団法人日本精神保健福祉士協会
編著者　田村綾子
著者　上田幸輝、岡本秀行、尾形多佳士、川口真知子、水野拓二
発行者　荘村明彦
発行所　中央法規出版株式会社
〒 110-0016　東京都台東区台東 3-29-1　中央法規ビル
営業　TEL03-3834-5817 FAX03-3837-8037
取次・書店担当　TEL03-3834-5815 FAX03-3837-8035
https://www.chuohoki.co.jp/
印刷・製本　株式会社アルキャスト
装幀・本文デザイン　二ノ宮 匡

定価はカバーに表示してあります。
ISBN978-4-8058-8203-0